Utilize este código QR para se cadastrar de forma mais rápida:

Ou, se preferir, entre em:
www.moderna.com.br/ac/livroportal
e siga as instruções para ter acesso aos conteúdos exclusivos do
Portal e Livro Digital

CÓDIGO DE ACESSO:
A 00402 BUPMATE1E 3 07971

Faça apenas um cadastro. Ele será válido para:

Da semente ao livro, sustentabilidade por todo o caminho

Plantar florestas
A madeira que serve de matéria-prima para nosso papel vem de plantio renovável, ou seja, não é fruto de desmatamento. Essa prática gera milhares de empregos para agricultores e ajuda a recuperar áreas ambientais degradadas.

Fabricar papel e imprimir livros
Toda a cadeia produtiva do papel, desde a produção de celulose até a encadernação do livro, é certificada, cumprindo padrões internacionais de processamento sustentável e boas práticas ambientais.

Criar conteúdos
Os profissionais envolvidos na elaboração de nossas soluções educacionais buscam uma educação para a vida pautada por curadoria editorial, diversidade de olhares e responsabilidade socioambiental.

Construir projetos de vida
Oferecer uma solução educacional Moderna é um ato de comprometimento com o futuro das novas gerações, possibilitando uma relação de parceria entre escolas e famílias na missão de educar!

Apoio:

Fotografe o Código QR e conheça melhor esse caminho.
Saiba mais em *moderna.com.br/sustentavel*

Organizadora: Editora Moderna

Obra coletiva concebida, desenvolvida e produzida pela Editora Moderna.

Editor Executivo:
Fabio Martins de Leonardo

Acompanha este livro:
- **Envelope com jogos e material de apoio**

NOME: ....

....TURMA: ....

ESCOLA: ....

....

1ª edição

© Editora Moderna, 2018

Carolina Maria Toledo
Licenciada em Matemática pela Universidade de São Paulo. Editora.

Daniela Santo Ambrosio
Licenciada em Matemática pela Universidade de São Paulo. Editora.

Débora Pacheco
Mestre em Educação Matemática pela Pontifícia Universidade Católica de São Paulo. Educadora.

Diana Maia
Mestre em Educação Matemática pela Pontifícia Universidade Católica de São Paulo. Editora.

Luciane Lopes Rodrigues
Licenciada em Matemática pela Fundação Santo André. Educadora.

Mara Regina Garcia Gay
Bacharel e licenciada em Matemática pela Pontifícia Universidade Católica de São Paulo. Editora.

Maria Aparecida Costa Bravo
Bacharel e licenciada em Matemática pela Pontifícia Universidade Católica de São Paulo. Editora.

Maria Cecília da Silva Veridiano
Licenciada em Matemática pela Universidade de São Paulo. Editora.

Maria Solange da Silva
Mestre em Educação Matemática pela Universidade Santa Úrsula.

Patricia Furtado
Bacharel e licenciada em Matemática pela Pontifícia Universidade Católica de São Paulo e mestre em Ensino da Matemática pela Pontifícia Universidade Católica de São Paulo. Editora.

Renata Martins Fortes Gonçalves
Bacharel em Matemática com Informática pelo Centro Universitário Fundação Santo André, especializada em Gerenciamento de Projetos (MBA) pela Fundação Getulio Vargas e mestre em Educação Matemática pela Pontifícia Universidade Católica de São Paulo. Editora.

Suzana Laino Candido
Mestre em Ensino da Matemática pela Pontifícia Universidade Católica de São Paulo. Educadora.

Tania Cristina da Silva Soromenho
Bacharel em Matemática com Informática e especializada em Sistemas de Informação (MBA) pelo Centro Universitário Fundação Santo André. Educadora.

<u>Jogo de apresentação das *7 atitudes para a vida*</u>
Gustavo Barreto
Formado em Direito pela Pontifícia Universidade Católica (SP). Pós-graduado em Direito Civil pela mesma instituição. Autor dos jogos de tabuleiro (*boardgames*) para o público infantojuvenil: Aero, Tinco, Dark City e Curupaco.

Coordenação editorial: Marisa Martins Sanchez, Carolina Maria Toledo
Edição de texto: Carolina Maria Toledo, Renata Martins Fortes Gonçalves
Assistência editorial: Kátia Tiemy Sido
Gerência de *design* e produção gráfica: Everson de Paula
Coordenação de produção: Patricia Costa
Suporte administrativo editorial: Maria de Lourdes Rodrigues
Coordenação de *design* e projetos visuais: Marta Cerqueira Leite
Projeto gráfico: Daniel Messias, Daniela Sato, Mariza de Souza Porto
Capa: Daniel Messias, Cristiane Calegaro
  Ilustração: Raul Aguiar
Coordenação de arte: Wilson Gazzoni Agostinho
Edição de arte: Estúdio Anexo
Editoração eletrônica: Estúdio Anexo
Ilustrações de vinhetas: Ana Carolina Orsolin, Daniel Messias
Coordenação de revisão: Elaine C. del Nero
Revisão: Alessandra A. Félix, Ana Paula Felippe, Maria Izabel Bitencourt, Renato Bacci, Renato da Rocha Carlos
Coordenação de pesquisa iconográfica: Luciano Baneza Gabarron
Pesquisa iconográfica: Carol Böck, Maria Marques, Mariana Alencar
Coordenação de *bureau*: Rubens M. Rodrigues
Tratamento de imagens: Joel Aparecido, Luiz Carlos Costa, Marina M. Buzzinaro
Pré-impressão: Alexandre Petreca, Everton L. de Oliveira, Marcio H. Kamoto, Vitória Sousa
Coordenação de produção industrial: Wendell Monteiro
Impressão e acabamento: HRosa Gráfica e Editora
Lote: 768568
Cod: 12112554

Dados Internacionais de Catalogação na Publicação (CIP)
(Câmara Brasileira do Livro, SP, Brasil)

Buriti Plus Matemática / organizadora Editora Moderna ; obra coletiva concebida, desenvolvida e produzida pela Editora Moderna. — 1. ed. — São Paulo : Moderna, 2018. — (Projeto Buriti)

Obra em 5 v. para alunos do 1º ao 5º ano.

1. Matemática (Ensino fundamental) I. Série.

18-16350   CDD-372.7

Índices para catálogo sistemático:
1. Matemática : Ensino fundamental   372.7

Maria Alice Ferreira – Bibliotecária – CRB-8/7964

ISBN 978-85-16-11255-4 (LA)
ISBN 978-85-16-11256-1 (GR)

Reprodução proibida. Art. 184 do Código Penal e Lei 9.610 de 19 de fevereiro de 1998.
Todos os direitos reservados
EDITORA MODERNA LTDA.
Rua Padre Adelino, 758 – Belenzinho
São Paulo – SP – Brasil – CEP 03303-904
Vendas e Atendimento: Tel. (0_ _11) 2602-5510
Fax (0_ _11) 2790-1501
www.moderna.com.br
2022
Impresso no Brasil

1 3 5 7 9 10 8 6 4 2

Que tal começar o ano conhecendo seu livro?

Veja nas páginas 6 a 9 como ele está organizado.

Nas páginas 10 e 11, você fica sabendo os assuntos que vai estudar.

Neste ano, também vai conhecer e colocar em ação algumas atitudes que ajudarão você a conviver melhor com as pessoas e a solucionar problemas.

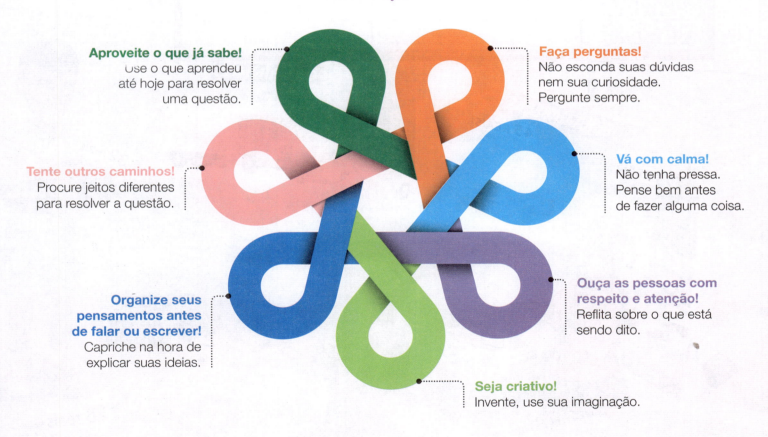

7 atitudes para a vida

Aproveite o que já sabe!
Use o que aprendeu até hoje para resolver uma questão.

Faça perguntas!
Não esconda suas dúvidas nem sua curiosidade. Pergunte sempre.

Tente outros caminhos!
Procure jeitos diferentes para resolver a questão.

Vá com calma!
Não tenha pressa. Pense bem antes de fazer alguma coisa.

Organize seus pensamentos antes de falar ou escrever!
Capriche na hora de explicar suas ideias.

Ouça as pessoas com respeito e atenção!
Reflita sobre o que está sendo dito.

Seja criativo!
Invente, use sua imaginação.

Nas páginas 4 e 5, há um jogo para você começar a praticar cada uma dessas atitudes. Divirta-se!

Desafio na loja de brinquedos

Pedro, Márcio e Sérgio foram à loja de brinquedos e cada um tinha uma cédula de 50 reais para comprar um presente. Siga as pistas e descubra qual foi o presente que cada um comprou e o troco que cada um recebeu.

1. Sérgio não comprou o carrinho.
2. Pedro comprou o brinquedo mais barato.
3. Um dos rapazes recebeu 5 reais de troco.
4. Depois, imagine que Vanessa, Sabrina e Mariana também estavam na loja de brinquedos, mas elas tinham 100 reais cada uma.
5. Crie três pistas para que um colega descubra o que cada uma comprou e qual foi o troco que recebeu.

	PRESENTE	TROCO
PEDRO		
MÁRCIO		
SÉRGIO		

Ouça as pessoas com respeito e atenção!
Preste atenção nas instruções do professor e nas dúvidas dos colegas.

Vá com calma!
Comece escrevendo o brinquedo que você tem certeza. Depois, leia novamente as dicas para escrever os próximos.

Tente outros caminhos!
Procure jeitos diferentes de raciocinar para resolver a questão e esteja preparado para mudar alguma conclusão a que você havia chegado.

Faça perguntas!
Se tiver dúvida sobre as dicas, pergunte ao professor.

Organize seus pensamentos!
Examine bem qual presente pode ser o ponto de partida. Ao final, leia todas as dicas novamente para ver se a resposta está certa!

Aproveite o que já sabe!
Depois de escrever o primeiro nome, você conseguirá saber quem comprou os demais brinquedos.

Seja criativo!
Que dicas você pode dar aos colegas para que resolvam o novo desafio?

Novas pistas

Pista 1: _____

Pista 2: _____

Pista 3: _____

98 reais

62 reais

ALBERTO DE STEFANO

Conheça seu livro

Olá, somos as personagens deste livro. Meu nome é Melissa.

Eu sou o Caio. Nós estaremos com você em cada unidade para estudar e nos divertir!

O livro é composto de 8 unidades.

E você deverá nos encontrar em todas as aberturas das unidades.

Abertura da unidade
Cenas interessantes nas quais você deverá achar as personagens e o que foi fotografado por elas.

Eu e Melissa sempre fotografamos algo que observamos e achamos interessante. Você deverá localizar e contornar o que foi fotografado por nós em cada abertura. Veja o quadro com as fotografias.

Unidade 1

Unidade 2

Unidade 3

Unidade 4

Unidade 5

Unidade 6

Unidade 7

Unidade 8

ILUSTRAÇÕES: GEORGE TUTUMI

Reprodução proibida. Art. 184 do Código Penal e Lei 9.610 de 19 de fevereiro de 1998.

6 seis

Este livro traz alguns jogos para você brincar enquanto aprende Matemática.

Vamos jogar?

Conhecer alguns jogos e saber jogá-los facilita a aprendizagem e torna o estudo da Matemática mais divertido.

As atividades ajudam a verificar o que aprendemos.

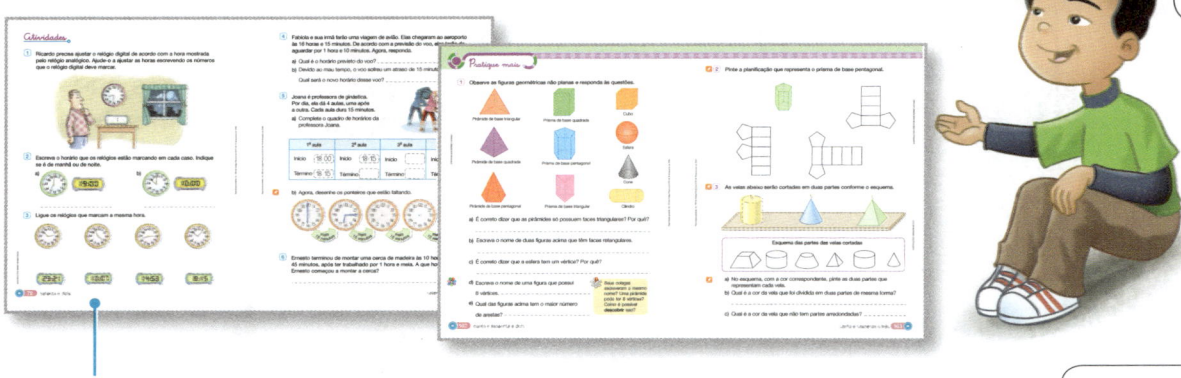

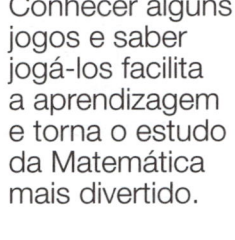

Atividades – Pratique mais

As atividades e os problemas levarão você a aprender assuntos novos e a se aprofundar em outros que já estudou. Não deixe de participar!

São problemas interessantes para você refletir sobre suas resoluções.

Compreender problemas

Esta seção foi criada para você resolver problemas e refletir sobre a resolução de cada um.

Você vai encontrar diferentes maneiras de organizar informações.

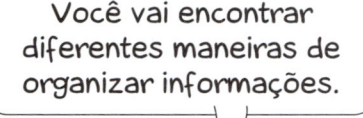

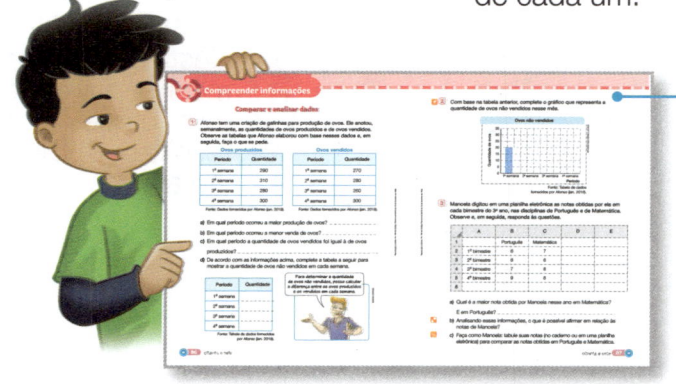

Compreender informações

Você vai aprender que as informações podem ser representadas de diferentes modos, como em tabelas ou em gráficos.

sete 7

Com esta seção, aprendemos como a Matemática está em nosso dia a dia e como ela nos ajuda.

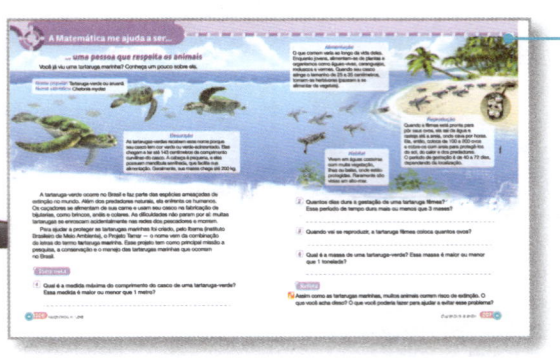

A Matemática me ajuda a ser...

Nesta seção, a Matemática levará você a refletir sobre vários assuntos que contribuirão para sua formação cidadã.

Matemática em textos

Esta seção vai ajudar você a compreender melhor os textos com dados matemáticos.

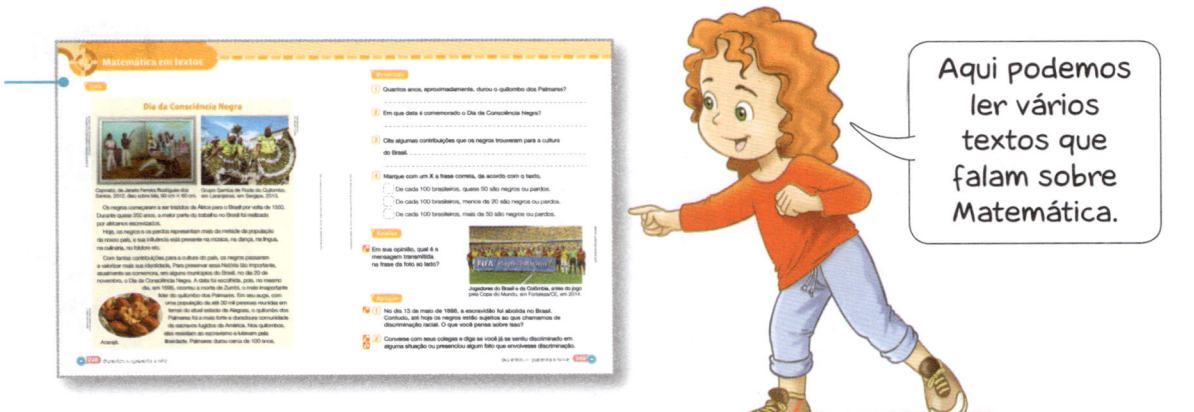

Aqui podemos ler vários textos que falam sobre Matemática.

Estas atividades vão desafiá-lo a desenvolver estratégias de cálculo.

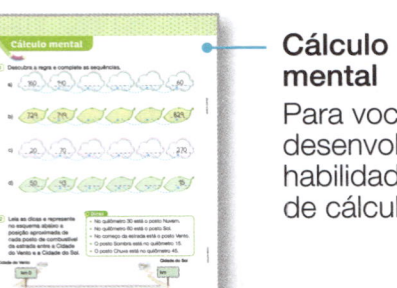

Cálculo mental

Para você desenvolver habilidades de cálculo.

É bom saber se aprendemos tudo e não temos dúvidas.

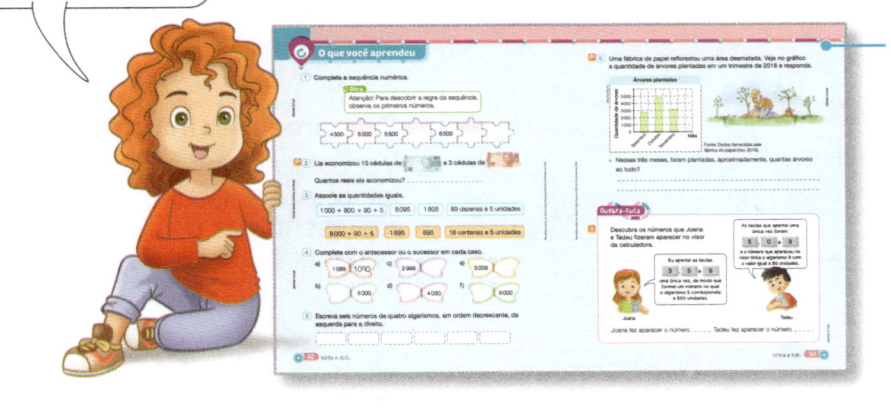

O que você aprendeu

Nesta seção, você vai resolver atividades para rever o que estudou e resolver um Quebra-cuca desafiador.

ILUSTRAÇÕES: GEORGE TUTUMI

Reprodução proibida. Art. 184 do Código Penal e Lei 9.610 de 19 de fevereiro de 1998.

8 oito

Ícones utilizados

Indicam como realizar algumas atividades:

 Oral
 Dupla
Grupo
Caderno
Desenho ou pintura
Material complementar

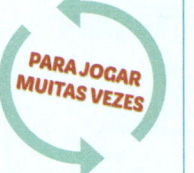 PARA JOGAR MUITAS VEZES

Indicam estratégias de cálculo:

Calculadora
Mental

Indica as 7 atitudes para a vida:

Indica objeto digital:

Veja os ícones que orientam os estudos neste livro.

Material complementar
Para atividades e jogos.

No envelope, você encontra material para os jogos, fichas e adesivos para atividades.

Com este livro, seu professor e os colegas, você vai aprender muito.

Bons estudos!

nove 9

Sumário

UNIDADE 1 — Sistema de numeração decimal — 12

Tema 1 • Números
O número 1 000 14
Milhares inteiros 16
Números de quatro algarismos 18
Maior que ou menor que 20
◉ A Matemática me ajuda a ser... 22

Tema 2 • Sequências
Reta numérica 24
◉ Vamos jogar? 26
◉ Compreender informações 28
◉ Pratique mais 30
◉ Cálculo mental 31
◉ O que você aprendeu 32

UNIDADE 2 — Adição e subtração — 34

Tema 1 • Adição e subtração
Situações de adição e de subtração 36
◉ Vamos jogar? 40

Tema 2 • Algumas estratégias de cálculo
Cálculo mental e estimativas 42
Decomposição e algoritmo usual para adição 44
Decomposição e algoritmo usual para subtração 45

Tema 3 • Mais adição e mais subtração
Adição com reagrupamento 48
Subtração com reagrupamento 52
Problemas de adição e de subtração 56
◉ Compreender problemas 58
◉ Matemática em textos 60
◉ Compreender informações 62
◉ Pratique mais 64
◉ Cálculo mental 65
◉ O que você aprendeu 66

UNIDADE 3 — Grandezas e medidas — 68

Tema 1 • Medindo o tempo
Hora e meia hora 70
A hora e o minuto 71
Minuto e segundo 75

Tema 2 • Sistema monetário brasileiro
Cédula de 2 reais e moeda de 1 real 77
Mais cédulas do real 79
◉ Compreender problemas 82
◉ Matemática em textos 84
◉ Compreender informações 86
◉ Pratique mais 88
◉ Cálculo mental 89
◉ O que você aprendeu 90

UNIDADE 4 — Localização e movimentação — 92

Tema 1 • Localização
Representações 94
Coordenadas na malha quadriculada 98

Tema 2 • Movimentação
Caminhos e trajetos 100
◉ A Matemática me ajuda a ser... 104
◉ Vamos jogar? 106
◉ Compreender informações 108
◉ Pratique mais 110
◉ Cálculo mental 111
◉ O que você aprendeu 112

UNIDADE 5 — Multiplicação — 114

Tema 1 • Listas de multiplicações
2 vezes ou o dobro 116
3 vezes ou o triplo 117
4 vezes ou o quádruplo 118
5 vezes 119
6 vezes 120
7 vezes 121
8 vezes 122
9 vezes 123
10 vezes 124
◉ Compreender problemas 126
◉ Vamos jogar? 128

Tema 2 • Situações de multiplicação
Adição de parcelas iguais 130
Combinação 132
Ideia de proporção 134
2 vezes e vezes 2; 3 vezes e vezes 3... 136
Mais sobre multiplicação 138

Reprodução proibida. Art. 184 do Código Penal e Lei 9.610 de 19 de fevereiro de 1998.

- ⊙ Matemática em textos 140
- ⊙ Compreender informações 142
- ⊙ Cálculo mental 144
- ⊙ O que você aprendeu 146

UNIDADE 6 — Geometria — 148

Tema 1 • Figuras geométricas não planas

Os objetos e as figuras geométricas 150
Planificação 151
Cubo e paralelepípedo 154
Prismas 156
Pirâmides 158
Cilindro, cone e esfera 160
- ⊙ Pratique mais 162

Tema 2 • Figuras geométricas planas

Desenhos de figuras 164
Polígonos 166
Congruência 170
- ⊙ Matemática em textos 172
- ⊙ Compreender informações 174
- ⊙ Cálculo mental 176
- ⊙ O que você aprendeu 178

UNIDADE 7 — Mais grandezas e medidas — 180

Tema 1 • Comprimento e área

Unidades de medida: padronizadas
e não padronizadas 182
Medidas de comprimento 184
Comparando áreas 192
- ⊙ Pratique mais 194
- ⊙ Vamos jogar? 196

Tema 2 • Massa e capacidade

Medidas de massa 198
Medidas de capacidade 202
- ⊙ Pratique mais 205
- ⊙ A Matemática me ajuda a ser... 206
- ⊙ Compreender problemas 208
- ⊙ Compreender informações 210
- ⊙ Cálculo mental 212
- ⊙ O que você aprendeu 214

UNIDADE 8 — Multiplicação e divisão — 216

Tema 1 • Multiplicação

Multiplicação sem reagrupamento 218
Multiplicação com reagrupamento 221
- ⊙ Pratique mais 226

Tema 2 • Divisão

Repartir igualmente 227
Quantas vezes cabe 231
Divisão exata e divisão não exata 233
Divisão por estimativas 235
Algoritmo usual da divisão 237
Dividindo centenas 240
- ⊙ Vamos jogar? 242
Metade e terço 244
Quarta parte, quinta parte e décima parte 246
- ⊙ Matemática em textos 248
- ⊙ Compreender informações 250
- ⊙ Pratique mais 252
- ⊙ Cálculo mental 253
- ⊙ O que você aprendeu 254

onze 11

UNIDADE

1

Sistema de numeração decimal

Para começar...

Na rifa de uma bicicleta, o pai de Caio comprou o número 768. Antonieta comprou o número 789. O número escolhido por ela é maior ou menor que o número escolhido pelo pai de Caio?

Para refletir...

Se ordenarmos de modo crescente os números usados para identificar cada dupla do concurso de dança, poderemos obter uma sequência. Descubra a regra dessa sequência e os números que estão faltando para que ela fique completa.

_____

_____

Números

O número 1000

Conheça a coleção de bolinhas de gude de João.

João guarda sua coleção de bolinhas de gude em **10** caixas.
Em cada caixa, cabem **100** bolinhas ou **1 centena** de bolinhas.

Nesta caixa, falta uma bolinha.

a) Quantas bolinhas João tem? _____

b) Se João ganhar 1 bolinha, ele ficará com quantas centenas

de bolinhas? _____

c) Se João ganhar 1 bolinha, com quantas bolinhas ele ficará?

__999__ + _____ = __1000__

João ficará com __mil__ bolinhas ou __1__ milhar de bolinhas.

| 1 milhar | ou | mil | ou | 1 000 unidades |

| 1 milhar | ou | 10 centenas | ou | 100 dezenas | ou | 1 000 unidades |

Atividades

1 Leia e complete.

André comprou 10 pacotes de chaveiros para vender em sua loja.

a) André comprou _____ chaveiros ou _____ milhar de chaveiros.

b) André vendeu 10 chaveiros de um desses pacotes.

No total, sobraram _____ chaveiros para ele vender.

2 Marcos separou seu dinheiro em três partes. Conte a quantia de dinheiro em cada parte e responda às questões.

a) Quantos reais há em cada parte?

_____

_____

b) No total, quantos reais Marcos tem? _____

c) Quantos reais faltam para Marcos completar 1 000 reais? _____

3 Em cada caso, complete com a quantidade que falta para formar mil.

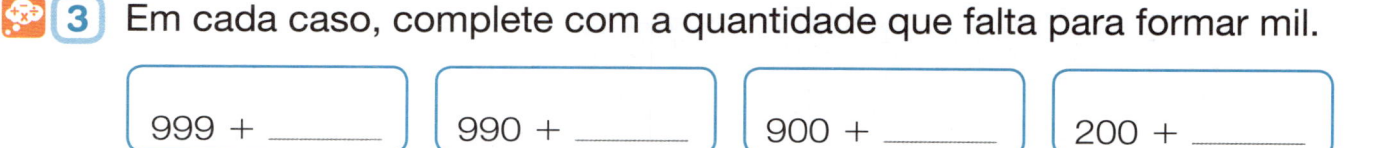

999 + _____   990 + _____   900 + _____   200 + _____

quinze **15**

Milhares inteiros

Veja a quantidade que cada peça do Material Dourado representa.

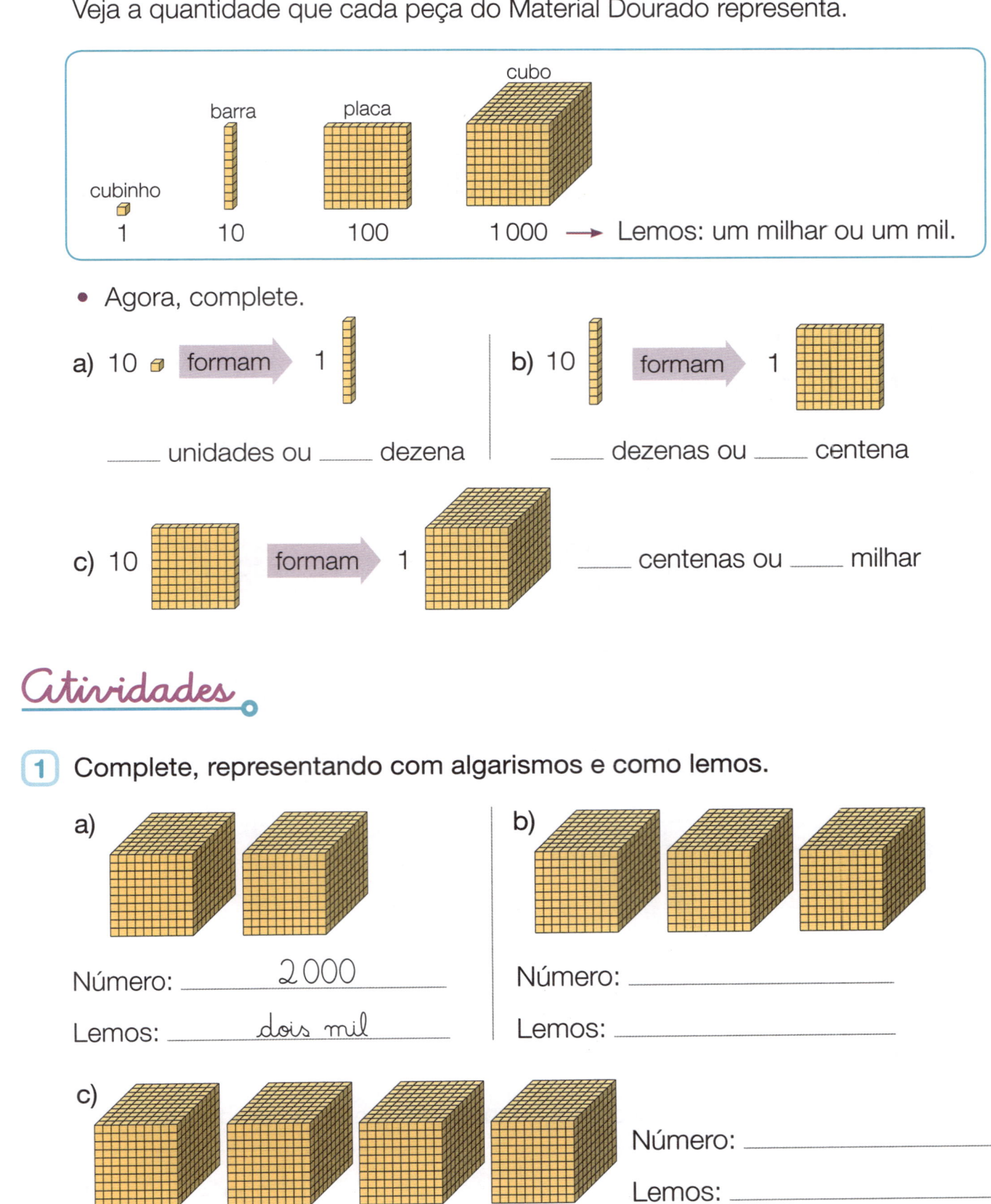

cubo

barra

placa

cubinho

1 10 100 1000 ⟶ Lemos: um milhar ou um mil.

• Agora, complete.

a) 10 ▫ formam ⟶ 1

_____ unidades ou _____ dezena

b) 10 formam ⟶ 1

_____ dezenas ou _____ centena

c) 10 formam ⟶ 1

_____ centenas ou _____ milhar

Atividades

1 Complete, representando com algarismos e como lemos.

a)

Número: _____ 2000 _____

Lemos: _____ dois mil _____

b)

Número: _____

Lemos: _____

c)

Número: _____

Lemos: _____

16 dezesseis

2 Em um teatro, a peça *Os três porquinhos* ficou em cartaz por 4 meses.

Nos dois primeiros meses, compareceram ao teatro 500 pessoas por mês. Em cada um dos dois meses seguintes, o movimento foi o dobro do registrado no primeiro mês. Quantas pessoas assistiram a essa peça nesses 4 meses?

Nesses 4 meses, _____ pessoas assistiram a essa peça.

3 Alfredo trabalha em um supermercado. No fim de um dia, ele sempre conta o dinheiro do caixa. Em um desses dias, a quantia que havia no caixa era:

- 100 cédulas de

- 20 cédulas de

a) Esse dinheiro corresponde a quantos reais? _____

b) Em outro dia de trabalho, Alfredo contou 2 000 reais no caixa. Quantas cédulas de cada quantia ele pode ter contado?

_____

_____

4 Escreva como se lê cada um dos números a seguir.

a) 5 000 ▶ _____

b) 8 000 ▶ _____

c) 9 000 ▶ _____

dezessete **17**

Números de quatro algarismos

No domingo passado, 1 356 pessoas visitaram uma feira de livros.

Veja a representação do número 1 356, que tem quatro algarismos, no Quadro valor de lugar e no ábaco.

Ábaco

Quadro valor de lugar

UM	C	D	U
1	3	5	6

a) Complete o valor de cada um dos algarismos desse número.

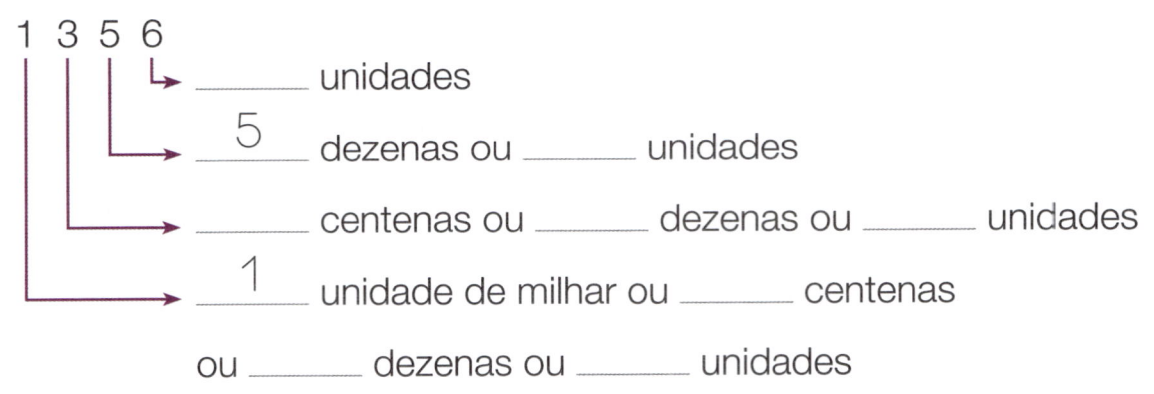

1 3 5 6

_____ unidades

5 _____ dezenas ou _____ unidades

_____ centenas ou _____ dezenas ou _____ unidades

1 _____ unidade de milhar ou _____ centenas

ou _____ dezenas ou _____ unidades

b) Agora, veja como podemos fazer a decomposição desse número considerando o valor de cada algarismo.

1356 = __1 000__ + __300__ + __50__ + __6__

> 1 356 ▶ Lemos: mil trezentos e cinquenta e seis.

Atividades

Jogo
Qual é o número?

1 Decomponha os números considerando o valor de cada algarismo.

a) 4 320 = _____ + _____ + _____ + _____

b) 7 023 = _____ + _____ + _____ + _____

2 Observe os números nos cartazes e responda às questões.

a) Qual é o valor do algarismo 4 nestes números?

4 675   6 740

⌞➝ _____   ⌞➝ _____

b) E o valor do algarismo 7 nestes números?

4 675   6 740

⌞➝ _____   ⌞➝ _____

c) Comparando a quantidade de pessoas que assistiram a cada um desses filmes, podemos dizer que o filme *A Terra em 2030* foi visto por aproximadamente 2 000 pessoas a mais que o filme *O Guloso*? _____

d) Qual estratégia você utilizou para responder ao item anterior?

_____

_____

3 De qual número as crianças estão falando? _____

O número tem 4 algarismos e é menor que 2 000.

A soma de todos os seus algarismos é 19.

O algarismo das centenas é igual ao algarismo das unidades de milhar.

4 Crie uma pergunta cuja resposta seja a indicada.

Use o que você **já sabe** para elaborar sua pergunta.

_____

_____

_____

Resposta: *Algarismos.* _____

dezenove **19** ▶▶

Maior que ou menor que

Observe o número que Amanda escreveu no quadro.

Se ela trocar de posição o algarismo das dezenas com o algarismo das unidades de milhar, vai obter o número 4 720.

4 720 é ___maior que___ 2 740.   2 740 é _____ 4 720.

4 720 > 2 740   2 740 < 4 720

Atividades

1 Observe a tabela e responda às questões.

Pontuação dos jogadores em cada fase de um jogo de *videogame*

Jogador \ Fase	Primeira	Segunda	Terceira
Jair	968	1 249	3 257
Laura	2 257	3 458	3 450

Fonte: Dados fornecidos pelos jogadores (ago. 2018).

a) Em qual fase do jogo Jair fez mais pontos? E Laura?

_____

b) Na 3ª fase quem fez mais pontos: Jair ou Laura? _____

2 Observe as informações das placas e faça o que se pede.

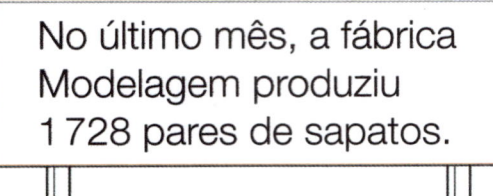

No último mês, a fábrica Modelagem produziu 1 728 pares de sapatos.

A fábrica Pé Perfeito produziu 1 735 pares de sapatos no último mês.

a) Pinte a placa que indica a fábrica que produziu mais pares de sapatos no último mês.

b) Complete as sentenças usando *maior que* ou *menor que*.

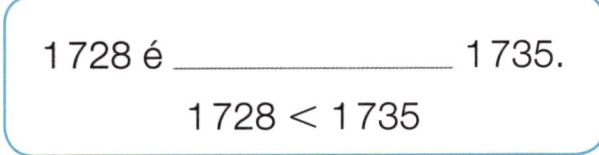

1 728 é _____ 1 735.

1 728 < 1 735

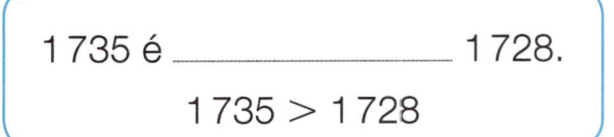

1 735 é _____ 1 728.

1 735 > 1 728

3 Observe como as quantidades de ingressos vendidos em dois dias de apresentação foram representados com o Material Dourado.

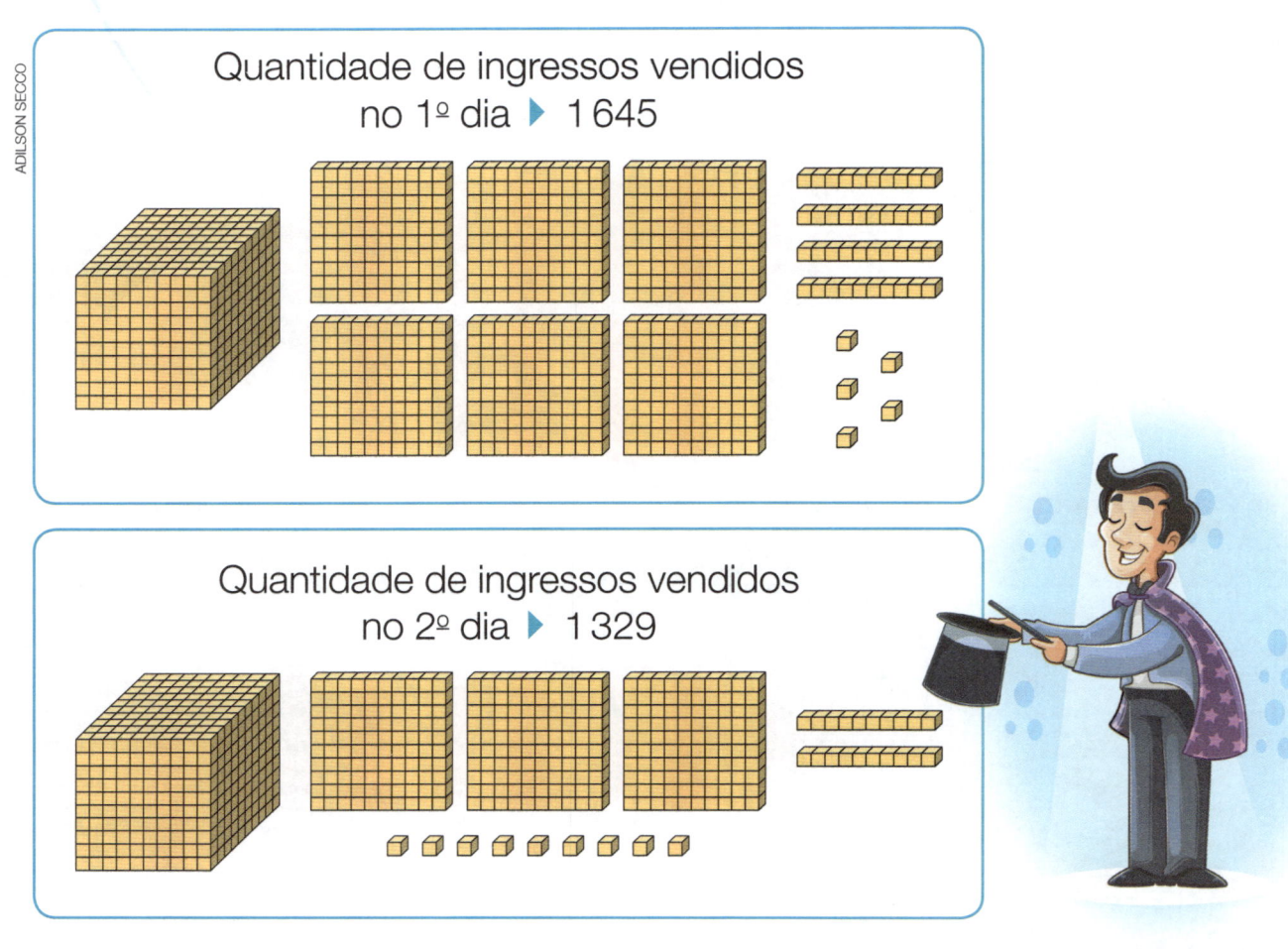

Quantidade de ingressos vendidos
no 1º dia ▶ 1 645

Quantidade de ingressos vendidos
no 2º dia ▶ 1 329

- Agora, compare essas quantidades.

a) Em qual dos dias foram vendidos mais ingressos? Escreva como você descobriu.

_____

_____

_____

b) Se no 2º dia tivessem sido vendidos 1 684 ingressos, em qual dos dias teriam sido vendidos mais ingressos? Justifique sua resposta.

_____

_____

_____

vinte e um **21**

A Matemática me ajuda a ser...

... uma pessoa que se preocupa com o meio ambiente

O plástico está em toda parte. Esse material tem muitas utilidades, mas pode causar danos ao meio ambiente. Por isso, aprender como funcionam a reciclagem e a reutilização do plástico é importante.

Produção

Depois que o petróleo é tirado do fundo da terra ou do mar, ele passa por uma limpeza e pode dar origem a vários produtos, como gasolina, gás de cozinha e plástico.

Infográfico elaborado com base nos dados obtidos em: Associação Brasileira da Indústria do Plástico. Disponível em: <http://mod.lk/abiplast>; Décimo Censo de Reciclagem de PET no Brasil. Disponível em: <http://mod.lk/npv1r>; Plástico: história, composição, tipos, produção e reciclagem. Disponível em: <http://mod.lk/reciclat>. Acessos em: 2 jul. 2018.

ILUSTRAÇÃO: RAUL AGUIAR

Poluição

Algumas sacolas plásticas demoram até 6 meses para se decompor. Mas a maior parte dos plásticos leva de 100 a 450 anos para desaparecer. Enquanto isso, o plástico polui rios e oceanos, causa a morte de animais, enchentes e outros problemas ambientais.

Reciclagem

Alguns tipos de plástico podem ser reciclados. Eles são separados do lixo comum, lavados e enviados para empresas que transformam o plástico em matéria-prima para fabricar outros produtos, como sacos de lixo, mangueiras e até mesmo roupas.

22 vinte e dois

O plástico dentro de casa

Embalagens, material escolar, garrafas, brinquedos e diversos outros objetos fazem parte da nossa vida. Até telefones celulares têm peças de plástico.

PET 1

Tome nota

Quanto tempo a maior parte dos plásticos demora para se decompor na natureza?

_____

Reflita

Faça uma pesquisa para descrever como sua comunidade se preocupa com o meio ambiente em relação à reciclagem e à reutilização do plástico. Depois, compartilhe suas descobertas com os colegas.

Hora de jogar fora

Na hora de descartar um produto de plástico, devemos refletir se ele pode ser reaproveitado ou reciclado.

RECICLAGEM

REUTILIZAÇÃO

ILUSTRAÇÃO: RAUL AGUIAR

Reutilização

É possível reaproveitar embalagens de plástico depois de consumir os produtos que vêm nelas. Usando a criatividade, dá para criar objetos decorativos, como o vaso ao lado.

Como fazer um vaso de plantas usando uma garrafa PET

Com a ajuda de um adulto, corte a garrafa.

Coloque fita adesiva no local cortado e descarte o restante nos recicláveis.

Encha de terra e plante algumas sementes.

vinte e três 23

Sequências

Reta numérica

As meninas estão na fila para retirar o lanche na cantina da escola. Elas serão chamadas de acordo com o número que receberam.

Cecília será a próxima. Depois de Cecília, será a vez de Talita. Em seguida, Denise retirará o lanche na cantina.

Os números **59**, **60**, **61**, **62**, **63**, ... nessa ordem, formam uma **sequência**.

- Agora, complete com o antecessor e o sucessor em cada caso.

a) _____ ▶ 10 ▶ _____

b) _____ ▶ 86 ▶ _____

c) _____ ▶ 19 ▶ _____

d) _____ ▶ 43 ▶ _____

Atividades

1 Escreva os números que faltam na sequência de acordo com a regra indicada.

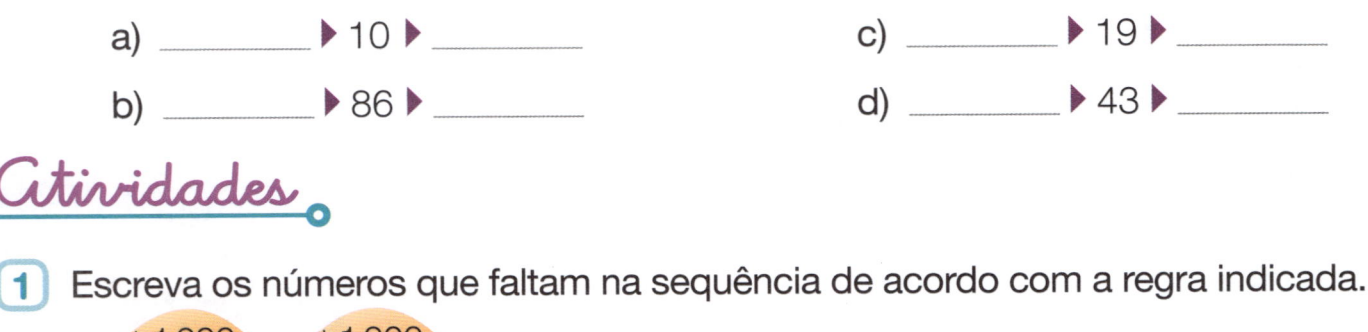

24 vinte e quatro

2 Dê "saltos" nas retas de acordo com o padrão indicado.

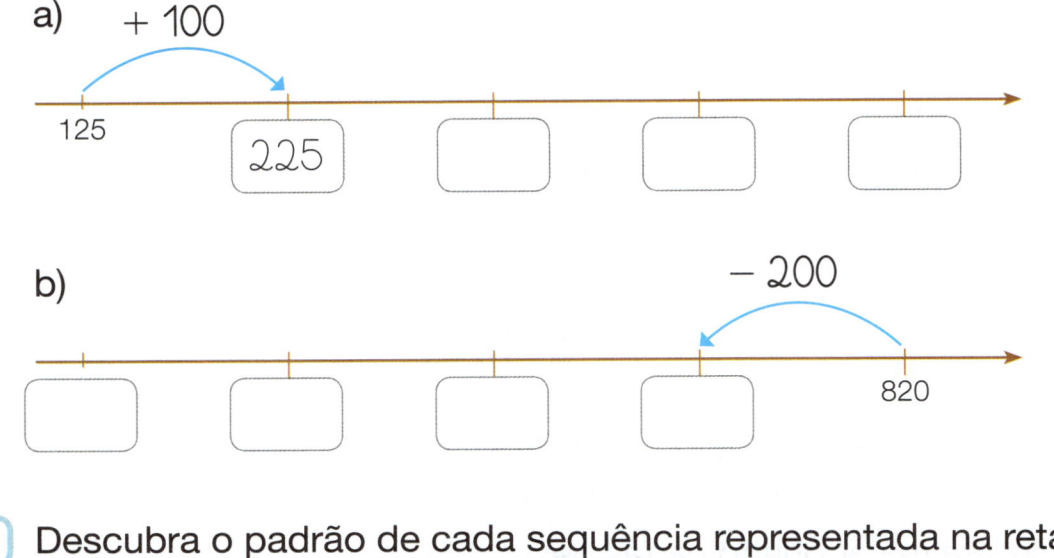

a) + 100

125   225

b) − 200

820

3 Descubra o padrão de cada sequência representada na reta numérica. Depois, complete as retas com os números que estão faltando.

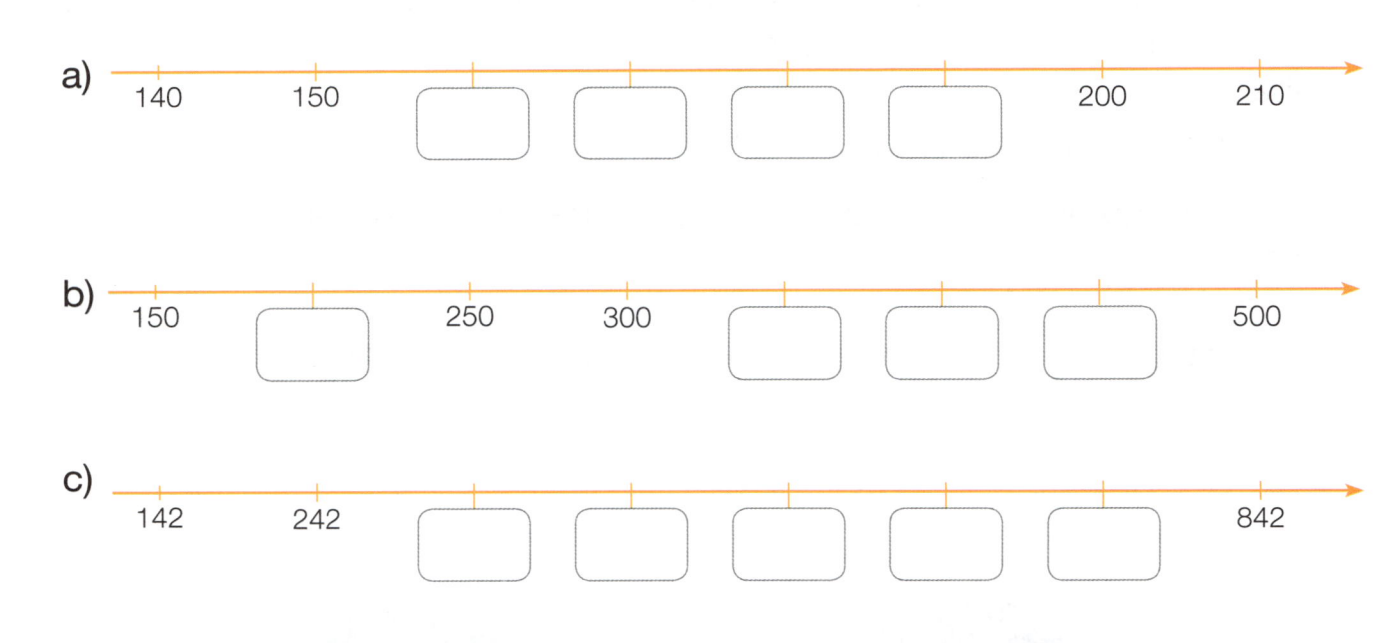

a) 140   150   200   210

b) 150   250   300   500

c) 142   242   842

4 Escreva uma sequência em ordem decrescente com números entre 10 e 190. Depois, peça a um colega que descubra a regra dessa sequência e registre-a.

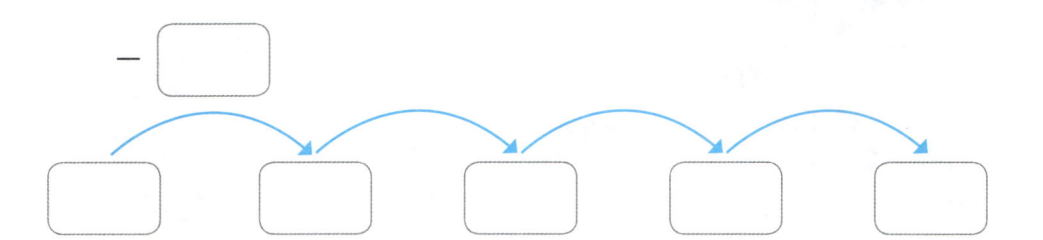

−

vinte e cinco **25**

Vamos jogar?

Maior de todos

PARA JOGAR MUITAS VEZES

Material: cartas numeradas das Fichas 1 e 2.

Jogadores: 2

> **Dica**
>
> Destaque e monte o envelope da Ficha 3 para guardar as peças dos jogos.

Regras:

❦ As 18 cartas de cada jogador devem ser embaralhadas e colocadas empilhadas no centro da mesa, com os números voltados para baixo.

❦ Cada jogador deverá retirar quatro cartas dessa pilha.

❦ A cada rodada, ao retirar as cartas da pilha, cada jogador deve formar com elas o maior número possível composto de quatro algarismos e anotar no quadro abaixo.

❦ A partida termina após cinco rodadas.

❦ Vence o jogo quem formar o maior número de quatro algarismos em mais rodadas.

Jogador	1ª rodada	2ª rodada	3ª rodada	4ª rodada	5ª rodada

Depois de jogar

1 Responda de acordo com a partida que você e seu colega jogaram e com o que preencheram no quadro.

a) Quais cartas você retirou na 1ª rodada? _____

b) Qual número você formou com essas cartas? _____

c) Esse número era o maior número que você poderia formar com essas cartas? Por quê?

d) Seu colega formou qual número na 1ª rodada? _____

e) Esse número é maior ou menor que o número que você formou?

_____

f) Quem formou o maior número de todas as rodadas? Qual foi esse

número? _____

g) Coloque em ordem crescente os números que você e seu colega formaram em todas as rodadas.

_____

_____

h) Quem venceu a partida? _____

2 Veja uma rodada da partida de Marina e Rafael e responda.

Marina   Rafael

a) Com essas cartas, qual é o maior número que:

• Marina pode formar? _____   • Rafael pode formar? _____

b) Quem ganha essa rodada se formar o maior número possível?

_____

vinte e sete **27**

Compreender informações

Interpretar gráfico de barras

1 Em um supermercado, as garrafas de água são vendidas em três tipos de embalagem. O gráfico abaixo apresenta a quantidade de copos (250 mililitros) necessária para encher cada tipo de embalagem completamente.

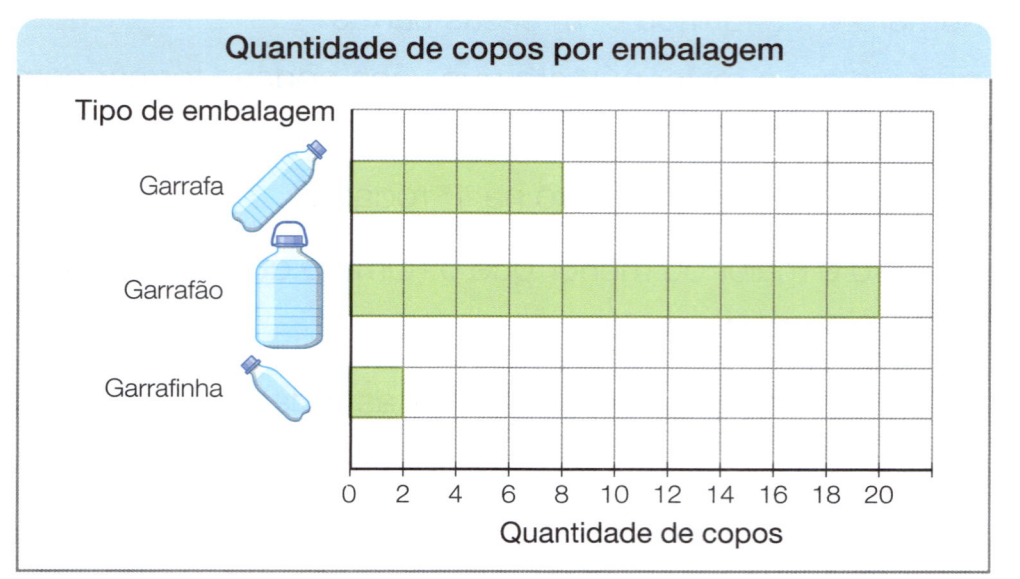

Fonte: Supermercado pesquisado (dez. 2017).

- Agora, faça o que se pede.

a) Para encher completamente o garrafão são necessários _____ copos.

b) Quantos mililitros de água cabem, no máximo, em cada tipo de embalagem?

Garrafa ▶ _____

Garrafão ▶ _____

Garrafinha ▶ _____

c) Complete a tabela ao lado com a quantidade de água necessária (em litros) para encher cada embalagem.

Quantidade de água por embalagem

Tipo de embalagem	Água (em litros)
	_____
	_____
	_____

Fonte: Supermercado pesquisado (dez. 2017).

2 No gráfico a seguir, o professor registrou as alturas dos alunos que fazem parte do time de futebol da escola.

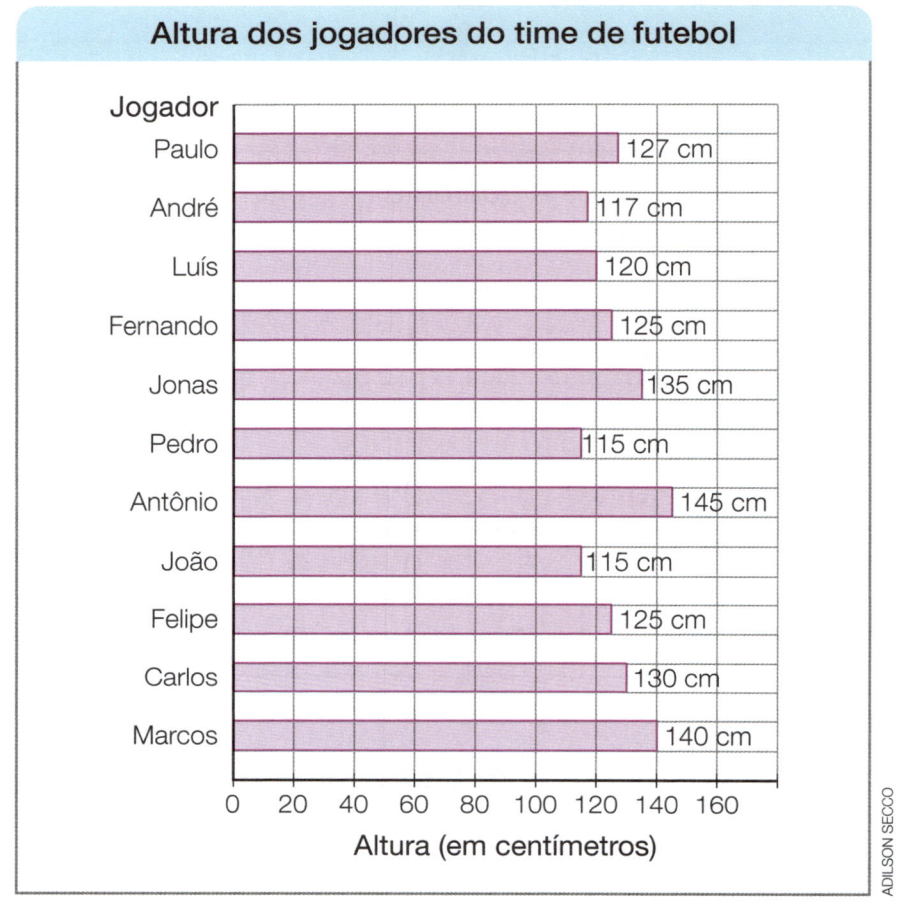

Fonte: Alunos do time da escola (nov. 2017).

a) Qual é o jogador mais alto? Qual é a altura dele?

_____

b) Existem jogadores que têm a mesma altura? Quem são?

_____

_____

c) Quantos centímetros o jogador mais alto tem a mais que cada um dos jogadores mais baixos?

_____

d) Elabore mais uma pergunta com base nos dados desse gráfico. Depois, troque sua pergunta com um colega e responda a pergunta dele.

vinte e nove **29**

Pratique mais

1 Encontre os números no quadro.

novecentos e noventa

9 centenas, 4 dezenas e 2 unidades

seiscentos e vinte

setecentos e quarenta

oitenta dezenas e duas unidades

2	0	4	2	4
1	8	0	2	6
0	3	9	4	2
0	5	9	9	0
2	7	4	0	8

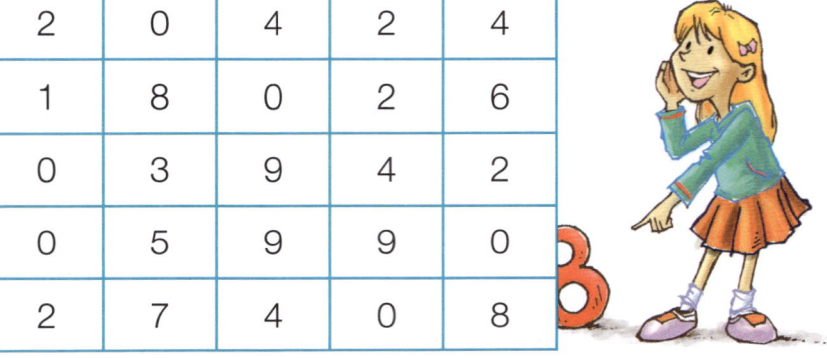

2 Escreva o valor do algarismo 3 em cada número.

a) 3 420 _____

_____

b) 305 _____

_____

c) 133 _____

_____

3 Componha cada número e escreva como se lê.

a) 1 unidade de milhar, 7 centenas, 9 dezenas e 5 unidades ▶ _____

Lemos: _____

b) 7 unidades de milhar, 8 dezenas e 4 unidades ▶ _____

Lemos: _____

4 Escolha um número e escreva, a partir dele, uma sequência crescente com 12 números que aumentem de 3 em 3 unidades.

_____

_____

30 trinta

Cálculo mental

Veja como Ricardo calculou o resultado de 45 + 17 dando um "salto duplo" na reta numérica.

17 = __10__ + _____
Vou dar 1 salto de 10 e 1 de 7 para a frente!

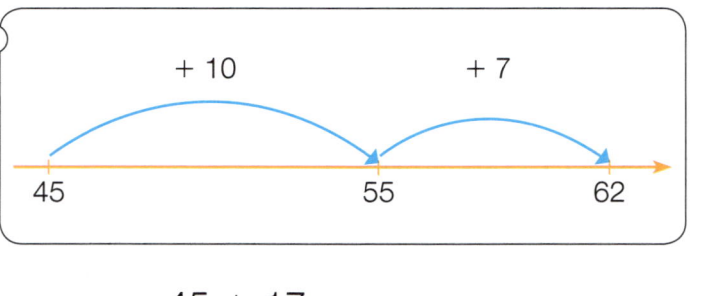

45 + 17 = _____

- Agora, calcule o resultado de cada operação dando "saltos duplos" na reta numérica.

a) 56 + 27 = _____

27 = _____ + _____

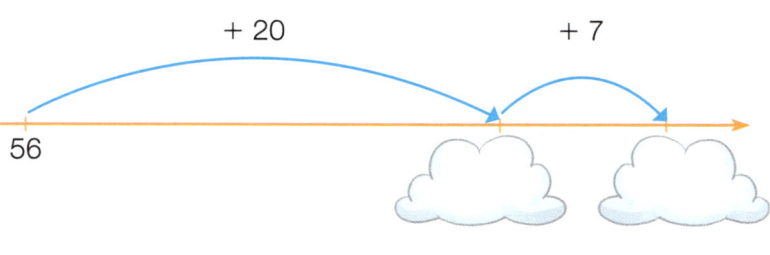

b) 16 + 38 = _____

38 = _____ + _____

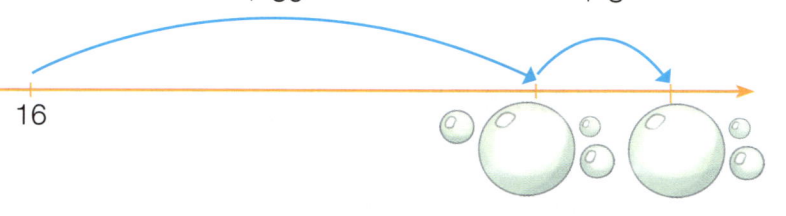

c) 57 − 16 = _____

16 = __10__ + _____

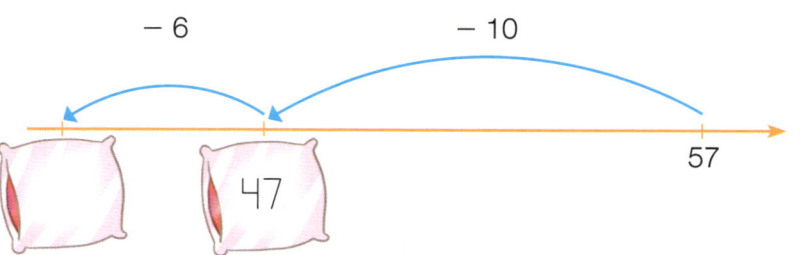

d) 60 − 43 = _____

43 = _____ + _____

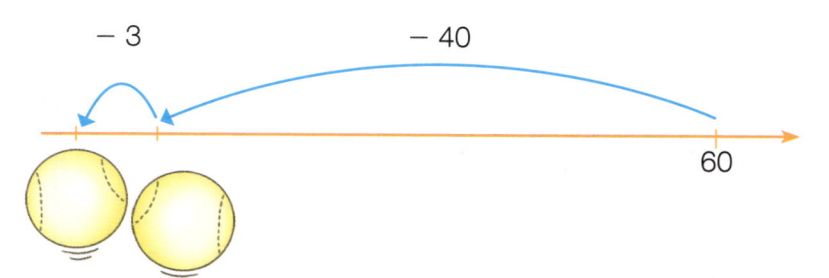

trinta e um 31

O que você aprendeu

1 Complete a sequência numérica.

> 🔍 **Dica**
>
> Atenção! Para descobrir a regra da sequência, observe os primeiros números.

4 500 | 5 000 | 5 500 | | 6 500 | |

2 Lia economizou 15 cédulas de  e 3 cédulas de .

Quantos reais ela economizou? _____

3 Associe as quantidades iguais.

| 1 000 + 800 + 90 + 5 | 8 095 | 1 805 | 89 dezenas e 5 unidades |

| 8 000 + 90 + 5 | 1 895 | 895 | 18 centenas e 5 unidades |

4 Complete com o antecessor ou o sucessor em cada caso.

a) 1 089 1 090

c) 2 999

e) 5 009

b) 5 000

d) 4 030

f) 9 000

5 Escreva seis números de quatro algarismos, em ordem decrescente, da esquerda para a direita.

| | | | | | |

32 trinta e dois

6 Uma fábrica de papel reflorestou uma área desmatada. Veja no gráfico a quantidade de árvores plantadas em um trimestre de 2018 e responda.

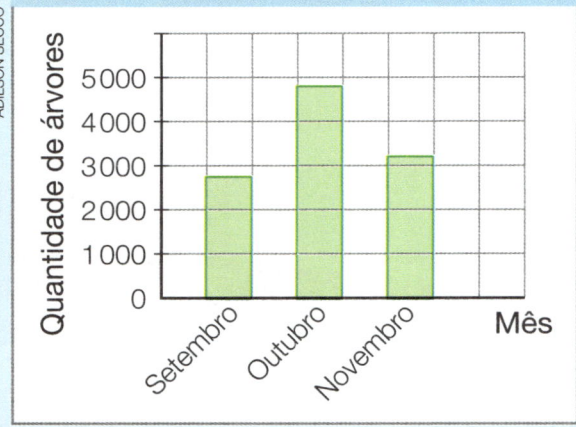

Árvores plantadas

Fonte: Dados fornecidos pela fábrica de papel (nov. 2018).

- Nesses três meses, foram plantadas, aproximadamente, quantas árvores ao todo?

_____

_____

Quebra-cuca

Descubra os números que Joana e Tadeu fizeram aparecer no visor da calculadora.

As teclas que apertei uma única vez foram

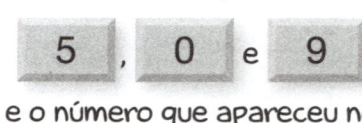

5 , 0 e 9

e o número que apareceu no visor tinha o algarismo 9 com o valor igual a 90 unidades.

Eu apertei as teclas

3 , 5 e 9

uma única vez, de modo que formei um número no qual o algarismo 5 correspondia a 500 unidades.

Joana

Tadeu

Joana fez aparecer o número _____. Tadeu fez aparecer o número _____.

trinta e três 33

UNIDADE 2

Adição e subtração

Picolé
4 reais
cada um

Para começar...

Qual é o valor total, em reais, recebido pela venda dos 3 picolés que as pessoas estão tomando na cena? _____

Para refletir...

A avó de Melissa deu a ela uma cédula de  para comprar um picolé e uma bola de sorvete. Quantos reais Melissa recebeu de troco? _____

TEMA 1. Adição e subtração

Situações de adição e de subtração

Mariana colheu várias frutas de seu pomar: 14 laranjas, 3 mangas e 12 abacates.

- Para saber quantas frutas foram colhidas no total, Mariana representou a quantidade de cada fruta e depois juntou todas.

- Mariana precisa colher, no total, 15 abacates. Quantos abacates ela ainda precisa colher?

Atividades

1 Amélia tinha alguns selos e ganhou outros 12 de seu pai. Ela passou a ter 48 selos. Quantos selos Amélia tinha antes de ganhar outros de seu pai?

_____

2 Em uma escola, houve um *show* musical apresentado por alguns alunos.
Na plateia, estavam 232 pais e 105 alunos. Quantas pessoas assistiram

ao *show* na plateia? _____

3 Marília foi a uma loja e comprou os produtos ao lado.

- Faça uma estimativa de qual é o valor aproximado da diferença entre os preços dos produtos comprados.

_____

Forno elétrico
R$ 687,00

Jogo de jantar
R$ 412,00

36 trinta e seis

4 Observe no monitor ao lado a quantidade de livros de uma biblioteca e responda às questões.

TIPO	QUANTIDADE
CONTOS	264
POEMAS	53
FOTOS	123

Quantidade de livros da biblioteca

a) Quantos livros de contos há a mais que livros de fotos?

Há _____ livros de contos a mais que livros de fotos.

b) Quantos livros de poemas há a menos que livros de contos?

Há _____ livros de poemas a menos que livros de contos.

5 Invente um problema usando os dados da ilustração ao lado e escreva-o nas linhas abaixo. Depois, peça a um colega que o resolva.

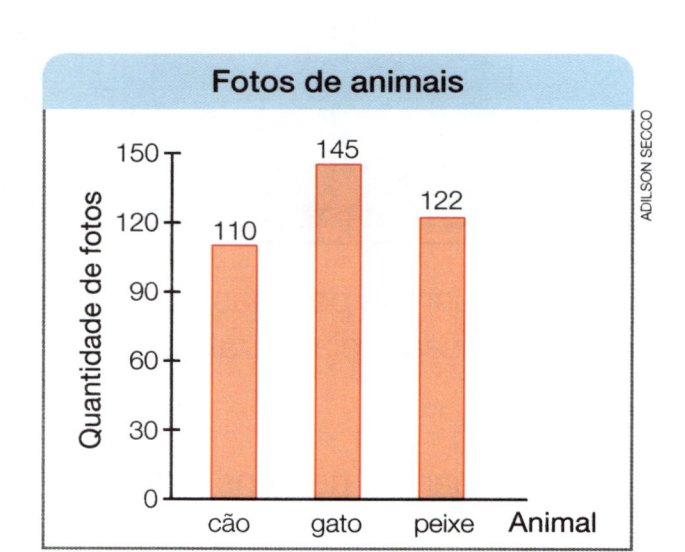

_____

_____

_____

_____

6 Em uma exposição de fotos de animais, há fotos de diferentes animais. Observe o gráfico ao lado para responder às questões.

a) Quantas fotos de animais estão expostas ao todo?

_____

b) Quantas fotos de gatos há a mais que fotos de cães nessa exposição?

_____

Fotos de animais

Fonte: Acervo da exposição de fotos de animais (dez. 2017).

trinta e sete **37**

7 O esquema abaixo mostra os caminhos possíveis entre a casa de Carla e a escola.

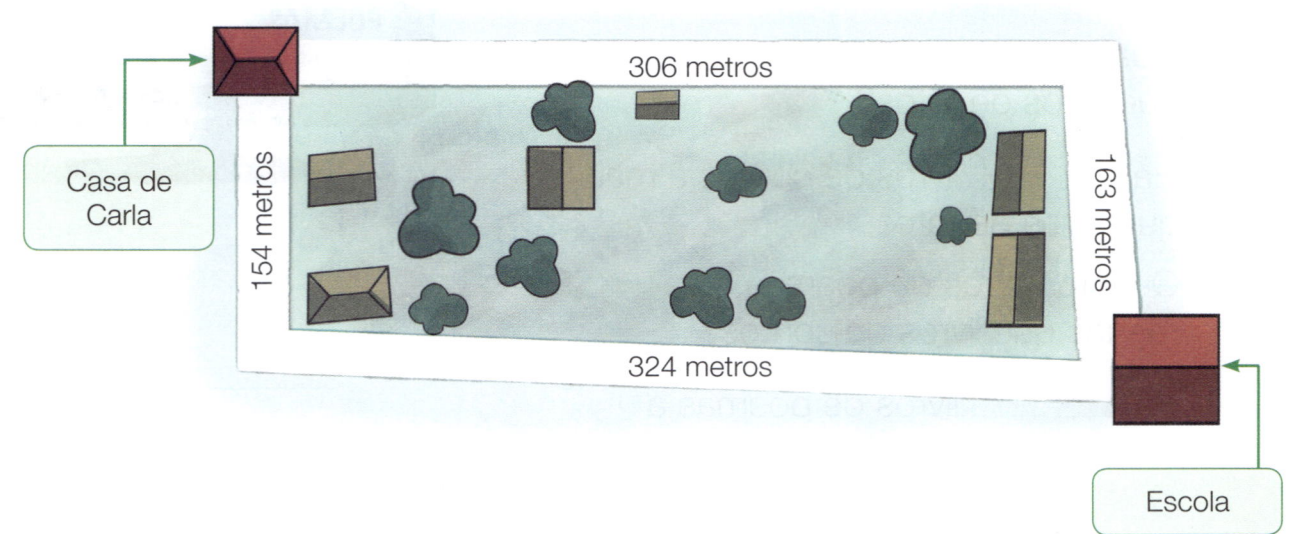

a) Pinte o caminho mais curto entre a casa de Carla e a escola.

b) Qual é a medida do comprimento, em metros, do caminho mais curto?

_____

8 Observe o painel que mostra a quantidade de mulheres e de homens participantes de uma meia maratona e responda às questões.

a) Quantas pessoas participaram dessa meia maratona?

_____

b) Quantos homens participaram a mais que mulheres?

_____

38 trinta e oito

9 Meire tem uma floricultura. Veja na tabela abaixo a quantidade de flores que ela usou durante um mês para fazer arranjos e, em seguida, complete-a.

Quantidade de flores

Flor / Cor	Gérbera	Rosa
Branca	1 202	1 490
Vermelha	2 310	2 308
Total		

Fonte: Controle da floricultura da Meire (jan. 2018).

a) Quantas flores brancas e quantas flores vermelhas Meire usou para fazer os arranjos nesse mês?

_____

b) Quantas rosas foram usadas a mais que gérberas?

_____

c) Agora, invente outra questão que possa ser respondida com os dados da tabela e peça a um colega que a responda.

_____

_____

_____

10 Um teatro tem capacidade para 1 572 pessoas. Se em uma apresentação havia 1 360 pessoas, quantos assentos ficaram vazios?

Ficaram vazios  assentos.

 **11** Resolva o problema proposto nos adesivos 1 e 2 da Ficha 32.

trinta e nove **39**

Vamos jogar?

Fazendo quinze

PARA JOGAR MUITAS VEZES

📄 **Material**: Cartas e marcadores da Ficha 4.

👥 **Jogadores**: 2, 3 ou 4.

Regras:

❧ Inicialmente, escolhe-se quem será o carteador, ou seja, quem vai embaralhar e distribuir os conjuntos de cartas de dois jogadores e determinar a quantidade de rodadas a serem jogadas, que deverá ser entre 5 e 10.

❧ O carteador embaralha as vinte cartas e distribui duas para cada jogador, incluindo ele mesmo, deixando as restantes no centro da mesa, voltadas para baixo.

❧ Cada jogador olha suas cartas sem deixar que os demais as vejam.

❧ O primeiro a jogar é aquele que está à esquerda do carteador, e assim por diante.

❧ Cada jogador, na sua vez, pode pedir mais uma carta ao carteador, verificando seu valor sem mostrá-la a ninguém. Isso se repete até que o jogador diga que não quer mais cartas ou até que o jogador obtenha, com a adição dos números de suas cartas, o resultado maior que 15. Nesse último caso, o jogador deve mostrar suas cartas aos outros jogadores e não participar mais dessa rodada.

❧ Quando nenhum jogador quiser mais cartas, faz-se a verificação: aquele que conseguir obter, com a adição dos números de suas cartas, o resultado igual a 15 (ou, se ninguém conseguir o resultado igual a 15, aquele que conseguir o resultado mais próxima de 15) ganha um marcador de cada jogador. Em caso de empate, ninguém ganha.

❧ Após cada rodada, embaralham-se novamente as cartas.

❧ Vence o jogo quem tiver mais marcadores no fim de todas as rodadas.

Reprodução proibida. Art. 184 do Código Penal e Lei 9.610 de 19 de fevereiro de 1998.

40 quarenta

Depois de jogar

1 Qual é o menor resultado possível da adição que um jogador pode obter ao receber as duas primeiras cartas? E a maior?

_____

2 É possível um jogador obter resultado 15 na adição dos números das duas primeiras cartas distribuídas no jogo? No caso de ser possível, com quais números?

_____

_____

_____

3 Veja as cartas de Adriana em uma das rodadas.

Se ela solicitasse mais uma carta, qual ela poderia receber de modo que não fosse excluída da rodada?

_____

_____

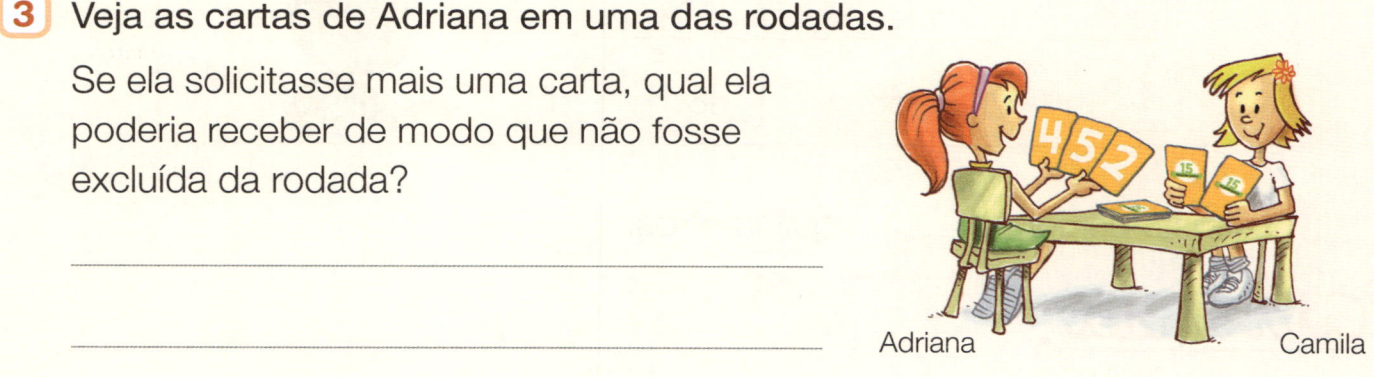

Adriana   Camila

4 Se você estivesse jogando e a adição dos números de suas cartas resultasse em 13, você se arriscaria a pedir mais cartas? Por quê?

5 Carlos, Vanessa e Ricardo estavam jogando. Observe as cartas de cada um deles.

Sabendo que Ricardo venceu a rodada, qual poderia ser sua terceira carta? Leve em consideração que cada jogador encerrou a rodada com 3 cartas.

Carlos   Ricardo

Vanessa

_____

quarenta e um **41**

TEMA 2 — Algumas estratégias de cálculo

Cálculo mental e estimativas

Um ciclista percorreu uma trilha do quilômetro 28 até o quilômetro 49. Adriana e Cláudio decidiram calcular quantos quilômetros o ciclista percorreu nessa trilha usando a reta numérica. Analise a estratégia usada pelas crianças e complete.

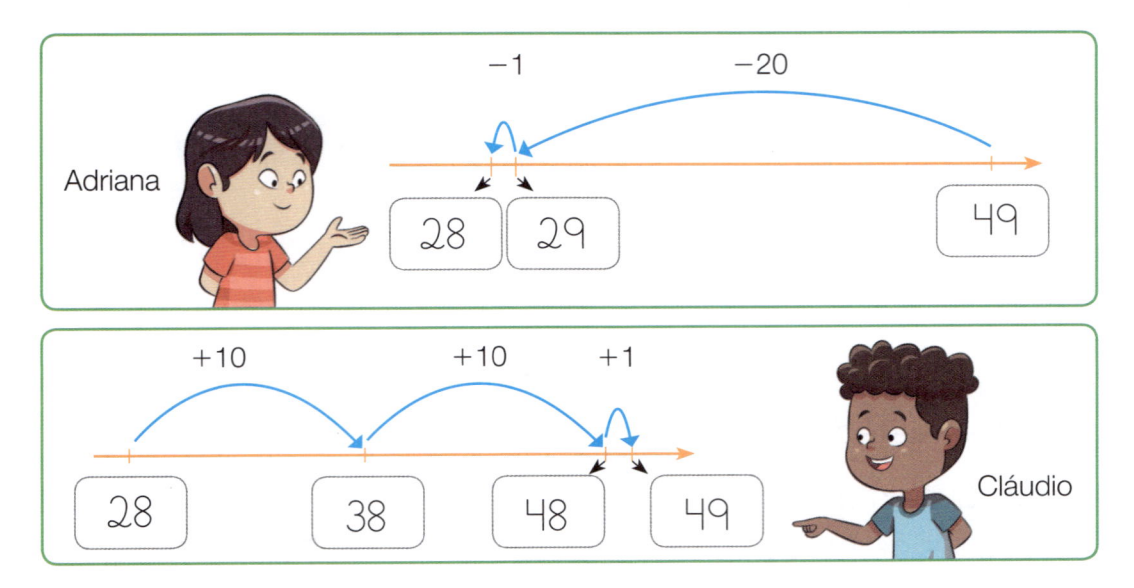

O ciclista percorreu _____ quilômetros.

Atividades

1 Calcule o resultado dando "saltos duplos" na reta numérica e complete.

a) Sabendo que:

$15 = \underline{10} + \underline{}$

$37 + 15 = \underline{}$

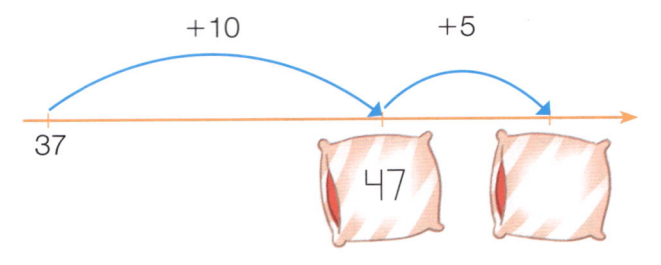

b) Sabendo que:

$28 = \underline{} + \underline{8}$

$75 - 28 = \underline{}$

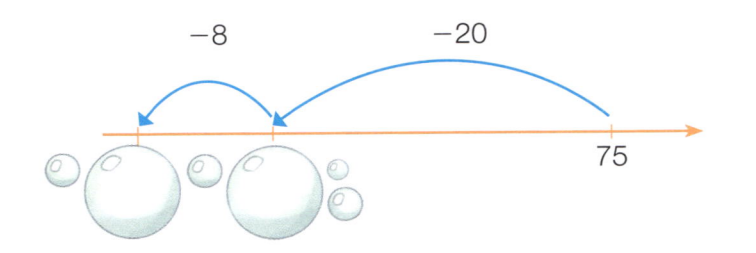

42 quarenta e dois

2 Sandra tem 780 gramas de farinha de trigo e quer fazer 2 bolos: um de abacaxi e outro de chocolate.

Quantidade de farinha de trigo necessária

Tipo de bolo	Quantidade de farinha
Chocolate	360 gramas
Abacaxi	310 gramas

Fonte: Receitas de Sandra (jan. 2018).

a) Fazendo uma estimativa, é possível dizer que a quantidade de farinha de trigo que Sandra tem é suficiente para fazer os 2 bolos?

_____

b) Quantos gramas de farinha de trigo sobrarão?

_____

3 Isabela leu dois livros: um com 313 páginas e o outro com 189 páginas. Descubra a quantidade, aproximada, de páginas lidas por Isabela.

Para saber, aproximadamente, quantas páginas eu li ao todo, podemos arredondar cada um dos números para a centena mais próxima e depois adicioná-los.

a) O número 313 está mais próximo de 300 ou de 400?

_____

b) O número 189 está mais próximo de 100 ou de 200?

_____

c) Quantas páginas, aproximadamente, Isabela leu ao todo?

_____

4 Qual é, aproximadamente, o preço da geladeira e da TV juntas?

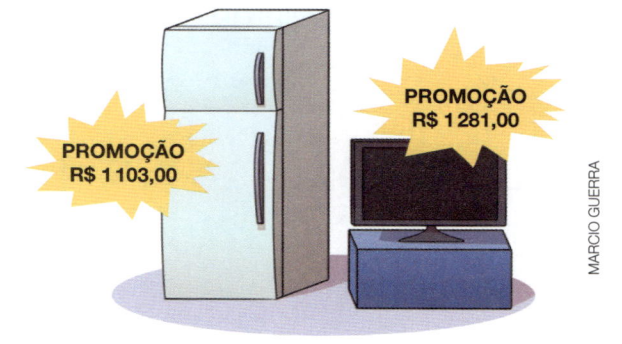

PROMOÇÃO R$ 1 103,00

PROMOÇÃO R$ 1 281,00

_____

_____

 **5** Resolva o problema proposto no adesivo 3 da Ficha 32.

quarenta e três **43**

Decomposição e algoritmo usual para adição

Os alunos do 3º ano foram a um zoológico que tem 142 mamíferos e 253 aves. Quantos animais, entre mamíferos e aves, há ao todo nesse zoológico?

Para descobrir, vamos adicionar 142 com 253.

Cálculo por decomposição

142 ▶ $100 + 40 + 2$
(+)
253 ▶ $200 + 50 + 3$

$300 + 90 + 5$ ▶ 395

Cálculo com o algoritmo usual

C	D	U
1	4	2
+ 2	5	3
3	9	5

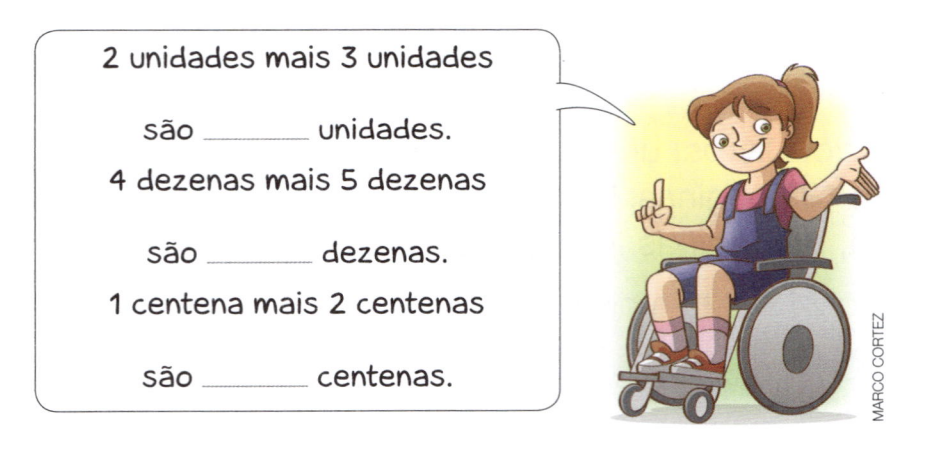

2 unidades mais 3 unidades

são _____ unidades.

4 dezenas mais 5 dezenas

são _____ dezenas.

1 centena mais 2 centenas

são _____ centenas.

Adição ▶ 142 + 253 = _____

Ao todo, entre mamíferos e aves, há _____ animais nesse zoológico.

- Há também 102 répteis nesse zoológico. Quantos animais, entre répteis, mamíferos e aves, há ao todo nesse zoológico? Calcule usando a estratégia de sua preferência e compare o resultado com o de um colega.

Ao todo, entre répteis, mamíferos e aves, há _____ animais nesse zoológico.

Decomposição e algoritmo usual para subtração

Júlio comprou 345 garrafas de suco de morango e 213 garrafas de suco de uva para sua lanchonete. Quantas garrafas de suco de morango foram compradas a mais que de uva?

Para descobrir, vamos subtrair 213 de 345.

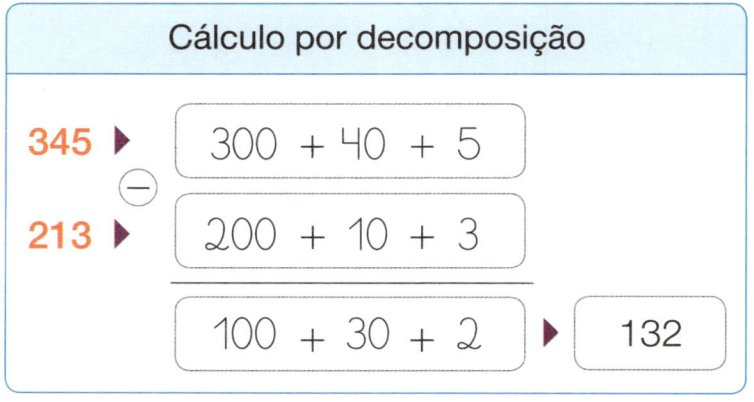

Cálculo por decomposição

345 ▶ 300 + 40 + 5
213 ▶ 200 + 10 + 3
100 + 30 + 2 ▶ 132

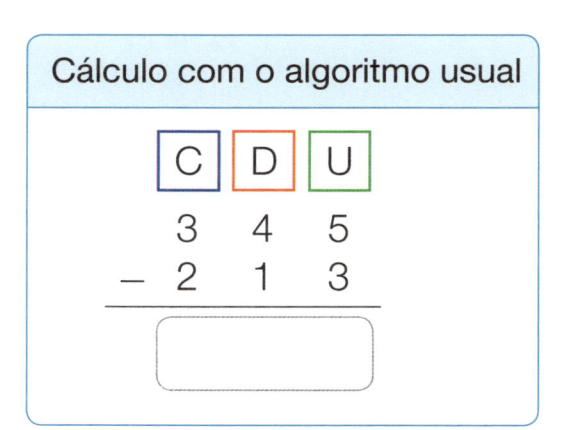

Cálculo com o algoritmo usual

C	D	U
3	4	5
− 2	1	3

5 unidades menos 3 unidades

são _____ unidades.

4 dezenas menos 1 dezena

são _____ dezenas.

3 centenas menos 2 centenas

é _____ centena.

Subtração ▶ 345 − 213 = _____

Foram compradas _____ garrafas de suco de morango a mais que de uva.

- Júlio decidiu comprar também 396 garrafas de suco de laranja. Quantas garrafas de suco de laranja foram compradas a mais que de uva? Faça os cálculos usando a estratégia que preferir e compare o resultado com o de um colega.

Foram compradas _____ garrafas de suco de laranja a mais que de uva.

Atividades

1 Veja como Marcos encontrou o resultado da subtração 458 − 123.

```
  4 0 0        5 0           8           3 0 0
− 1 0 0      − 2 0         − 3            3 0
─────────    ───────       ─────       +   5
  3 0 0        3 0           5          ───────
                                         3 3 5
```

- Agora, explique para um colega a resolução de Marcos.

2 Calcule o resultado de cada caso.

a)
C	D	U
3	2	2
+ 5	2	5

c)
C	D	U
1	3	5
+ 4	1	2

e)
C	D	U
2	4	6
−	1	2

b)
C	D	U
4	3	1
+ 5	2	7

d)
C	D	U
2	4	6
− 1	3	2

f)
C	D	U
5	2	7
− 4	0	3

3 Leia e responda.

Se não entrou nem saiu nenhum automóvel, quantos veículos estão estacionados?

TOTAL DE VAGAS	987
VAGAS DISPONÍVEIS	304

Estão estacionados _____ veículos.

4 Juliana enganou-se ao encontrar o resultado de 13 + 112 + 30. Descubra o erro do cálculo de Juliana.

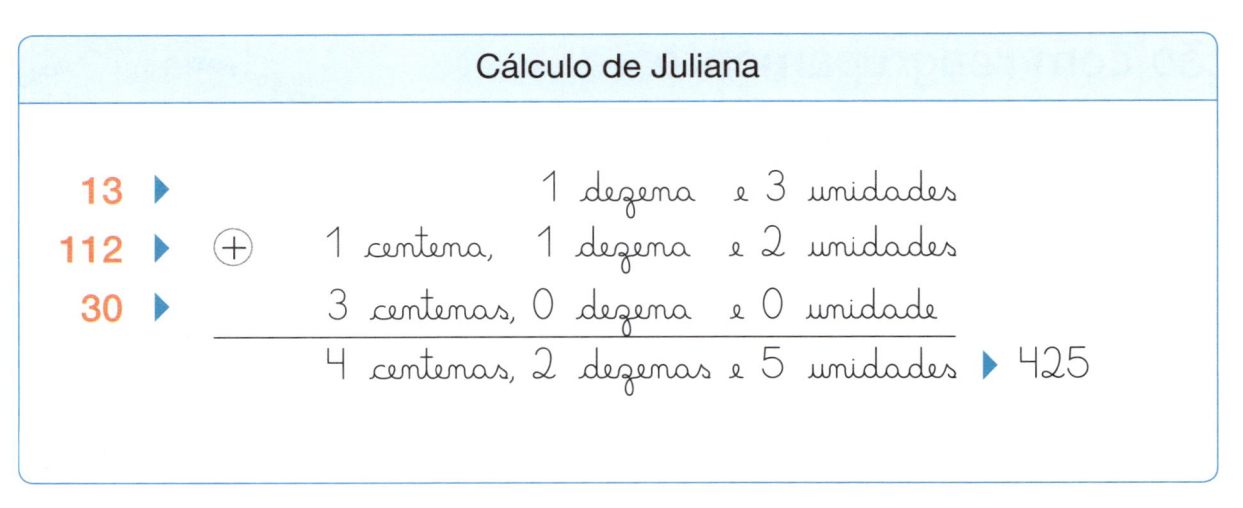

Cálculo de Juliana

13 ▶   1 dezena   e 3 unidades

112 ▶ ⊕   1 centena,   1 dezena   e 2 unidades

30 ▶   3 centenas, 0 dezena   e 0 unidade

4 centenas, 2 dezenas e 5 unidades ▶ 425

- Agora, calcule o resultado correto.

5 Veja no esquema a seguir o circuito que Maiara percorre com a bicicleta.

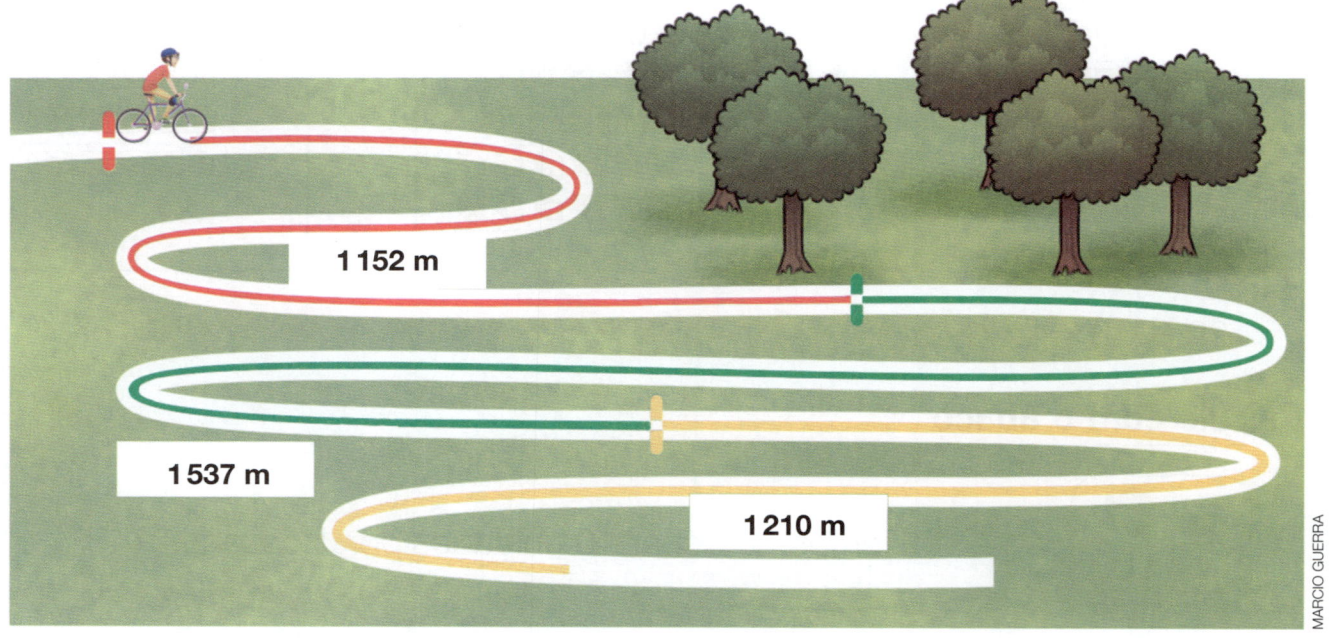

1 152 m

1 537 m

1 210 m

- Quantos metros ela percorre do início ao fim do circuito?

Maiara percorre _____ metros do início ao fim do circuito.

quarenta e sete   47

TEMA 3. Mais adição e mais subtração

Adição com reagrupamento

Observe, ao lado, as promoções para o almoço.

Ivete almoçou peixe grelhado e, de sobremesa, pediu uma fatia da torta de morango. Quanto Ivete gastou?

Para calcular quanto Ivete gastou, adicionamos 29 com 13.

DELÍCIAS DO BRASIL * ALMOÇO *

Bobó de camarão:
33 reais
Peixe grelhado:
29 reais
Massa recheada:
26 reais
Torta de morango (fatia):
13 reais
Taça de sorvete:
11 reais

Cálculo com o Material Dourado

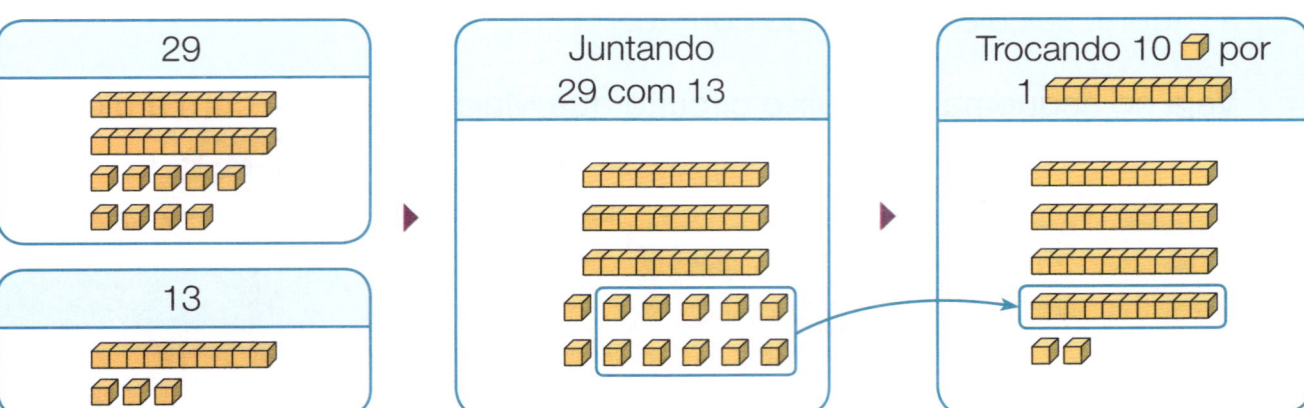

29 + 13 = ___42___

 Ábaco

Cálculo com o ábaco

Temos de trocar 10 unidades por 1 dezena.

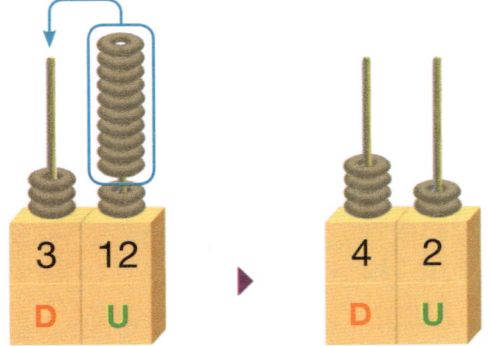

29 + 13 = _____

Ao todo, Ivete gastou _____ reais nesse almoço.

48 quarenta e oito

Atividades

Hoje, vendi 138 sorvetes e fiquei com 13.

1 Descubra quantos sorvetes Armando tinha no início do dia.

Cálculo por decomposição

138 ▶ | 100 + 30 + 8 |

(+)

13 ▶ | 10 + 3 |

| 100 + 40 + 11 | = [ ]

Adição ▶ 138 + 13 = _____

Cálculo com o algoritmo usual

C	D	U
	1	
1	3	8
+	1	3
[ ]		

- Primeiro adicionamos as unidades: 8 + 3 = _____
- Trocamos 10 unidades por 1 dezena.
- Depois, adicionamos as dezenas: 1 + 3 + 1= _____
- No final, adicionamos as centenas: 1 + 0 = _____

Armando tinha _____ sorvetes no início do dia.

2 Resolva.

 Ábaco

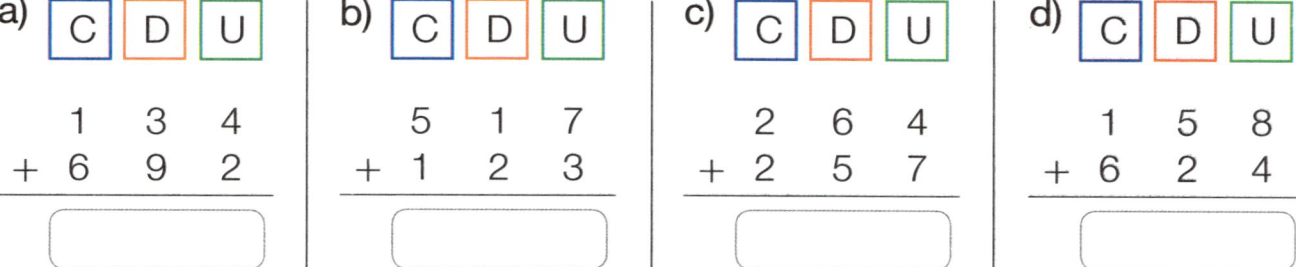

a)

C	D	U
	1	3	4
+	6	9	2
[ ]		

b)

C	D	U
5	1	7
+	1	2	3
[ ]		

c)

C	D	U
2	6	4
+	2	5	7
[ ]		

d)

C	D	U
	1	5	8
+	6	2	4
[ ]		

quarenta e nove **49**

3 Sueli quer calcular o resultado da adição 26 + 16 com uma calculadora, mas a tecla 6 não está funcionando. Como ela pode encontrar o resultado dessa adição? Registre as teclas usadas e o resultado obtido no visor.

> Esta atividade pode ser resolvida de **maneiras diferentes**.

4 A massa de um urso-polar macho é 529 quilogramas, e a de uma fêmea é 297 quilogramas. Quantos quilogramas os dois têm juntos?

Os dois juntos têm _____ quilogramas.

5 O parque Diversão deseja comprar novos equipamentos para aumentar a frequência de seus clientes. Assim, foram realizadas entrevistas com crianças de 6 a 13 anos. Cada criança votou em um único brinquedo. Observe o gráfico e responda.

a) Qual é o brinquedo preferido das crianças entrevistadas?

_____

b) Qual resposta apareceu com menor frequência nas entrevistas?

_____

c) Quantas crianças foram entrevistadas no total?

_____

Brinquedos preferidos

Fonte: Pesquisa feita pelo parque Diversão (jan. 2018).

cinquenta

6 Observe a tabela abaixo e responda à questão.

Despesas mensais de Vânia

Despesa	Valor
Energia elétrica	137 reais
Aluguel	438 reais
Telefone	84 reais

Fonte: Dados fornecidos por Vânia em 2018.

- Qual é a despesa total de Vânia considerando os valores mostrados na tabela?

_____

7 João quer comprar um telefone celular e um *tablet*. Veja, ao lado, os modelos disponíveis e os preços. Em seguida, calcule o valor a ser pago em cada opção. Depois, responda às questões.

Alfa e Gama	Alfa e Beta	Delta e Gama	Delta e Beta

a) Quantos reais, no máximo, João gastará? _____

b) E no mínimo? _____

 **8** Destaque o adesivo 4 da Ficha 32 e resolva o problema proposto em seu caderno.

cinquenta e um **51**

Subtração com reagrupamento

- Em uma visita ao veterinário, Alex precisou pesar seu cachorro. Como Fiel não parava quieto, Alex subiu com ele na balança e, depois, subiu sozinho. Qual é a massa de Fiel?

Para descobrir a massa de Fiel, podemos subtrair 58 de 71.

Juntos, temos 71 kg.

Eu tenho 58 kg.

Cálculo com o ábaco

Ábaco

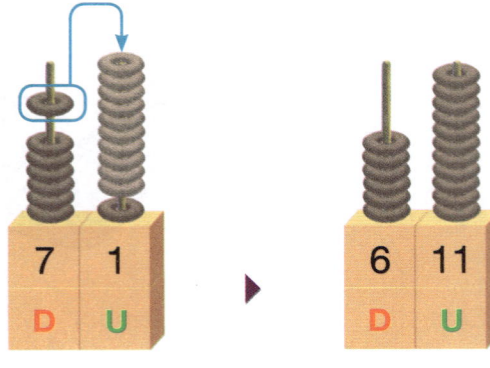

Como não dá para tirar 8 unidades de 1 unidade, temos de trocar 1 dezena por 10 unidades.

Subtraímos 8 unidades de 11 unidades e 5 dezenas de 6 dezenas.

Cálculo com o Material Dourado

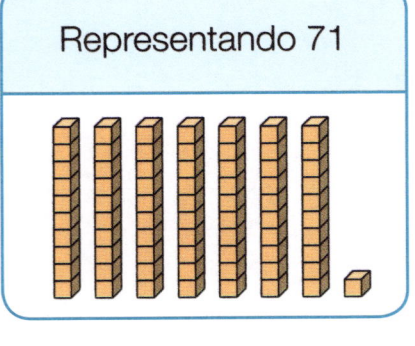

Representando 71

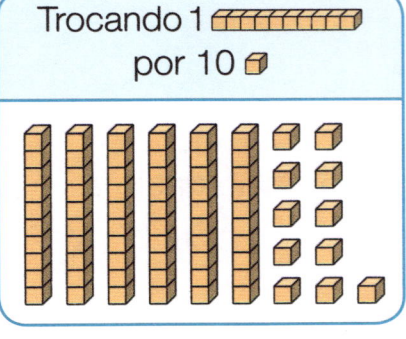

Trocando 1 🟫 por 10 🟫

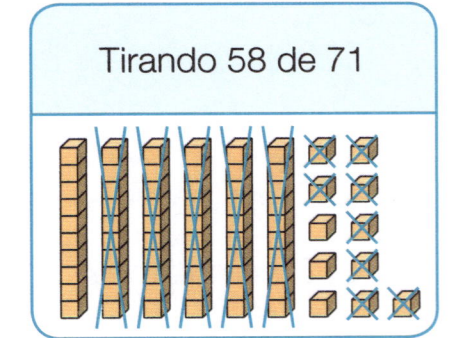

Tirando 58 de 71

Subtração ▸ 71 − 58 = _____

Cálculo por decomposição

71 ▶ $\boxed{70 + 1}$ ▶ $\boxed{60 + 11}$

$\ominus$

58 ▶ $\boxed{50 + 8}$ ▶ $\boxed{50 + 8}$

$\boxed{10 + 3}$ = $\boxed{}$

Subtração ▶ 71 − 58 = _____

Cálculo com o algoritmo usual

D	U
6	
7̶	¹1
− 5	8
$\boxed{}$	

- Como não é possível subtrair 8 unidades de 1 unidade, trocamos 1 dezena por 10 unidades. Assim, ficamos com 6 dezenas e 11 unidades.

- Subtraímos as unidades: 11 − 8 = _____

- Depois, subtraímos as dezenas: 6 − 5 = _____

A massa de Fiel é _____ quilogramas.

- Alex gastou, ao todo, com a consulta ao veterinário e as vacinas, 109 reais. Ele pagou com uma cédula de 100 reais e uma de 20 reais. Quanto Alex recebeu de troco?

Como não é possível subtrair 9 unidades de 0 unidade, trocamos 1 dezena por 10 unidades.

Subtraímos as unidades:

10 − 9 = _____

Em seguida, subtraímos as dezenas:

1 − 0 = _____

No final, subtraímos as centenas: 1 − 1 = _____

Alex recebeu _____ reais de troco.

	C	D	U
Dinheiro de Alex	1	2	0
Total da conta	− 1	0	9
Troco	$\boxed{}$		

cinquenta e três 53

Atividades

1 Veja como Marina e Carlos calcularam mentalmente o resultado de 63 − 26.

Para subtrair 26 de 63, primeiro, eu subtraí 20 de 63: 63 − 20 = 43. Faltou, então, retirar 6 unidades de 43: 43 − 6 = 37. O resultado foi 37.

Eu, primeiro, subtraí 30 de 63: 63 − 30 = 33. Como retirei 4 unidades a mais que o necessário, tive de acrescentar 4 unidades ao 33: 33 + 4 = 37. O resultado foi 37.

- Agora, calcule mentalmente o resultado em cada caso e registre sua estratégia no caderno.

a) 71 − 28 = _____

b) 50 − 24 = _____

c) 62 − 15 = _____

d) 83 − 36 = _____

2 Jonas quer calcular o resultado de 64 − 28, mas a tecla ⬚−⬚ de sua calculadora está quebrada. Como ele pode calcular esse resultado?

3 Em uma corrida de 850 metros, um atleta já percorreu 525 metros. Quantos metros ainda faltam para ele completar a prova?

Faltam _____ metros para o atleta completar a prova.

54 cinquenta e quatro

4 Veja como foi calculado o resultado de 212 – 123 usando cédulas de 100 e de 10 reais e moedas de 1 real. Depois, complete.

1º Representando 212.

_____ centenas, _____ dezena e _____ unidades

2º Trocando 1 cédula de 100 reais por 10 cédulas de 10 reais e 1 cédula de 10 reais por 10 moedas de 1 real.

_____ centena, _____ dezenas e _____ unidades

3º Tirando 123 de 212.

_____ dezenas e _____ unidades   212 – 123 = _____

5 Observe o gráfico ao lado e responda.

Qual é a diferença entre a produção de sofás das duas fábricas?

_____

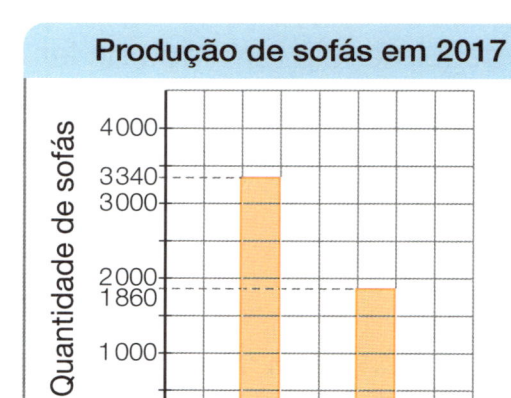

Produção de sofás em 2017

Fonte: Fábricas Pinho e Peroba, em 2017.

 6 Cole o adesivo 5 da Ficha 32 em seu caderno e resolva o problema proposto.

cinquenta e cinco **55**

Problemas de adição e de subtração

Mariana estava brincando de bater figurinhas. Ela começou o jogo com 32 figurinhas. Na primeira partida, ela ganhou 5, na segunda partida, perdeu 3 e, na última partida, perdeu mais 4. Com quantas figurinhas Mariana terminou o jogo?

Para descobrir a resposta, vamos representar a situação com um esquema.

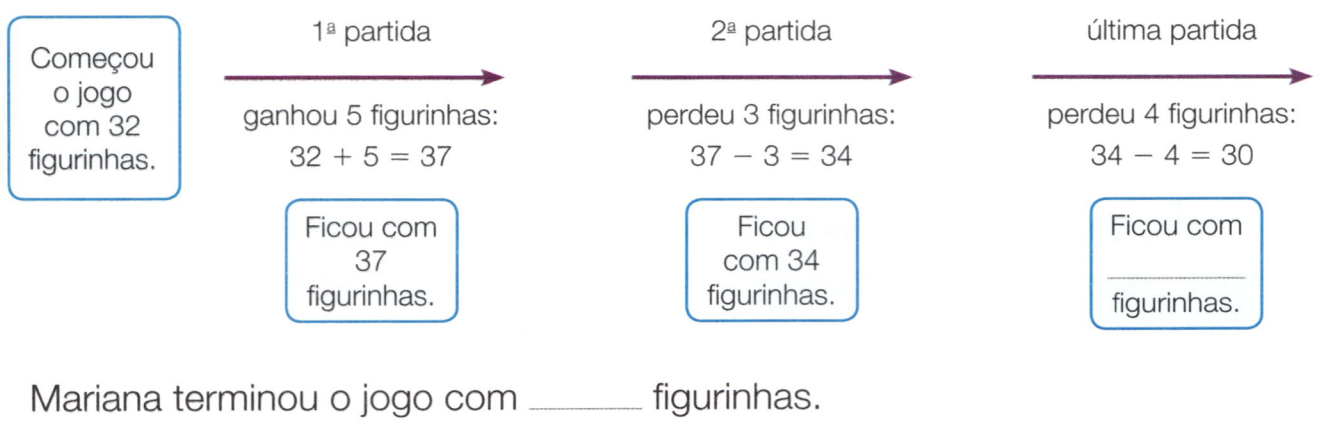

Começou o jogo com 32 figurinhas.

1ª partida
ganhou 5 figurinhas:
32 + 5 = 37

Ficou com 37 figurinhas.

2ª partida
perdeu 3 figurinhas:
37 − 3 = 34

Ficou com 34 figurinhas.

última partida
perdeu 4 figurinhas:
34 − 4 = 30

Ficou com _____ figurinhas.

Mariana terminou o jogo com _____ figurinhas.

Atividades

1 Lucas tinha 20 reais e ganhou mais 5 reais de seu tio. Depois, com esse montante, comprou uma caixa de bombons, como a caixa ao lado. Quantos reais sobraram para Lucas?

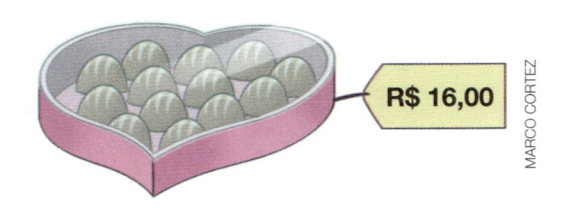

R$ 16,00

_____

2 No sábado, Rita leu algumas páginas de um livro que tinha 56 páginas. No dia seguinte, ela terminou de ler as páginas que faltavam desse livro.

a) Se Rita tivesse lido 20 páginas no sábado, quantas páginas ela leria no domingo para terminar o livro?

_____

b) Não é possível saber quantas páginas Rita leu no sábado, mas é possível fazer suposições. Escreva 3 possibilidades.

_____

_____

_____

3 Dois potes estão cheios de bolinhas. Serão retiradas 138 bolinhas de cada um deles. Quantas bolinhas restarão nos dois potes juntos?

Restarão _____ bolinhas nos dois potes juntos.

4 Observe e complete a tabela abaixo, que mostra a população indígena de três municípios brasileiros. Depois, responda às questões.

População indígena, em alguns municípios, por domicílio – Brasil 2010

População Município (UF)	Urbana	Rural	Total
Barcelos (AM)	1 370	6 997	
Boa Vista (RR)	6 072		8 550
Pesqueira (PE)		5 287	9 335

Dados obtidos no *site*: <http://mod.lk/indibge>. Acesso em: 3 jul. 2018.

a) No município de Barcelos, quantos indígenas há a mais na área rural do que na área urbana?

_____

b) Qual é a diferença entre a população indígena urbana e a rural, em Boa Vista?

_____

c) Em qual dos municípios a população indígena total é maior?

_____

• Agora, invente outra questão que possa ser respondida com os dados da tabela e peça a um colega que a responda.

5 Calcule o resultado das operações propostas nos adesivos 6 e 7 da Ficha 32.

cinquenta e sete **57**

Compreender problemas

Para resolver

Problema 1

Davi tem 130 reais e quer comprar dois dos presentes anunciados no folheto ao lado.

a) Quais são os dois presentes possíveis de Davi comprar?

_____

_____

b) Se Davi comprar a bola e o carrinho, quantos reais vai gastar? E que quantia vai sobrar para ele?

_____

_____

Problema 2

Pedro tem 42 bolinhas de gude e quer participar do campeonato anunciado no cartaz.

Ele poderá formar uma dupla com Luís, que tem 32 bolinhas? E com Júlio, que tem 36 bolinhas?

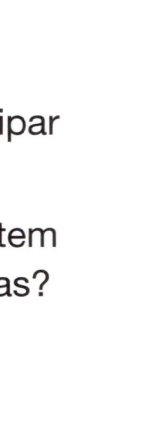

Campeonato de BOLINHA DE GUDE

1º lugar

Cada dupla participante deve ter, inicialmente, no mínimo, 75 bolinhas.

_____

_____

_____

Para refletir

1 Para resolver o *Problema 1*, você usou todos os dados do folheto? Explique como você fez.

2 No *Problema 1*, quais são os dois brinquedos que Davi pode comprar se quiser gastar o mínimo possível?

_____

3 Veja as afirmações que três alunos fizeram sobre o *Problema 1*.

Miguel	Valentina	Bruna
Se comprar apenas o ursinho, Davi fica com 78 reais.	Ao comprar a bola e o carrinho, Davi gasta 64 reais e fica com 66 reais.	Para comprar o cavalinho e a bola, faltam 16 reais.

a) As três afirmações são corretas? _____

b) Quem respondeu ao que o item **b** do problema perguntava?

_____

4 Sobre o *Problema 2*, marque com um **X** as afirmações que complementam corretamente a sentença a seguir.
Inicialmente, o total de bolinhas da dupla pode ser:

☐ menor que 75.

☐ igual a 75.

☐ maior que 75.

5 Com base no cartaz do *Problema 2*, crie uma questão que possa ser resolvida com uma adição ou uma subtração. Depois, troque com um colega para resolver a questão criada.

_____

_____

cinquenta e nove **59**

Matemática em textos

Leia

A nota fiscal

Ao realizarmos uma compra, devemos sempre pedir um documento chamado nota fiscal. Nele, são informados o lugar e a data em que fizemos a compra, são apresentados os dados do consumidor, as informações sobre cada produto comprado e o total gasto. A nota fiscal é importante caso haja necessidade de troca ou o produto apresente algum defeito. A emissão da nota fiscal também é a garantia de que o lojista está pagando seus impostos. Veja a nota fiscal que Pedro recebeu depois de fazer algumas compras.

Tinguá Materiais de Construção
Av. Santa Mônica, 1143 – Jaciaba
CNPJ: 12.345.678/8765-45   IE: 975.310.248.975

Nota fiscal de venda ao consumidor   **Nº 5155**
1ª via – série D-1

Data da emissão: ___15___ **de** _____maio_____ **de** __2017__
Cliente: Pedro de Souza
Endereço: Rua das Amoreiras, 207

Quantidade	Discriminação	Preço unitário	TOTAL R$
1	Massa corrida (15 kg)	54,00	54,00
1	Torneira para lavatório	80,00	80,00
1	Chuveiro (220 volts)	102,00	102,00
1	Tinta acrílica (18 litros)	121,00	121,00
1	Espelho quadrado (45 cm)	45,00	45,00
1	Piso (2 metros quadrados)	412,00	412,00
1	Cuba de apoio	145,00	145,00
1	Bacia com caixa acoplada	180,00	180,00
	TOTAL DA NOTA – R$		**1 139,00**

Responda

1 Qual é o nome e o endereço da loja de materiais para construção na qual a compra de Pedro foi realizada?

_____

_____

2 Quantos produtos diferentes foram comprados? Quantos reais Pedro gastou?

_____

Analise

1 Se Pedro tivesse pagado a compra com 12 cédulas de 100 reais, quantos reais ele teria recebido de troco? _____

2 Vânia fez compras nessa mesma loja de material para construção, dois dias depois de Pedro.

a) Complete a nota fiscal e descubra quanto ela gastou no total.

Tinguá Materiais de Construção

Av. Santa Mônica, 1143 – Jaciaba

CNPJ: 12.345.678/8765-45   IE: 975.310.248.975

Nota fiscal de venda ao consumidor   **Nº 5178**

1ª via – série D-1

Data da emissão: _17_ de ___maio___ de _2017_

Cliente: _Vânia da Silva_

Endereço: _Rua das Pitangas, 90_

Quantidade	Discriminação	Preço unitário	TOTAL R$
1	Torneira para lavatório		
1	Cuba de apoio		
1	Bacia com caixa acoplada		
	TOTAL DA NOTA – R$		

MARCOS MACHADO

---

b) Quantos reais Pedro gastou a mais que Vânia?

_____

Aplique

Reúna-se com um colega e mostrem como Pedro poderia pagar a compra dele usando o menor número possível de cédulas sem receber troco. Registre com um desenho.

sessenta e um

Compreender informações

Representar dados em gráfico de barras

1 A bibliotecária de uma escola queria comprar mais livros para a biblioteca, então ela fez uma pesquisa para saber o gênero (romance, ficção, comédia, HQ, suspense e terror) mais lido nos últimos seis meses e colocou os dados obtidos em uma tabela. Depois, para visualizar o resultado da pesquisa, montou um gráfico com os dados da tabela.

a) Complete o gráfico pintando as barras de acordo com os dados da tabela.

Livros lidos nos últimos seis meses

Gênero	Quantidade de livros lidos
Romance	100
Ficção	250
Comédia	200
HQ	350
Suspense	200
Terror	150

Fonte: Biblioteca da escola (jul. 2018).

Fonte: Biblioteca da escola (jul. 2018).

b) Sabendo que a quantidade de livros lidos representa a **frequência** de cada gênero, qual foi o gênero de maior frequência nos últimos seis meses? E o de menor frequência? _____

b) Quantos livros do gênero mais frequente foram lidos a mais que os do gênero menos frequente? _____

c) Que gêneros tiveram a mesma frequência? _____

e) É mais fácil responder às questões acima analisando o gráfico ou a tabela? Por quê?

62 sessenta e dois

2 Fábio e seus amigos participaram em 2018 de diversas atividades sociais no bairro em que vivem. Veja a turma toda reunida.

a) Registre na tabela a quantidade de crianças envolvidas em cada atividade.

Participação das crianças em atividades sociais

Atividades sociais	Organização de torneios esportivos	Campanha de reciclagem	Arrecadação de agasalhos	Participação no clube de leitura
Quantidade de crianças	1			

Fonte: Dados preenchidos pelos amigos do bairro em 2018.

b) Represente no gráfico os dados da tabela pintando de acordo com as cores da legenda.

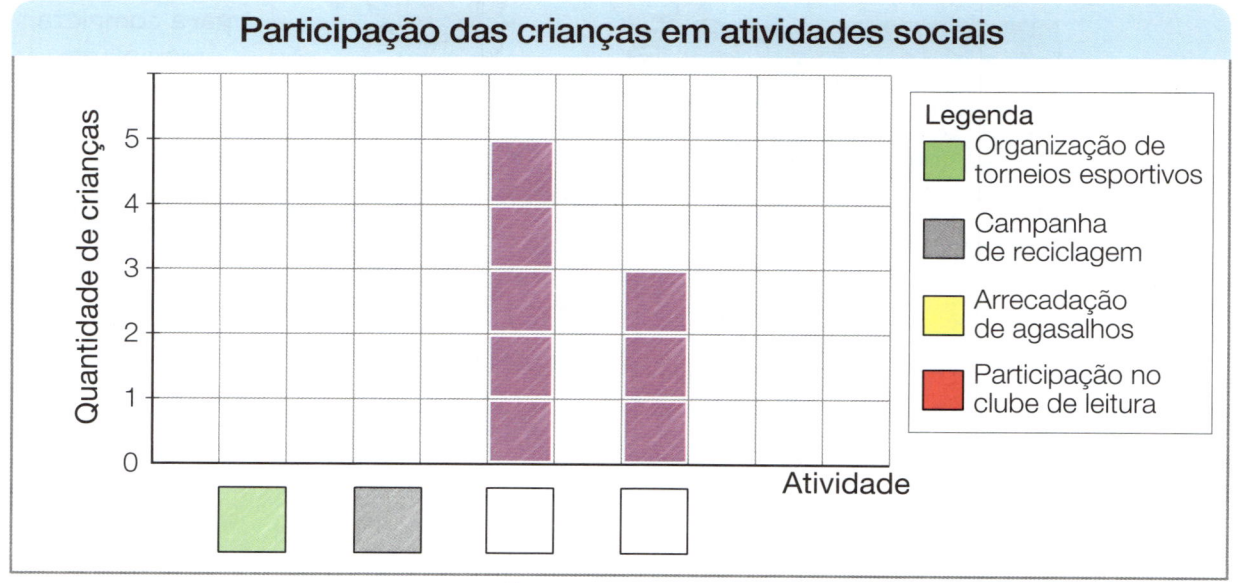

Fonte: Dados preenchidos pelos amigos do bairro em 2018.

c) Neste ano, 20 crianças estão participando dessas atividades sociais. Quantas crianças a mais estão participando em relação à quantidade do ano passado? _____

sessenta e três **63**

Pratique mais

 Ábaco

1 Calcule o resultado das adições.

a)
```
    1   9   2
+   2   0   7
```

b)
```
    4   3   2
+   3   2   4
```

c)
```
    3   4   6
+   2   3   5
```

d)
```
    3   4   8
    5   7   9
+       2   3
```

2 Calcule o resultado das subtrações.

a)
```
    2   7   7
−   1   0   5
```

b)
```
    4   3   2
−   3   2   1
```

c)
```
    4   8   4
−   1   6   8
```

d)
```
    5   4   1
−   3   6   2
```

3 Silvano e Monique estão colecionando figurinhas. No total, cada um dos álbuns tem espaço para 650 figurinhas.

Eu já tenho 284 figurinhas.

Faltam 326 figurinhas para completar meu álbum.

Silvano

Monique

a) Quantas figurinhas faltam para Silvano completar o álbum dele?

_____

b) Monique tem quantas figurinhas?

_____

c) Quantas figurinhas os dois têm juntos?

_____

64 sessenta e quatro

Cálculo mental

1 Marlene partiu do km 45 e correrá por 37 quilômetros. A qual quilômetro da pista ela chegará? _____

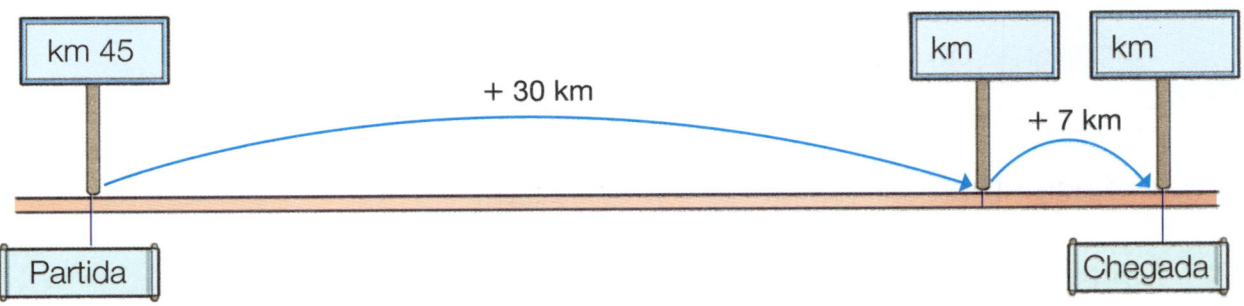

$45 + 37 =$ _____

$45 + 30 +$ _____ $=$ _____

- Agora, complete as adições:

$48 + 29 =$ _____

$48 + 20 +$ _____ $=$ _____

$40 +$ _____ $+ 29 =$ _____

$54 + 27 =$ _____

$54 + 20 +$ _____ $=$ _____

$50 +$ _____ $+ 27 =$ _____

2 Josimar partiu do km 79 e correrá por 26 quilômetros. A qual quilômetro da pista ele chegará? _____

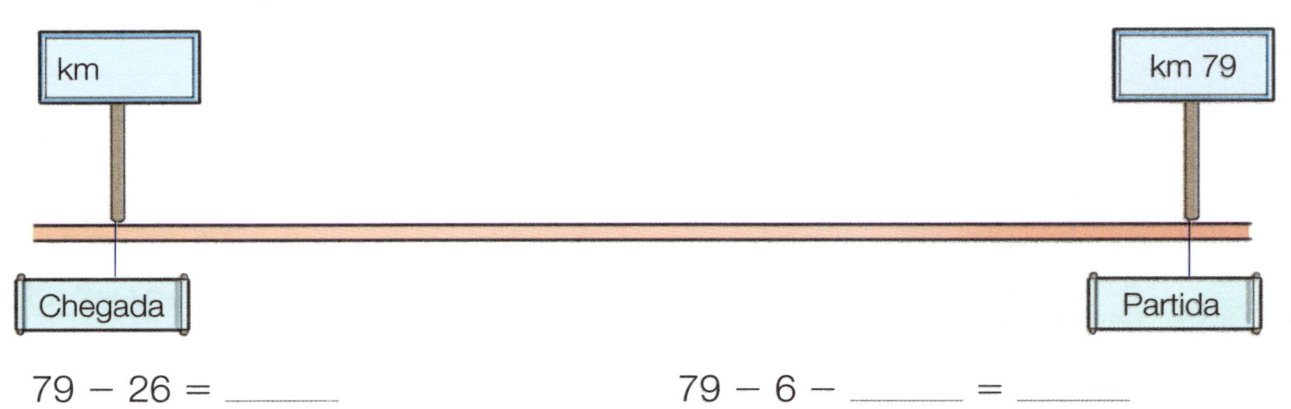

$79 - 26 =$ _____

$79 - 6 -$ _____ $=$ _____

- Agora, complete as subtrações:

$68 - 35 =$ _____

$68 - 5 -$ _____ $=$ _____

$68 -$ _____ $- 15 =$ _____

$79 - 44 =$ _____

$79 - 40 -$ _____ $=$ _____

$79 -$ _____ $- 24 =$ _____

sessenta e cinco **65**

O que você aprendeu

1 Rafael comprou uma bicicleta que custa 599 reais, pagando 314 reais de entrada.

a) Para saber quantos reais, aproximadamente, Rafael ainda tem que pagar, é mais adequado arredondar cada um dos números para a dezena mais próxima ou para a centena mais próxima?

b) Quantos reais, aproximadamente, Rafael ainda tem que pagar?

Faça uma estimativa. _____

2 Marisa foi a uma loja e comprou uma bota por 128 reais, uma bolsa por 152 reais e um casaco por 199 reais. Ao todo, quantos reais Marisa gastou?

_____

3 Faça os cálculos e ligue cada pessoa ao produto que ela comprou.

Eu tinha 434 reais. Fiz minha compra e fiquei com 235 reais.

Eu tinha 634 reais. Fiz minha compra e fiquei com 449 reais.

185 REAIS

199 REAIS

4 Heitor tem 180 reais e pretende comprar os três produtos mostrados ao lado. O dinheiro que ele tem é suficiente para a compra que ele quer fazer? Por quê?

TÊNIS 120 REAIS

MEIA 6 REAIS

CAMISETA 34 REAIS

66 sessenta e seis

5 Tânia queria calcular 81 − 34 com a calculadora, mas as teclas 1 e
 4 estavam com defeito. Então, ela calculou 82 − 35, afirmando que
obteria o mesmo resultado.

a) Tânia está certa? Por quê?

b) Calcule o resultado de 82 − 35 e de 81 − 34. O que você observou?

_____

6 Invente um problema para cada caso.

> Use sua **imaginação** para inventar os problemas.

a) A resposta do problema deve ser dada pelo resultado de 38 + 57.

_____

_____

_____

b) A resposta do problema deve ser dada pelo resultado de 57 − 38.

_____

_____

_____

Quebra-cuca

Com os algarismos 6, 7, 8 e 3, Diego forma o maior número possível. Vanessa usa os algarismos 3, 1, 2 e 5 e forma o menor número possível. Ambos usam os quatro algarismos que possuem sem repeti-los. Que número é obtido quando adicionamos os números formados por Diego e Vanessa?

UM	C	D	U	
				▶ Número formado por Diego
+				▶ Número formado por Vanessa

UNIDADE 3

Grandezas e medidas

Para começar...

Que horas o relógio da banca de frutas está marcando? _____

Para refletir...

Vanessa quer comprar 5 litros de suco. Quanto ela vai gastar?

TENDA DOS SUCOS

SUCO NA GARRAFA

11 reais — 1L

20 reais — 2L

38 reais — 4L

sessenta e nove 69

Medindo o tempo

Hora e meia hora

Observe Rafael e Alice olhando as horas em dois momentos diferentes e complete.

O ponteiro menor está apontando para o 2, e o maior, para o 12.

São _____ horas.

O ponteiro menor está entre 2 e 3, e o maior está apontando para o 6.

São _____ e meia.

- Agora, escreva a hora que cada relógio está marcando.

_____   _____

Atividades

1 Complete com *mais* ou *menos* em cada caso.

a) Uma partida de futebol dura _____ de 1 hora.

b) Fritar um ovo demora _____ de 1 hora.

c) Escovar os dentes demora _____ de 1 hora.

2 Construa o relógio de ponteiros da Ficha 5 para representar os horários indicados abaixo.

a) 3 horas e 30 minutos

b) 5 horas

c) 4 horas e 30 minutos

d) 6 e meia

e) 7 horas

f) 10 e meia

70 setenta

A hora e o minuto

Observe como lemos as horas e os minutos em um relógio de ponteiros.

Em um relógio digital, as horas e os minutos são separados por dois-pontos. O número à esquerda dos dois-pontos indica as horas, e o número à direita, os minutos.

Cléber mostra como os horários depois do meio-dia são registrados em relógios digitais.

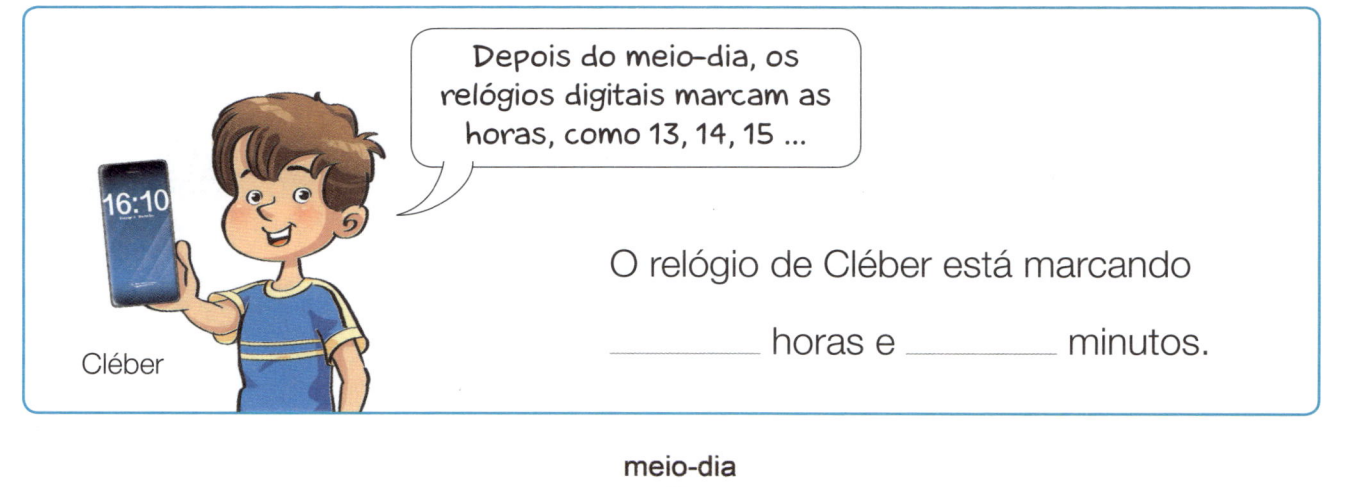

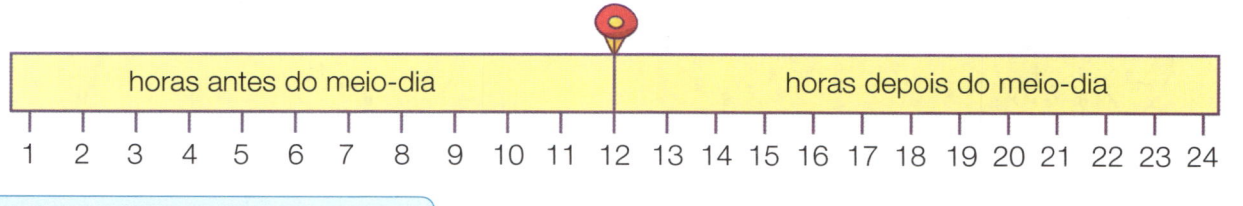

Indicamos:
- 1 hora por 1 h
- 1 minuto por 1 min

60 minutos correspondem a 1 hora.

60 min = 1 h

setenta e um 71

Atividades

1 Ricardo precisa ajustar o relógio digital de acordo com a hora mostrada pelo relógio analógico. Ajude-o a ajustar as horas escrevendo os números que o relógio digital deve marcar.

2 Escreva o horário que os relógios estão marcando em cada caso. Indique se é de manhã ou de noite.

a)
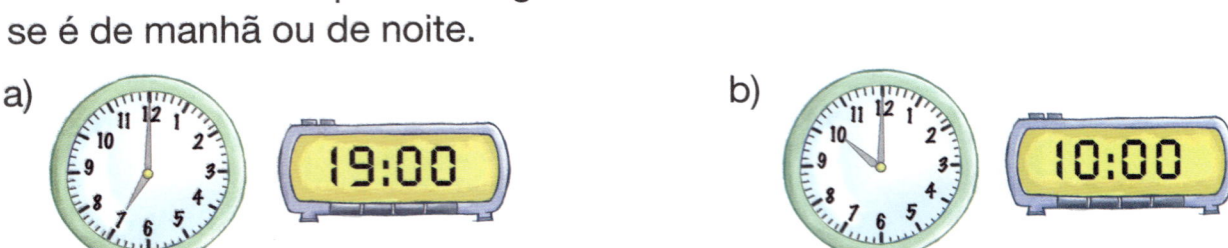

b)

3 Ligue os relógios que marcam a mesma hora.

72 setenta e dois

4 Fabíola e sua irmã farão uma viagem de avião. Elas chegaram ao aeroporto às 16 horas e 15 minutos. De acordo com a previsão do voo, elas terão de aguardar por 1 hora e 10 minutos. Agora, responda.

a) Qual é o horário previsto do voo? _____

b) Devido ao mau tempo, o voo sofreu um atraso de 15 minutos.

   Qual será o novo horário desse voo? _____

5 Joana é professora de ginástica. Por dia, ela dá 4 aulas, uma após a outra. Cada aula dura 15 minutos.

a) Complete o quadro de horários da professora Joana.

1ª aula		2ª aula		3ª aula		4ª aula	
Início	18:00	Início	18:15	Início		Início	
Término	18:15	Término		Término		Término	

b) Agora, desenhe os ponteiros que estão faltando.

6 Ernesto terminou de montar uma cerca de madeira às 10 horas e 45 minutos, após ter trabalhado por 1 hora e meia. A que horas Ernesto começou a montar a cerca?

setenta e três **73**

7 De outubro a fevereiro, costuma vigorar em alguns estados brasileiros o horário de verão. Nesses meses, as pessoas devem adiantar o relógio em 1 hora.

Atividade interativa
Marina em Rio Branco

a) Onde você mora tem horário de verão? _____

b) No estado em que Nair mora, vigora o horário de verão. Se o relógio dela está marcando 15 horas neste momento, que horas seriam se o horário de verão não vigorasse no estado dela?

_____

c) Quando o período do horário de verão termina, o que as pessoas devem fazer para ajustar o relógio?

_____

8 Registre sua rotina na agenda do celular ilustrada ao lado. Você deverá escrever algumas atividades que faz no período da manhã e no período da tarde. Escolha o dia da semana que quiser. Não se esqueça de marcar o horário de início e de término de cada atividade.

setenta e quatro

Minuto e segundo

Para esquentar seu lanche no micro-ondas, Júlia apertou a tecla correspondente a 1 minuto e, após 15 segundos, o aparelho indicava os segundos restantes, como mostra a ilustração ao lado.

a) Por quantos segundos o lanche ainda vai esquentar? _____

b) Por quantos segundos, ao todo, o lanche esquentará? _____

> Indicamos 1 segundo por: 1 s

> 1 minuto corresponde a 60 segundos.
> 1 min = 60 s

Atividades

1 Debata as questões a seguir com os colegas.

a) Em que situações você já mediu um intervalo de tempo em minutos? E em segundos?

b) Você considera 1 minuto muito tempo ou pouco tempo? Por quê?

2 Quanto dura um intervalo de tempo se o ponteiro dos segundos der:

a) 2 voltas? _____

b) 3 voltas? _____

c) meia-volta? _____

d) 1 volta e meia? _____

3 Como saber, usando uma calculadora, quantos minutos e segundos correspondem a 132 segundos?

_____

_____

_____

4 Jaime analisou a vazão de uma torneira e descobriu que ela aberta despeja, em um balde, 1 litro de água a cada 15 segundos. Complete a tabela abaixo.

Vazão da torneira

Tempo	Quantidade de litros
15 segundos	1
30 segundos	
1 minuto	
	12
	20

Fonte: Análise de Jaime (fev. 2018).

5 Faça uma estimativa e escreva a duração do intervalo de tempo mais adequada à realização de cada atividade: 120 minutos, 5 minutos, 25 segundos ou 2 segundos.

Um atleta amador correr 100 metros.	Abrir uma lata de refrigerante.	Fazer um café.	Assistir a um filme.

_____ _____ _____ _____

6 Observe as falas de Daniel e de Marcos.

Marcos, como faço para descobrir qual duração de intervalo de tempo é maior: 2 min e 16 s ou 146 s?

Você pode transformar 2 min e 16 s apenas em segundos e, depois, comparar as durações dos intervalos de tempo em segundos.

• Faça como Marcos explicou a Daniel e descubra qual dos dois intervalos de tempo tem duração maior. _____

Sistema monetário brasileiro

Cédula de 2 reais e moeda de 1 real

Você conhece a moeda e a cédula representadas abaixo?

- O que você consegue comprar com uma moeda ou com uma cédula dessas?

Atividades

1 Observe.

- Agora, ligue os quadros que contêm a mesma quantia.

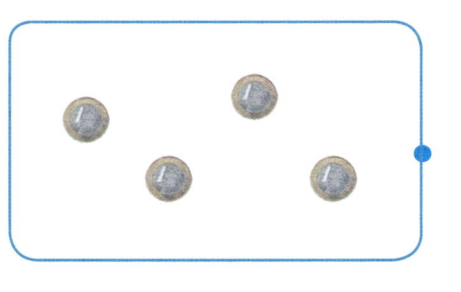

setenta e sete 77

2 Veja a quantia que Paula ganhou dos pais dela. Em seguida, complete.

Paula ganhou, no total, _____ reais.

3 Observe a quantia que Jonas tem.

 • Elabore um problema com as informações dadas. Depois, troque-o com um colega para que ele resolva o seu e você resolva o dele.

_____

_____

_____

_____

4 Vanessa tem 22 moedas de 1 real e quer trocá-las por cédulas de 2 reais. Desenhe as cédulas que ela vai receber.

Mais cédulas do real

Além da cédula de 2 reais, há outras cédulas do real. Veja.

- Saulo tem 1 cédula de 20 reais e Catarina tem 4 cédulas de 5 reais. Quem possui a maior quantia? _____

Atividades

1 Destaque as moedas e as cédulas das Fichas 6 a 12. Calcule e complete o quadro abaixo desenhando as cédulas e moedas necessárias para representar o troco em cada caso.

Produto	Pagou com	Troco
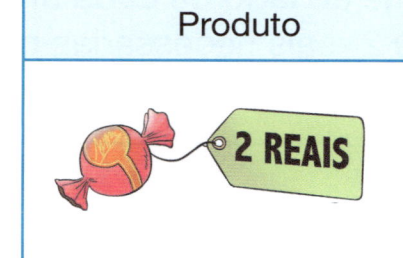 2 REAIS		
 3 REAIS		
 6 REAIS		
 9 REAIS		

Dica

Monte o envelope da Ficha 13 para guardar as cédulas e moedas, pois serão usadas em outras atividades.

setenta e nove

2 Marcelo tem 20 cédulas de 2 reais, 15 moedas de 1 real e 3 cédulas de 5 reais. Ele quer trocar toda essa quantia por cédulas de 10 reais. Quantas cédulas de 10 reais ele terá depois da troca?

Marcelo terá _____ cédulas de 10 reais.

3 Observe o preço dos brinquedos. Depois, desenhe ao lado de cada um a menor quantidade de cédulas de 50, 20, 10, 5 ou 2 reais necessárias para compor cada preço.

55 REAIS	
72 REAIS	
98 REAIS	

ILUSTRAÇÕES: JOSÉ LUIS JUHAS

Reprodução proibida. Art. 184 do Código Penal e Lei 9.610 de 19 de fevereiro de 1998.

80 oitenta

4 Durante uma visita ao museu do futebol, Lucas passou pela loja com o objetivo de comprar alguns objetos para levar de lembrança. Observe.

- Lucas consegue comprar o que quer? Quanto dinheiro sobrará para ele? Registre como você pensou.

 • Com a quantia que sobrou, o que mais Lucas poderia comprar na loja do museu?

5 Observe a cédula que representa 100 reais e faça o que se pede.

 • Em dupla, discutam outras maneiras de representar 100 reais usando duas ou mais cédulas de real. Em seguida, registre três possibilidades.

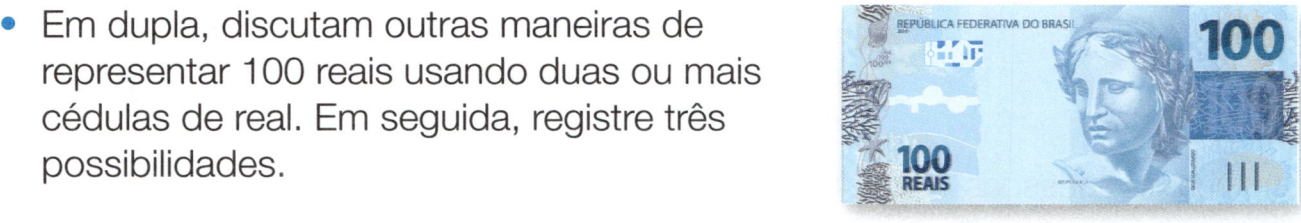

oitenta e um **81**

Compreender problemas

Para resolver

Problema 1

Pedro economizou durante dois anos. Veja o dinheiro que ele tem.

FOTOS: BANCO CENTRAL DO BRASIL

a) Quantas cédulas ele conseguiu juntar?

_____

b) Qual é a quantia que Pedro possui?

_____

c) Pedro quer comprar um micro-ondas de 500 reais.

Falta ou sobra dinheiro? Quanto? _____

Problema 2

Em uma festa, foram convidadas 2 600 pessoas, mas só metade compareceu. Ao final da festa, ainda havia mais de 800 convidados.

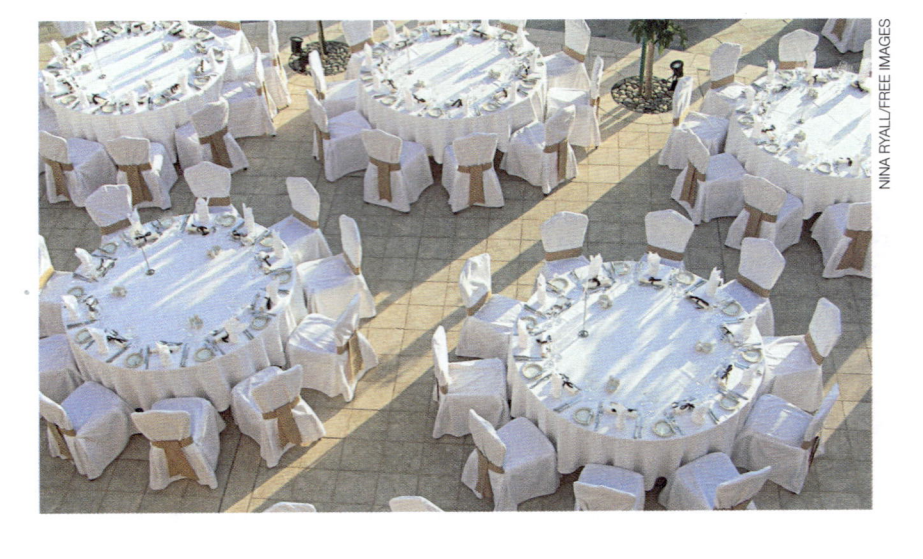

NINA RYALL/FREE IMAGES

a) Quantas pessoas compareceram a essa festa?

_____

b) Quantas pessoas convidadas faltaram à festa?

_____

82 oitenta e dois

Para refletir

1 Quais operações podem ser usadas para resolver o item **b** do *Problema 1*? Escreva cada uma.

_____

2 No *Problema 1*, quais cédulas de real do nosso dinheiro não apareceram?

_____

3 Complete os cálculos e contorne aquele que foi usado na resolução do item **c** do *Problema 1*.

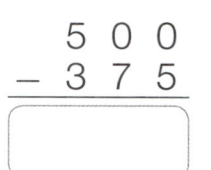

4 No *Problema 2*, existe alguma informação que não foi usada em sua resolução? Se existe, qual é essa informação?

_____

_____

5 Qual é a quantidade exata de convidados que ainda estavam presentes ao final da festa?

_____

_____

Matemática em textos

Leia

> Os seres vivos nesta página não estão apresentados em escala de tamanho.

Período de gestação de alguns animais

Alguns animais nascem de ovos, e o período que eles passam crescendo dentro dos ovos é chamado incubação. Outros animais crescem dentro da barriga da mãe, e esse período é denominado gestação. Os períodos de gestação variam de espécie para espécie. Vamos conhecer o período de gestação de alguns animais.

hipopótamo
240 dias

vaca
284 dias

urso-polar
240 dias

gato
63 dias

leão
100 dias

cavalo
330 dias

cachorro
63 dias

elefante indiano
624 dias

lobo 63 dias

tigre 105 dias

coelho
30 dias

porco
112 dias

leão-marinho
350 dias

Dados obtidos em: DUARTE, Marcelo. *O guia dos curiosos*. São Paulo: Panda Books, 2006. p. 60.

Responda

1 Alguns animais nascem de ovos. Como é chamado o período que esses animais passam crescendo dentro dos ovos? _____

2 Gestação é o período em que os animais crescem dentro da barriga da mãe. Qual é o tempo de gestação do leão? E o do gato?

_____

 Analise

1 Qual dos animais mostrados na página anterior tem maior tempo de gestação? E qual tem menor tempo de gestação?

_____

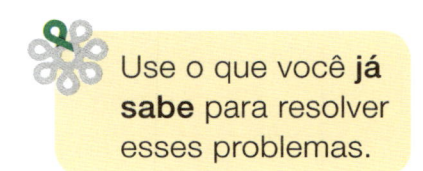

Use o que você **já sabe** para resolver esses problemas.

2 Quais desses animais têm o tempo de gestação igual a aproximadamente duas vezes o tempo de gestação do coelho?

_____

3 Qual é a diferença entre o tempo de gestação do leão-marinho e o do cavalo? _____

4 Quais desses animais têm o tempo de gestação entre 6 meses e 9 meses? _____

 Aplique

Com a ajuda de seu professor, organizem-se em grupos e pesquisem 5 animais que nascem de ovos. Em seguida, procurem a informação sobre o tempo de incubação de cada um deles.

Elaborem um painel com fotos e as informações pesquisadas dos animais para compartilhar com os demais grupos.

Compreender informações

Comparar e analisar dados

1 Afonso tem uma criação de galinhas para produção de ovos. Ele anotou, semanalmente, as quantidades de ovos produzidos e de ovos vendidos. Observe as tabelas que Afonso elaborou com base nesses dados e, em seguida, faça o que se pede.

Ovos produzidos

Período	Quantidade
1ª semana	290
2ª semana	310
3ª semana	280
4ª semana	300

Fonte: Dados fornecidos por Afonso (jan. 2018).

Ovos vendidos

Período	Quantidade
1ª semana	270
2ª semana	280
3ª semana	260
4ª semana	300

Fonte: Dados fornecidos por Afonso (jan. 2018).

a) Em qual período ocorreu a maior produção de ovos? _____

b) Em qual período ocorreu a menor venda de ovos? _____

c) Em qual período a quantidade de ovos vendidos foi igual à de ovos

produzidos? _____

d) De acordo com as informações acima, complete a tabela a seguir para mostrar a quantidade de ovos não vendidos em cada semana.

Ovos não vendidos

Período	Quantidade
1ª semana	
2ª semana	
3ª semana	
4ª semana	

Fonte: Tabela de dados fornecidos por Afonso (jan. 2018).

Para determinar a quantidade de ovos não vendidos, posso calcular a diferença entre os ovos produzidos e os vendidos em cada semana.

86 oitenta e seis

2 Com base na tabela anterior, complete o gráfico que representa a quantidade de ovos não vendidos nesse mês.

Fonte: Tabela de dados fornecidos por Afonso (jan. 2018).

3 Manoela digitou em uma planilha eletrônica as notas obtidas por ela em cada bimestre do 3º ano, nas disciplinas de Português e de Matemática. Observe e, em seguida, responda às questões.

	A	B	C	D	E
1		Português	Matemática		
2	1º bimestre	6	7		
3	2º bimestre	6	6		
4	3º bimestre	7	8		
5	4º bimestre	9	8		
6					

a) Qual é a maior nota obtida por Manoela nesse ano em Matemática?

E em Português? _____

b) Analisando essas informações, o que é possível afirmar em relação às notas de Manoela?

c) Faça como Manoela: tabule suas notas (no caderno ou em uma planilha eletrônica) para comparar as notas obtidas em Português e Matemática.

Pratique mais

1 Leia e escreva os números nos relógios digitais. Quando em Brasília são 10 horas da manhã, em Roma, na Itália, são 3 horas da tarde.

Quando o avião em que Paulo estava saiu de Brasília com destino a Roma, ele olhou o relógio e viu que eram seis horas da manhã.

Ao chegar a Roma, 15 horas mais tarde, Paulo olhou novamente o relógio e viu que marcava:

Como Paulo sabia que os relógios em Roma

indicam _____ horas a mais que o horário

de Brasília, ele adiantou seu relógio, que passou

a marcar:

2 Um ônibus saiu da rodoviária às 8 horas e 15 minutos da manhã. Duas horas e meia mais tarde, ele fez uma parada em um restaurante. Depois de 45 minutos, partiu novamente e, após 1 hora e 45 minutos, chegou ao destino. A que horas o ônibus chegou? Quanto tempo durou a viagem?

O ônibus chegou às _____.

A viagem durou _____.

88 oitenta e oito

Cálculo mental

1 Em uma rodoviária, o primeiro ônibus do dia partiu às 7 horas e 6 minutos e os seguintes, um por vez, partiram a cada 10 minutos. Pinte no quadro abaixo os números que completam corretamente a frase a seguir.

Um dos ônibus partiu às 7 horas e _____ minutos dessa rodoviária.

0	1	2	3	4	5	6	7	8
17	16	15	14	13	12	11	10	9
18	19	20	21	22	23	24	25	26
35	34	33	32	31	30	29	28	27
36	37	38	39	40	41	42	43	44
53	52	51	50	49	48	47	46	45
54	55	56	57	58	59	60		

2 Em janeiro, Mariana estava em férias escolares e foi ao clube a cada 4 dias. Sabendo que no dia 4 ela foi ao clube, marque no calendário de janeiro os outros dias em que Mariana também foi ao clube.

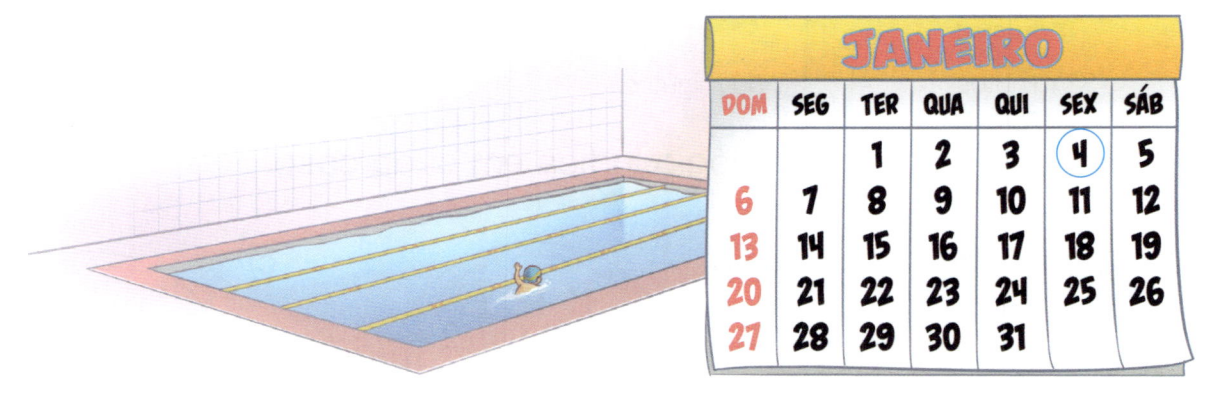

3 Descubra o padrão da sequência das figuras e pinte as três seguintes.

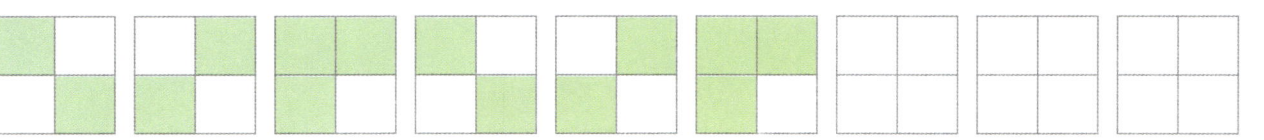

oitenta e nove 89

O que você aprendeu

1 Raul, Isabela e Hugo usaram o computador por uma hora e meia no total, um após o outro, como mostra o quadro a seguir.

Criança	Tempo
Raul	meia hora
Isabela	25 minutos
Hugo	o tempo restante

- Qual deles usou o computador por mais tempo? _____

2 Cristina acordou às 7 horas e chegou ao clube às 9 horas.
Ela gastou 20 minutos para percorrer a distância de sua casa ao clube.
Antes de sair de casa, ainda conseguiu fazer outras três atividades. Quais foram as atividades feitas por Cristina? Marque cada uma com um **X**.

35 minutos   50 minutos   15 minutos   55 minutos

3 Escreva o horário que o relógio indica em cada caso.

a)

b)

c)

_____   _____   _____

90 noventa

4 Complete o quadro com a quantidade aproximada de horas que você gasta por dia em cada atividade.

Você pode incluir mais duas atividades à sua escolha.

Atividade	Quantidade aproximada de horas
Dormir	
Estudar	

5 Observe a quantia, em reais, que Laura e Maurício possuem.

• Quem possui a maior quantia em reais: Laura ou Maurício? Escreva como você pensou.

_____

_____

Quebra-cuca

Marcos tinha 9 cédulas de 100 reais. Com essa quantia, ele comprou um celular por 876 reais e só recebeu cédulas de troco. Que cédulas Marcos pode ter recebido?

_____

_____

_____

noventa e um

UNIDADE

4 Localização e movimentação

GUARDA-VOLUMES

Para começar...

As crianças foram a uma feira do livro com a escola!

• Rafaela quer guardar sua bolsa no guarda-volumes. A atendente lhe disse que poderia usar o 2º armário do guarda-volumes azul, contando de baixo para cima, da 1ª coluna do lado direito. O desenho ao lado representa os armários do guarda-volumes azul. Pinte o local em que Rafaela pode guardar sua bolsa.

ADILSON SECCO

92 noventa e dois

Para refletir...

Letícia desenhou um croqui com a localização das bancas da feira do livro.

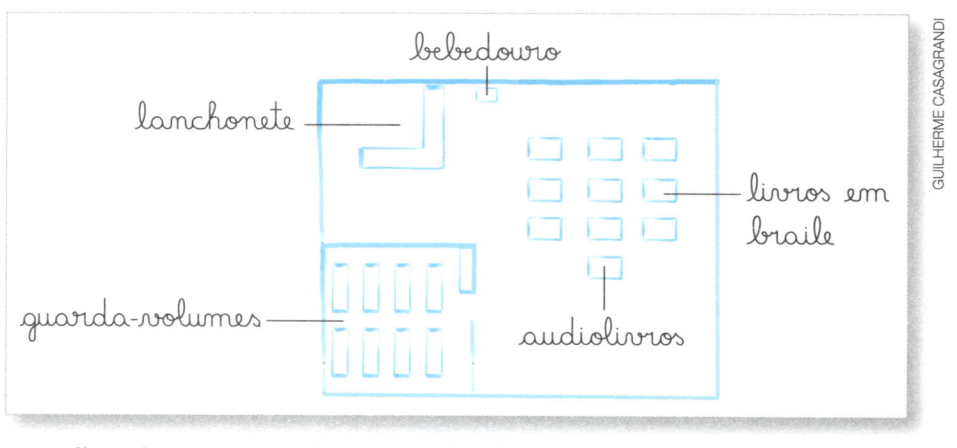

GUILHERME CASAGRANDI

- Como você explicaria a um colega onde fica a banca de livros em braile?
E a banca de audiolivros?

CENÁRIO: VICTOR TAVARES / PERSONAGENS: EDNEI MARX

noventa e três **93**

TEMA 1. Localização

Representações

Observe o croqui de um parque de diversões.

- Agora, relacione cada brinquedo à sua localização.

Roda-gigante •   • Perto do quiosque de sucos

Carrossel •   • Perto da entrada do parque

Montanha-russa •   • Perto da fonte

Bate-bate •   • Ao lado dos carrinhos de bate-bate

Atividades

1 Descreva a sua localização na sala de aula, em relação à porta da sala, neste momento.

_____

_____

- Agora, descreva a localização de um colega na sala de aula sem dizer o nome dele, para que todos descubram quem você escolheu. Use a porta da sala como ponto de referência.

2 Desenhe um croqui da sua sala de aula e, depois, marque a sua localização com a cor azul e a localização de um colega com a cor vermelha.

3 Observe o mapa de um andar de uma escola e descreva a localização da biblioteca.

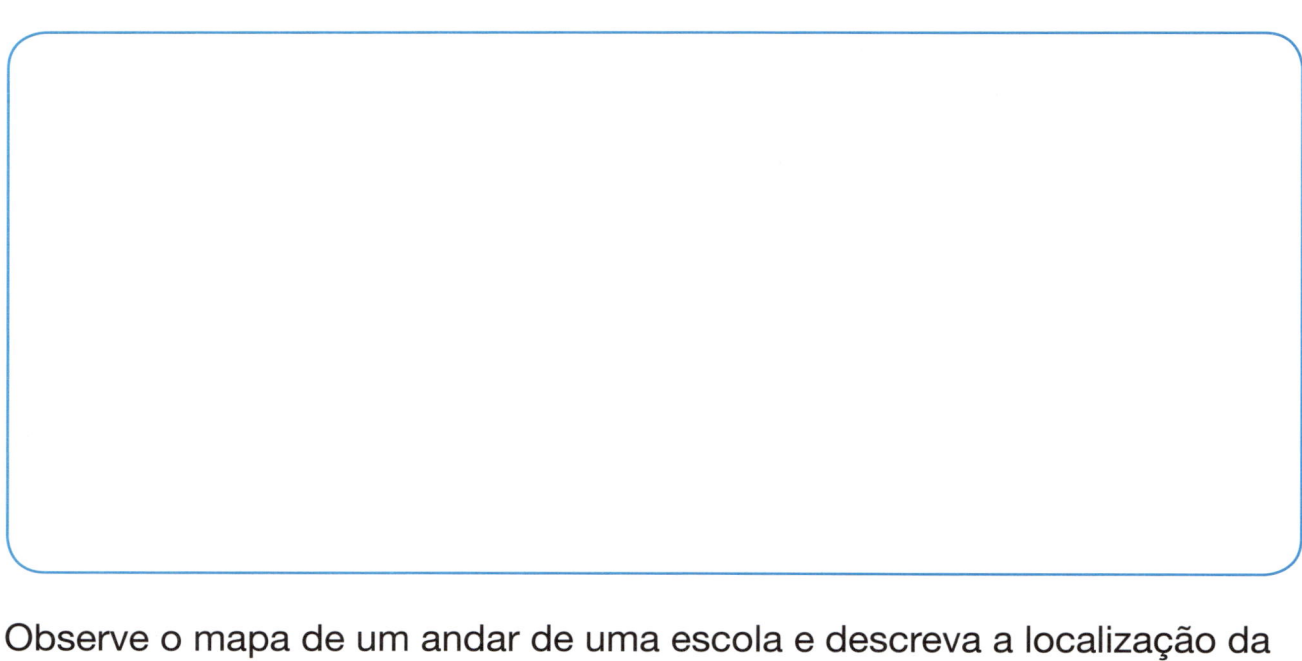

❶❷❸❹ Salas de aula
❺ Lanchonete
❻ Biblioteca
❼ Banheiro masculino
❽ Banheiro feminino
❾ Escadas
❿ Elevadores

4 Pinte as palavras e expressões que você usa para descrever a localização de pessoas, lugares ou objetos.

esquerda   atrás   caminhe   direita

siga em frente   vire à direita   à frente   metros

entre   longe   perto

noventa e cinco **95**

5 Em uma sala de aula, três alunos, que estão de pé e de frente para a professora, indicam a posição do armário de brinquedos. Leia as dicas e descubra a posição de cada aluno na sala de aula.

Dicas
- Pedro: O armário está à minha direita.
- Fábio: O armário está atrás de mim.
- Carlos: O armário está à minha esquerda.

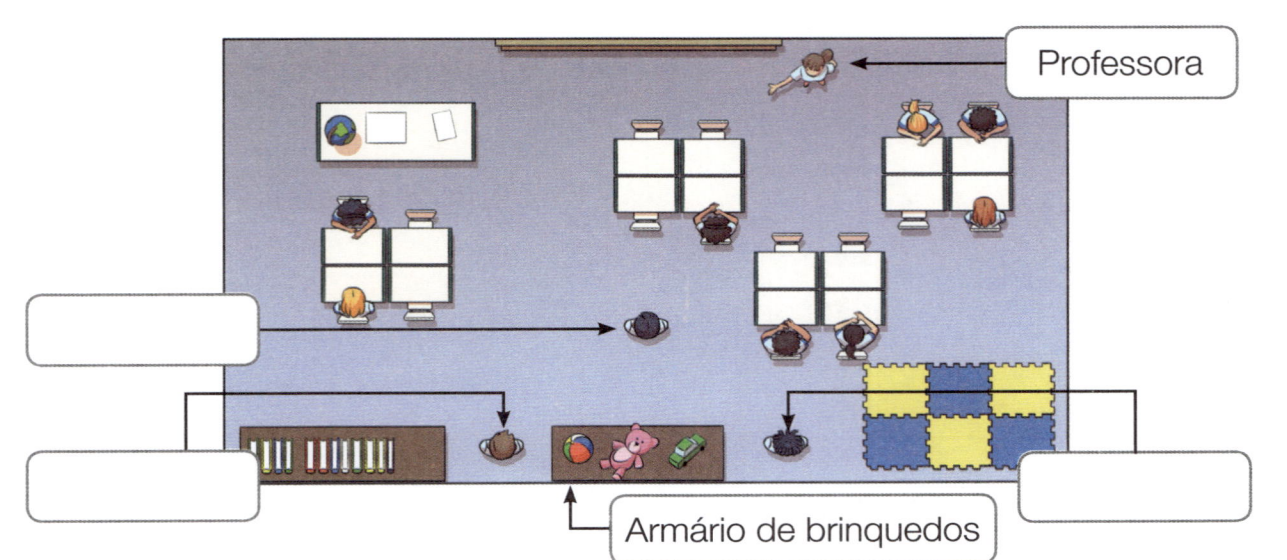

Professora

Armário de brinquedos

6 Junto com os colegas, escolham um objeto da sala para descrever a localização.

a) Descreva onde esse objeto se localiza em relação à sua posição na sala.

_____

_____

b) Agora, desenhe a planta da sua sala de aula, depois contorne com cor vermelha o objeto escolhido e marque com um **X** a sua posição.

c) Observe as plantas produzidas pelos seus colegas, com os objetos escolhidos e as posições deles na sala de aula. As plantas são todas iguais? Conversem entre si sobre os diferentes pontos de referência.

96 noventa e seis

7 Observe a maquete de um clube e, em seguida, faça o que se pede.

 • Elabore uma pergunta sobre a maquete para que um colega responda.

_____

_____

_____

8 Analise e compare a planta e a maquete da casa de Paloma.

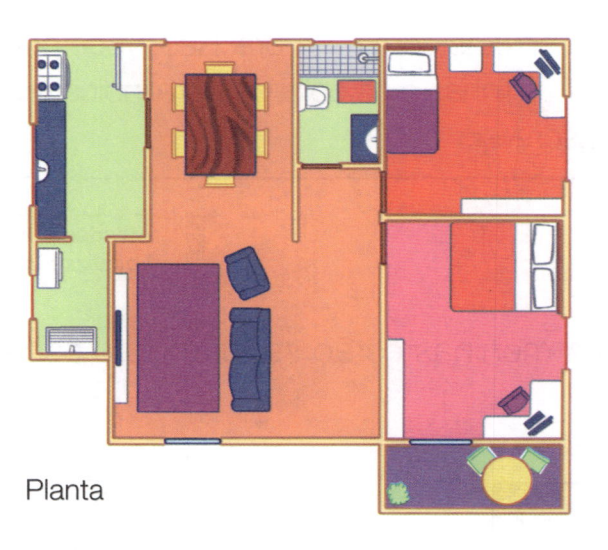

Planta

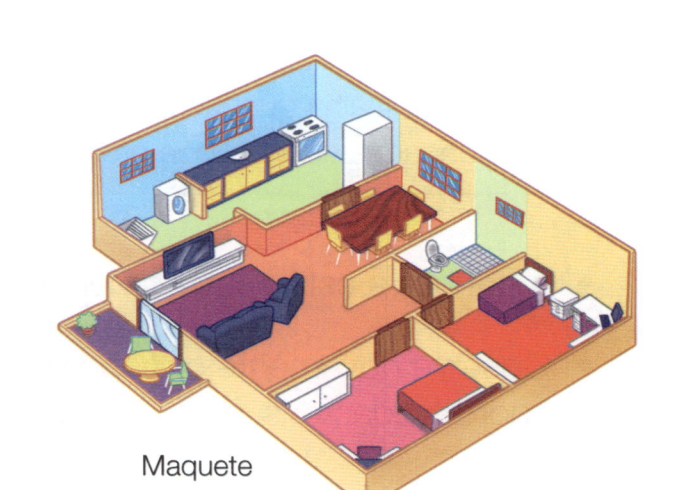

Maquete

• A planta da casa de Paloma corresponde à sua maquete? Por quê?

_____

_____

_____

noventa e sete **97**

Coordenadas na malha quadriculada

Amanda, Beatriz e Camila estão brincando de caça ao baú de doces. Observe o que cada uma diz sobre a localização do baú no mapa.

Qual delas está correta? _____

> Para descrever a posição de lugares ou objetos com mais precisão, você pode usar uma malha quadriculada e nomear as linhas e as colunas para indicar as coordenadas do local que pretende descrever.

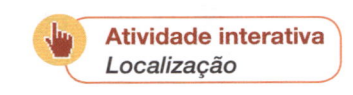
Atividade interativa
Localização

- A gangorra está nas coordenadas ____C4____ .

- Observe novamente o mapa que as meninas estão segurando e escreva as coordenadas das imagens abaixo.

_____

_____

_____

_____

_____

_____

98 noventa e oito

Atividades

1 Algumas plantas e mapas também são desenhados em malhas quadriculadas. Observe a planta de um salão de jogos.

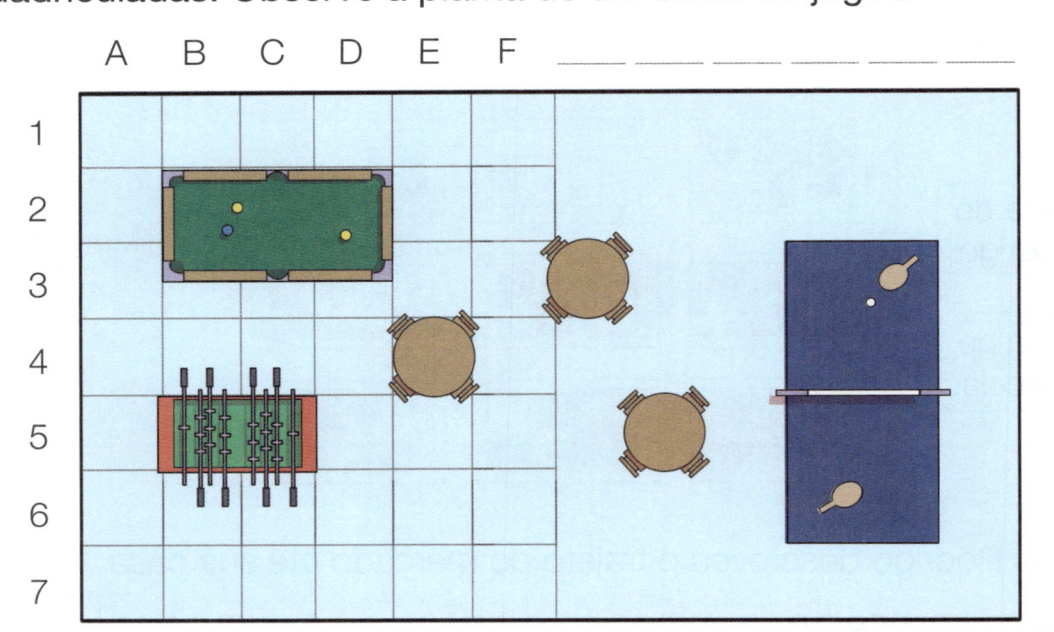

a) Com o auxílio de uma régua, termine de quadricular a planta do salão de jogos. Depois, termine de nomear as colunas.

b) Dê a localização da mesa de sinuca escrevendo as coordenadas ocupadas por ela.

_____

c) Agora, indique a localização da mesa de pingue-pongue escrevendo quais coordenadas ela ocupa.

_____

2 Junto com os colegas, pensem em um pequeno texto com dicas que possam ajudar as pessoas na leitura de mapas, plantas e croquis. Depois, escreva-o abaixo.

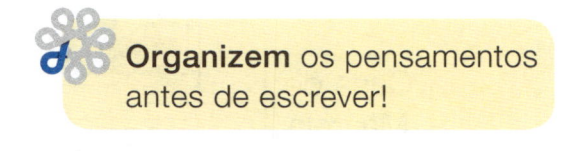

Organizem os pensamentos antes de escrever!

_____

_____

_____

noventa e nove **99**

TEMA 2

Movimentação

Caminhos e trajetos

Observe no mapa a localização da casa de Rodrigo e da casa de Marcela.

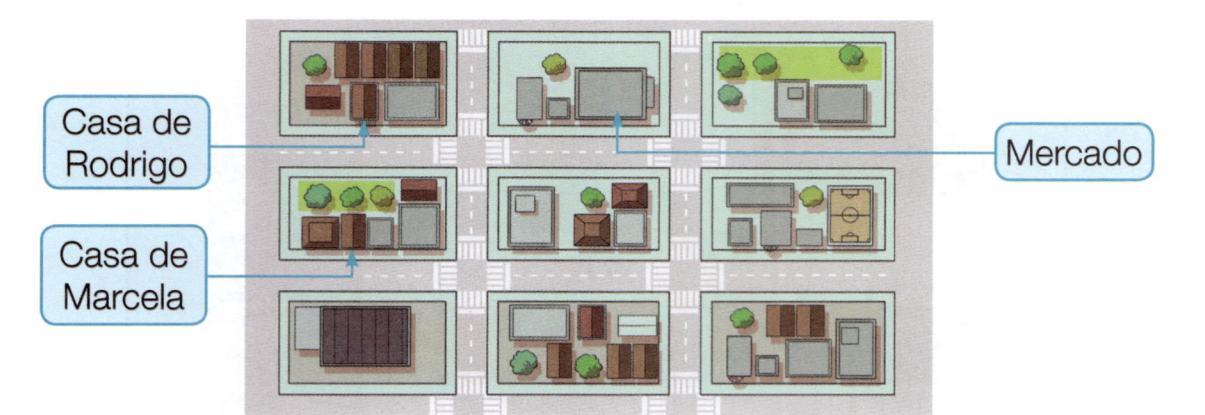

Veja como Rodrigo descreveu o trajeto do mercado até sua casa.

Saio do mercado e viro à direita, sigo em frente até o meio do próximo quarteirão e, depois, viro à direita.

- Como Marcela poderia descrever o trajeto do mercado até sua casa?

- O mapa abaixo é o mesmo representado acima, mas com informações adicionais.

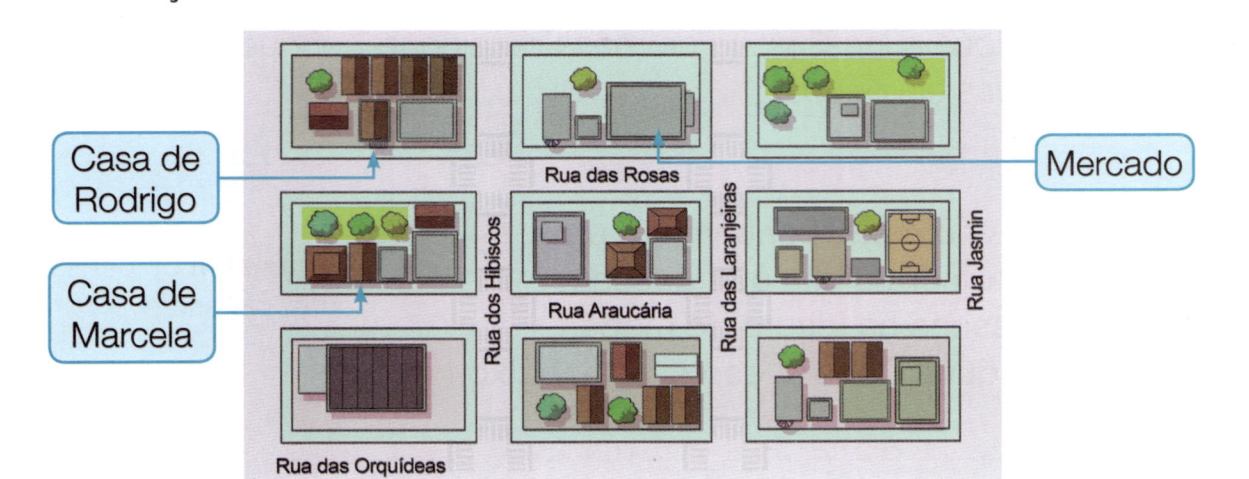

a) Com essas informações adicionais, como Rodrigo e Marcela poderiam descrever o trajeto do mercado até suas respectivas casas?

b) Converse com os colegas sobre a diferença entre os mapas das duas atividades.

100 cem

Atividades

1 Observe o mapa do bairro em que Beatriz mora. A ponta da seta indica a entrada de cada estabelecimento.

a) Trace no mapa um trajeto que Beatriz pode fazer ao sair da escola para chegar ao clube.

b) Observe os trajetos traçados pelos colegas. Todos foram iguais? Qual você acha mais eficiente? Por quê?

c) Agora, descreva uma das possibilidades de trajeto que Beatriz pode fazer da farmácia até o hospital.

_____

_____

d) Crie nomes para as ruas do bairro em que Beatriz mora e escreva-os no mapa.

Inspire-se nos mapas que você já viu e **crie** nomes das ruas.

e) Com as informações acrescentadas ao mapa, descreva novamente o caminho de Beatriz da farmácia até o hospital.

_____

_____

cento e um **101**

2 Vítor vai comemorar seu aniversário em uma chácara e decidiu fazer um esquema com o trajeto da escola até a chácara.

a) Você acha que os amigos de Vítor conseguirão chegar à festa? Por quê?

_____

_____

b) Quais elementos você colocaria no esquema para ajudar os amigos de Vítor no trajeto para a festa?

_____

_____

3 Desenhe um esboço do trajeto da sua sala de aula até a secretaria da escola.

4 A mãe de Paula sempre utiliza o GPS para se locomover pelas ruas da cidade. Observe, ao lado, o trajeto sugerido pelo GPS para a mãe de Paula se locomover entre dois pontos da cidade de São Paulo.

Fonte: GPS da mãe de Paula (jan. 2018).

a) Agora, leia abaixo as orientações dadas pelo GPS e verifique se correspondem ao mapa.

> Siga pela Rua Huet Bacelar em direção à Rua Gama Lobo.
>
> Vire à esquerda na Rua Gama Lobo e siga em frente.
>
> Vire à direita na Rua Moreira e Costa e siga até a Rua Bom Pastor.
>
> Vire à esquerda na Rua Bom Pastor e siga em frente.
>
> Vire à esquerda na Rua dos Patriotas.
>
> Depois, vire à esquerda na Avenida Nazaré.
>
> Siga reto até seu destino à esquerda.

b) O trajeto começa em qual rua? _____

c) E qual é o destino? _____

d) Você conhece outros instrumentos que poderiam substituir o GPS? Converse com os colegas sobre eles.

cento e três **103**

A Matemática me ajuda a ser...

... um programador

Você sabia que um dos segmentos de trabalho mais procurados atualmente é o de Tecnologia da Informação (ou, simplesmente, TI)?

Quem trabalha com TI pode atuar em muitas áreas e funções, e uma delas é o desenvolvimento de jogos e aplicativos para celular (como os que usamos para traçar rotas ou até mesmo para acessar as redes sociais). Para o desenvolvimento desses ou de qualquer outro aplicativo, é necessário utilizar um conjunto de comandos que resultam em uma programação.

Veja uma sequência de comandos que levam o gatinho até o novelo de lã, sabendo que esse gatinho só entende contagem de passos (quadrinhos da malha) para a frente e comandos para virar para a esquerda ou para a direita.

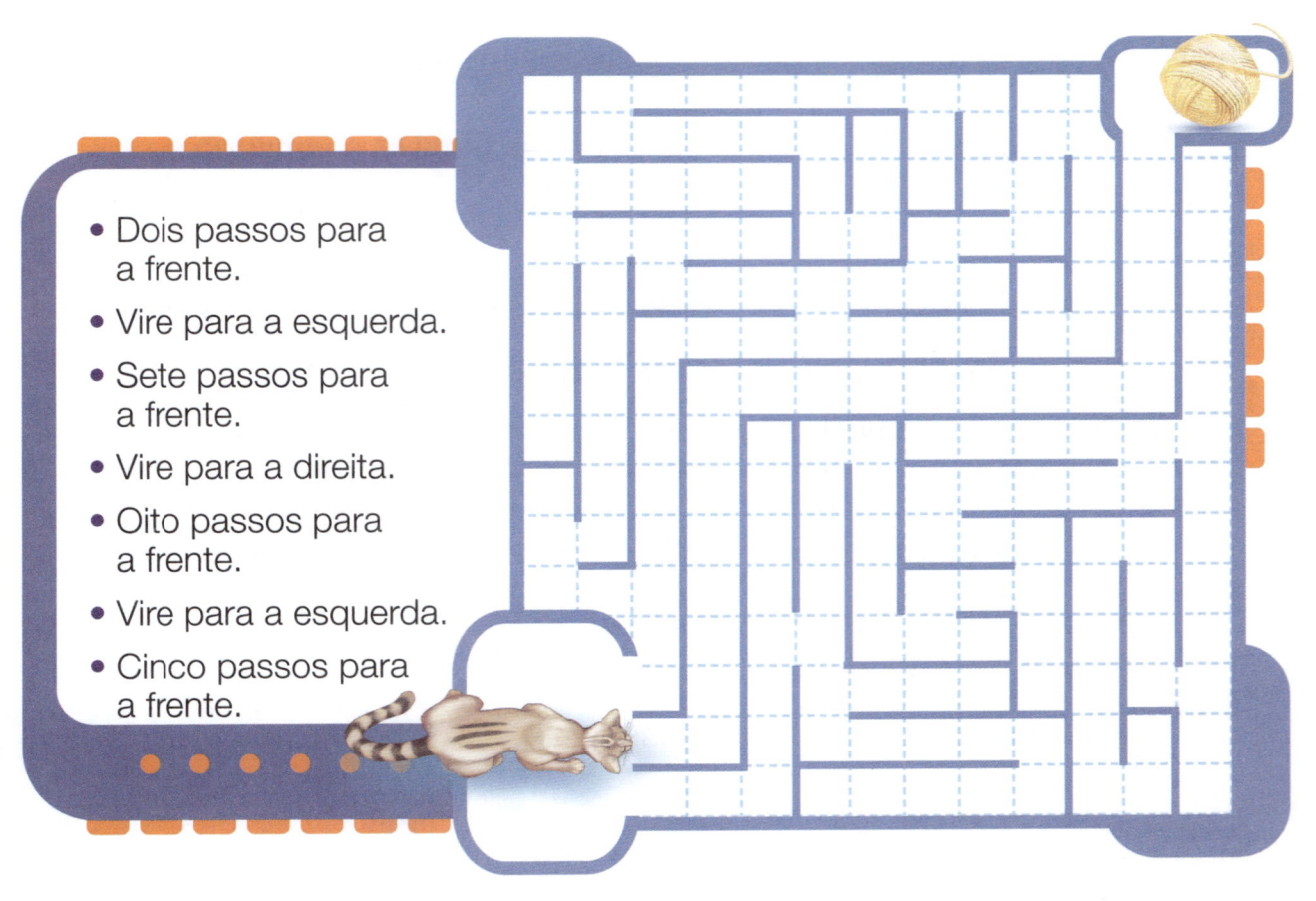

- Dois passos para a frente.
- Vire para a esquerda.
- Sete passos para a frente.
- Vire para a direita.
- Oito passos para a frente.
- Vire para a esquerda.
- Cinco passos para a frente.

ANDRÉ VAZZIOS

Reprodução proibida. Art. 184 do Código Penal e Lei 9.610 de 19 de fevereiro de 1998.

Tome nota

O que significa TI? _____

104 **cento e quatro**

Reflita

1 Usando os comandos abaixo, escreva uma sequência de comandos para que o pirata consiga chegar ao tesouro e, em seguida, desenhe o trajeto no mapa. Lembre-se de desviar dos obstáculos.

Comandos disponíveis:

• Passo para a frente (1, 2 ou 3).
• Vire para a direita.
• Vire para a esquerda.

ILUSTRAÇÕES: ANDRÉ VAZZIOS

Reprodução proibida. Art. 184 do Código Penal e Lei 9.610 de 19 de fevereiro de 1998.

_____
_____
_____
_____
_____
_____
_____
_____
_____
_____
_____
_____
_____
_____
_____
_____
_____
_____

2 Leia os comandos abaixo e trace o caminho a ser percorrido pelo carro no mapa ao lado.

Vamos começar!

• Siga em frente e vire à direita na terceira rua.
• Vire à esquerda na primeira rua.
• Em seguida, vire à direita.
• Siga em frente e vire à esquerda na terceira rua e siga em frente.
Você chegou ao seu destino!

cento e cinco **105**

Vamos jogar?

PARA JOGAR MUITAS VEZES

Brincando com mapa

📋 **Material**: Tabuleiro A, papel para anotações e marcadores, que podem ser fichas de papel ou tampas de garrafa.

👥 **Jogadores**: 3 ou 4.

Regras:

❧ Os jogadores decidem quem começa a partida.

❧ O primeiro a jogar escolhe um ponto de partida e um ponto de chegada no mapa (Tabuleiro A), dando sua localização com uma letra e um número, ou colocando um marcador sobre o ponto de partida e outro sobre o ponto de chegada.

Em cada rodada, deve-se utilizar uma dessas duas formas de indicação dos pontos de partida e de chegada.

Por exemplo: o ponto de partida é a Casa dos sucos, localizada em E1, e o ponto de chegada é a placa do Parque, localizada em A4.

❧ Os outros jogadores deverão escrever no papel um caminho possível entre os dois pontos, usando letras e números para indicar cada posição (incluindo os pontos de partida e de chegada). Mas, atenção: para atravessar o rio é necessário passar pelas pontes ou pela árvore e só é permitido andar na horizontal e na vertical; a movimentação na diagonal não é permitida.

❧ Aquele que encontrar primeiro o caminho mais curto (menor quantidade de regiões percorridas) vence a rodada e registra uma vitória no papel.

Importante

Teste se o caminho no mapa está correto!

❧ O próximo jogador a escolher os pontos de chegada e de partida é quem está à esquerda do jogador que indicou os pontos de partida e de chegada na rodada anterior.

❧ Vence o jogador que ganhar 5 rodadas primeiro.

Reprodução proibida. Art. 184 do Código Penal e Lei 9.610 de 19 de fevereiro de 1998.

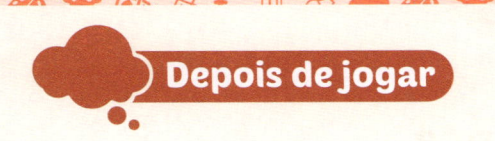

Depois de jogar

1. Um aluno indicou o seguinte caminho:

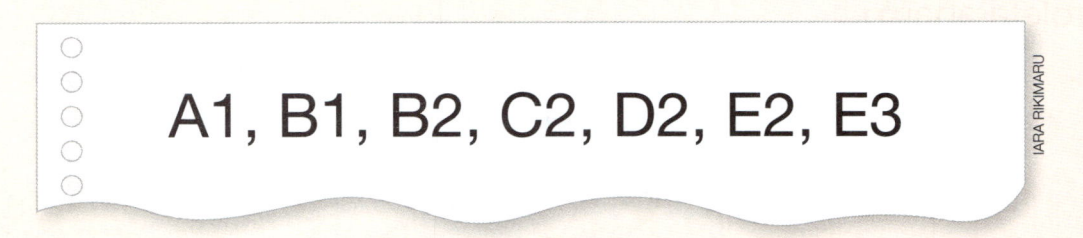

A1, B1, B2, C2, D2, E2, E3

- Você sabe dizer qual foi o ponto de partida e o ponto de chegada desse caminho?

_____

_____

2. Indique um caminho possível para ir da Casa dos sucos, localizada em E1, à placa do Parque, localizada em A4.

_____

3. Indique dois caminhos diferentes, mas que tenham a mesma quantidade de regiões, para ir do Sorveteiro, localizado em B3, ao Pote de ouro, localizado em F5.

_____

_____

4. O coelhinho, localizado em F3, perdeu a chave da Casa dos bombons e não consegue encontrá-la. Ajude-o a encontrar a chave e a voltar para abrir a Casa dos bombons, localizada em G3, percorrendo sempre os caminhos mais curtos.

_____

_____

cento e sete **107**

Compreender informações

Entender a ideia de chance

1 Samuel e Júlia estão brincando com um jogo em que é preciso girar a roleta abaixo.

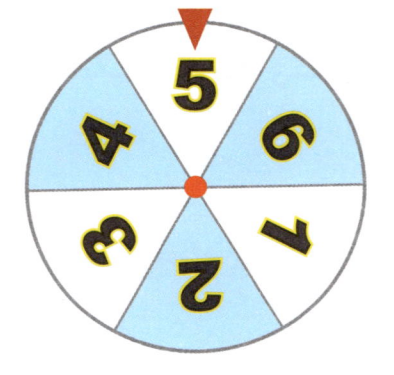

a) Ao girar a roleta, quais números podem ser obtidos?

_____

b) E quais cores podem ser obtidas? _____

c) No jogo da roleta, Samuel ganha ponto se o resultado for um número par (azul) e Júlia ganha ponto se o número obtido for ímpar (branco). Agora veja a afirmação de Júlia:

A chance de sair um número ímpar é maior que a chance de sair um número par.

• Você concorda com a afirmação de Júlia? Justifique sua resposta.

_____

_____

_____

108 cento e oito

2 Vinícius e Cláudia estão brincando com uma roleta. É a vez de Vinícius girá-la. Se a roleta parar com o ponteiro na parte azul, Vinícius vencerá a rodada. Se o ponteiro parar na parte vermelha, a vencedora será Cláudia.

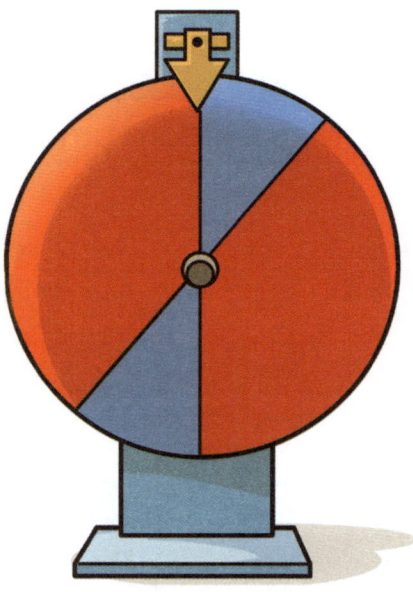

a) Quando a roleta parar de girar, é mais provável que o ponteiro indique a parte azul ou a parte vermelha? Por quê?

_____

_____

_____

b) Na sua opinião, quem vencerá esse jogo? Por quê?

_____

_____

_____

3 Todas as bolinhas do pote ao lado lembram esferas de mesmo tamanho.

a) Quantas bolinhas amarelas há no pote? E bolinhas verdes?

_____

_____

b) Imagine que você está com os olhos vendados e retira uma bolinha do pote ao lado. É mais provável que você pegue uma bolinha amarela ou uma bolinha verde? Por quê?

_____

_____

c) Que cor tem maior chance de sair ao se retirar uma bolinha do pote? E qual tem menor chance de sair?

_____

cento e nove **109**

Pratique mais

Os elementos nesta página não estão apresentados em escala de tamanho.

1 Observe as coordenadas do trajeto que o coelho fez. Pinte esse trajeto e descubra quantas cenouras ele vai encontrar.
Marque com um **X**.

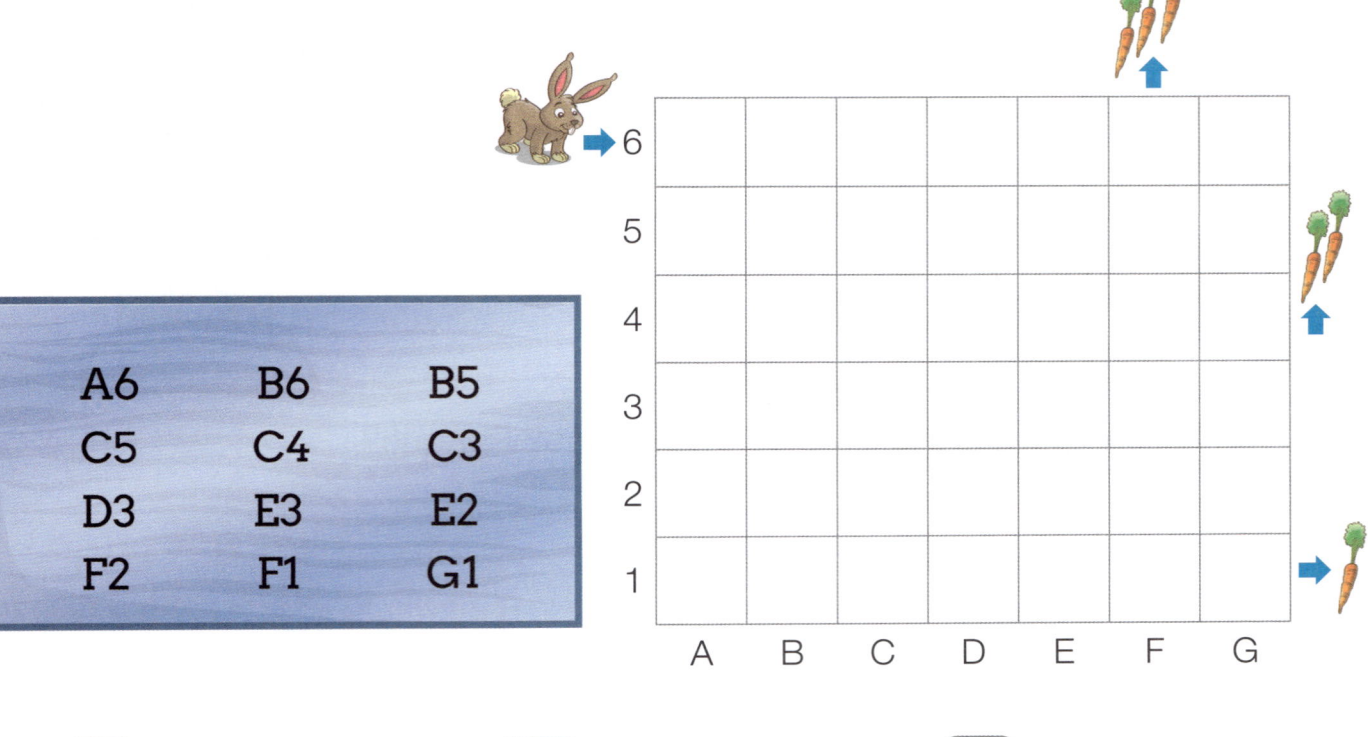

A6	B6	B5
C5	C4	C3
D3	E3	E2
F2	F1	G1

☐ 3 cenouras   ☐ 2 cenouras   ☐ 1 cenoura

2 Veja um tabuleiro de batalha naval.

a) Quantas embarcações há neste tabuleiro? _____

b) Um jogador disse A7, B4, B5, C5 e D5. Quantos desses tiros ele acertou na água? Quais?

_____

c) Para afundar uma embarcação na próxima jogada, quais tiros esse jogador deve dizer?

_____

cento e dez

Cálculo mental

1 Descubra a regra e complete as sequências.

a)

160   140   ___   ___   ___   60

b)

729   749   ___   ___   ___   829

c)
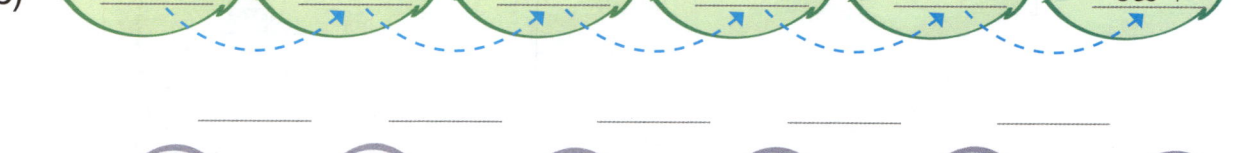

20   70   ___   ___   ___   270

d)

50   43   ___   ___   ___   15

2 Leia as dicas e represente no esquema abaixo a posição aproximada de cada posto de combustível da estrada entre a Cidade do Vento e a Cidade do Sol.

Dicas
- No quilômetro 30 está o posto Nuvem.
- No quilômetro 60 está o posto Sol.
- No começo da estrada está o posto Vento.
- O posto Sombra está no quilômetro 15.
- O posto Chuva está no quilômetro 45.

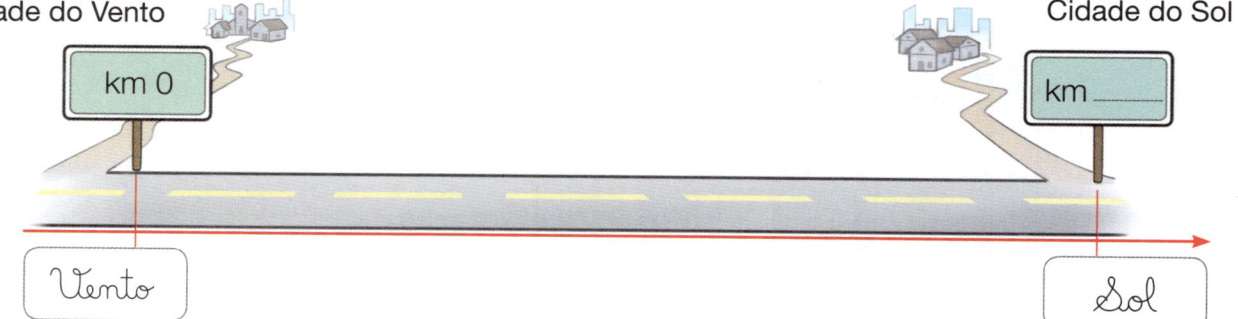

cento e onze **111**

O que você aprendeu

1 Observe a planta de um estacionamento e descreva a localização do carro vermelho.

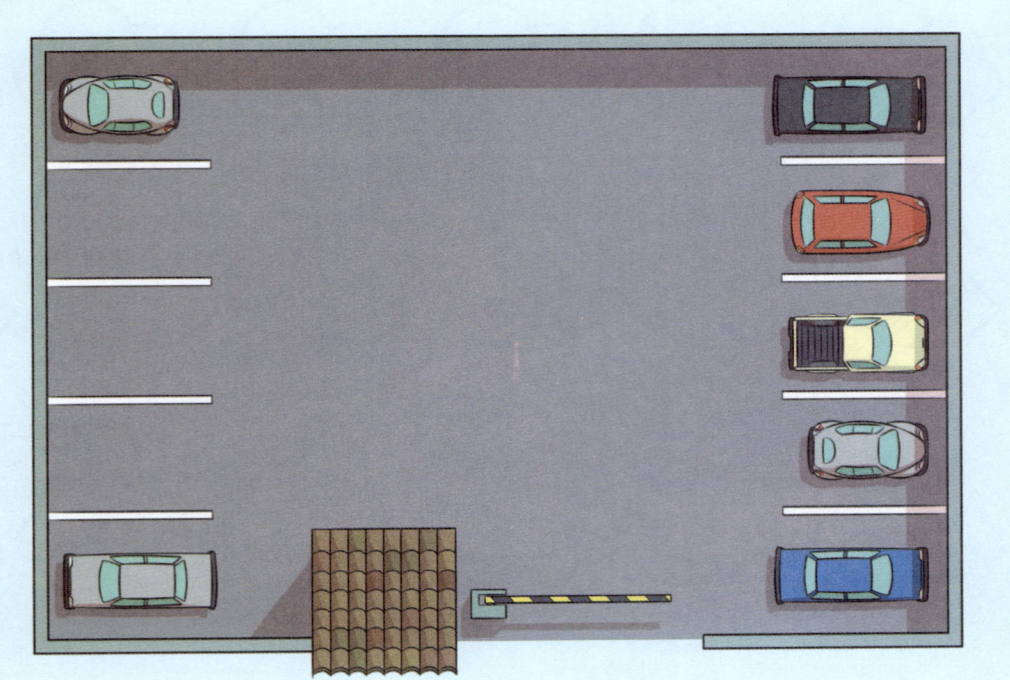

_____

_____

2 Observe a planta de um ônibus. Os assentos mais escuros são preferenciais. Descreva a localização de um desses assentos.

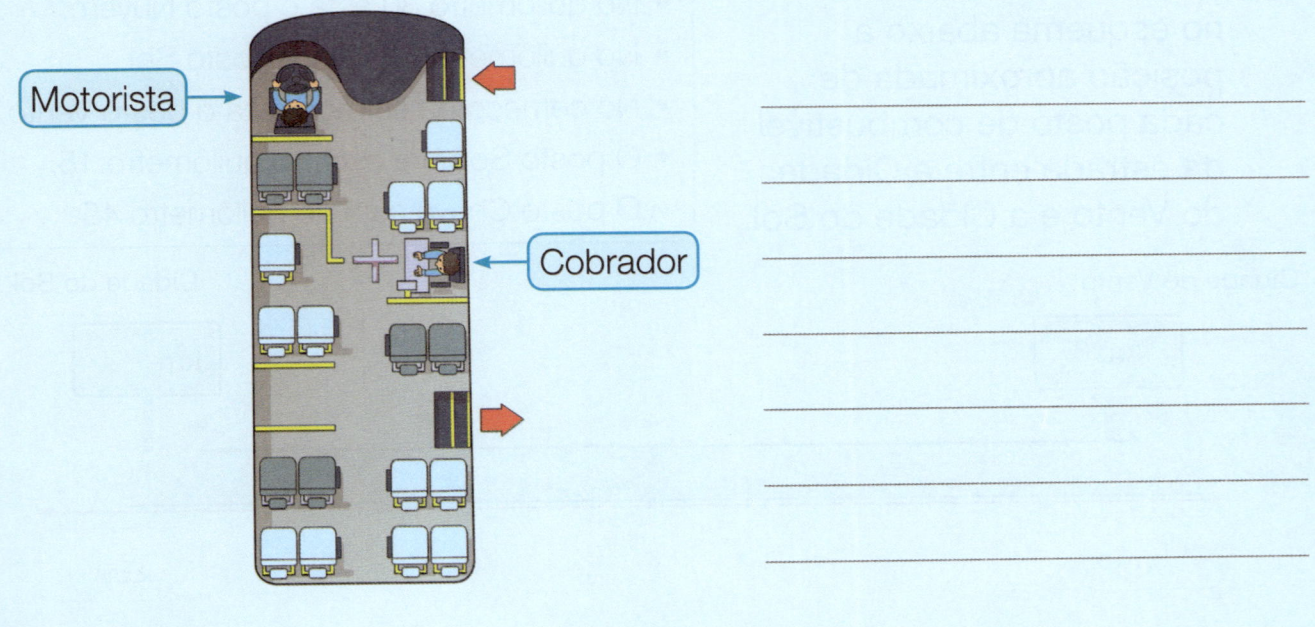

3 Leia o trajeto descrito por Rogério e trace-o no mapa a seguir.

Casa de Rogério

Saí da minha casa, segui minha rua à direita. Entrei na segunda rua à esquerda e depois entrei na primeira rua à direita. Nesse mesmo quarteirão, na terceira construção, cheguei ao meu destino, localizado à esquerda.

Quebra-cuca

Observe o croqui de uma biblioteca e desenhe os itens que estão faltando na planta.

Croqui

Planta

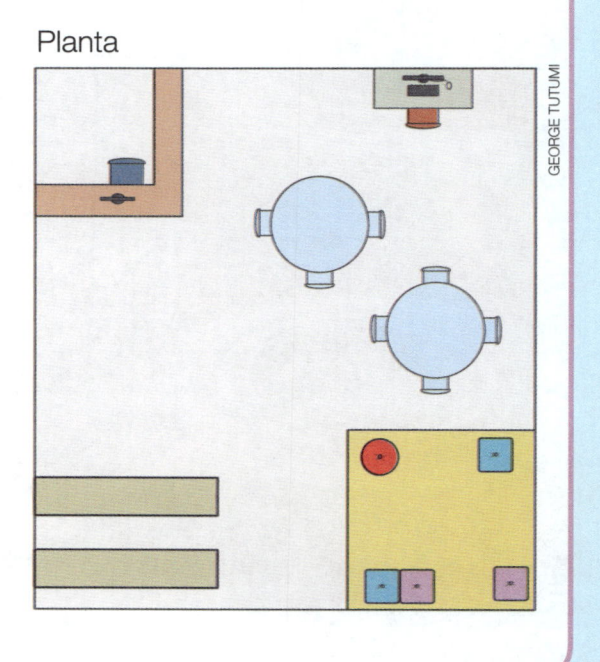

cento e treze **113**

UNIDADE

5 Multiplicação

Para começar...

- Este é um jogo de trilha. Quais poderiam ser as regras para os jogadores avançarem as casas?
- Você sabe resolver as multiplicações que estão na trilha?

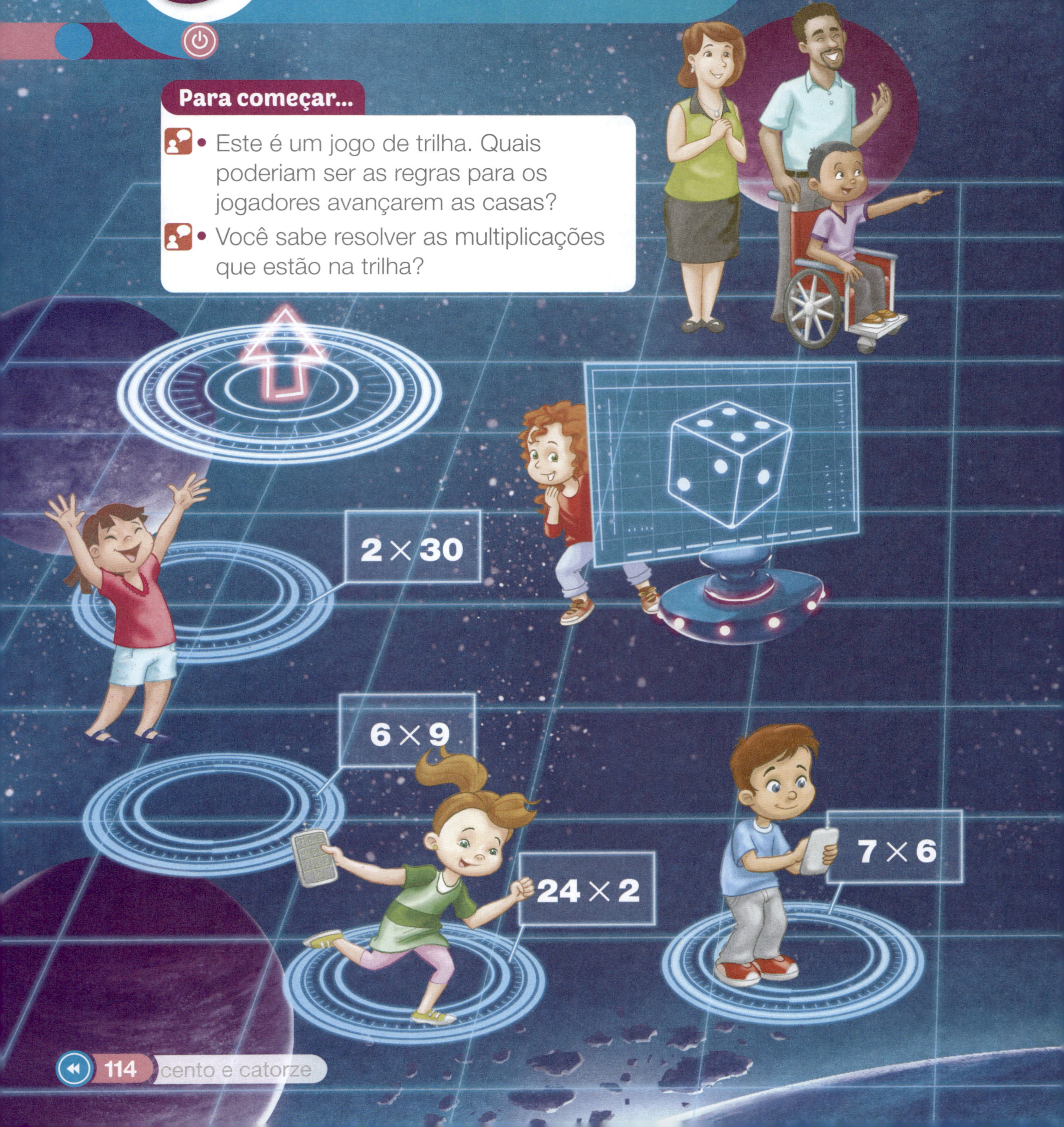

2×30

6×9

24×2

7×6

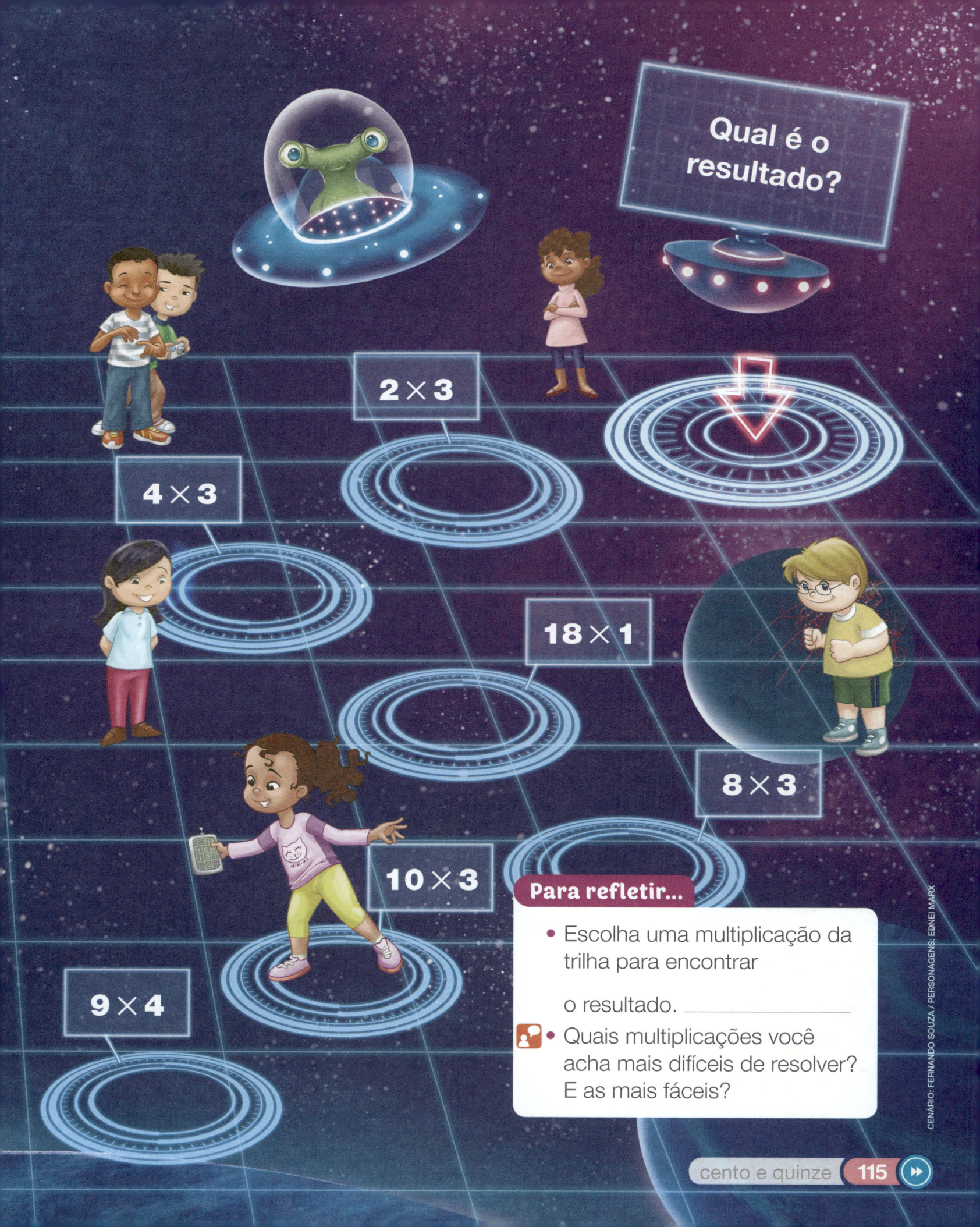

Qual é o resultado?

2×3

4×3

18×1

8×3

10×3

9×4

Para refletir...

- Escolha uma multiplicação da trilha para encontrar o resultado. _____
- Quais multiplicações você acha mais difíceis de resolver? E as mais fáceis?

CENÁRIO: FERNANDO SOUZA / PERSONAGENS: EDNEI MARX

Listas de multiplicações

2 vezes ou o dobro

Mariana tem 3 bonecas em sua coleção.
Gabi tem o dobro dessa quantidade de bonecas.
Quantas bonecas tem Gabi?

Adição ▶ __3__ + __3__ = _____

Multiplicação ▶ __2__ × __3__ = _____

Gabi tem _____ bonecas.

> Calcular o **dobro** de um número é o mesmo que calcular duas vezes esse número.

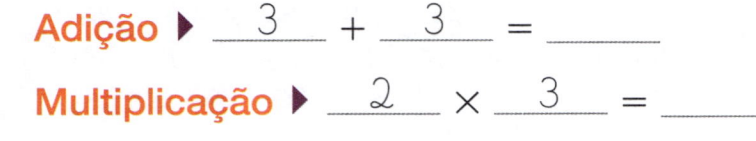

Atividades

1 Associe as quantidades iguais.

| o dobro de 5 | 2 × 4 | 14 | o dobro de 10 |

| 8 | 2 × 10 | 10 | o dobro de 7 |

2 Observe as canetas e faça o que se pede.

a) Raquel tem o dobro dessa quantidade de canetas. Quantas canetas ela tem?

_____

b) Agora, escreva uma adição e uma multiplicação que representem essa situação.

Adição ▶ _____

Multiplicação ▶ _____

116 cento e dezesseis

3 vezes ou o triplo

Em um campeonato de futebol, o time de Fábio marcou 9 gols. A equipe de Adriano marcou o triplo de gols que o time de Fábio. Quantos gols marcou a equipe de Adriano?

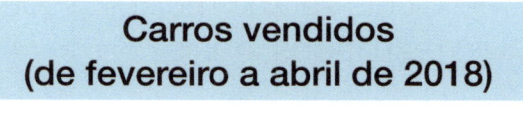

Calcular o **triplo** de um número é o mesmo que calcular três vezes esse número.

Adição ▶ ___9___ + ___9___ + ___9___ = _____

Multiplicação ▶ ___3___ × ___9___ = _____

A equipe de Adriano marcou _____ gols no campeonato.

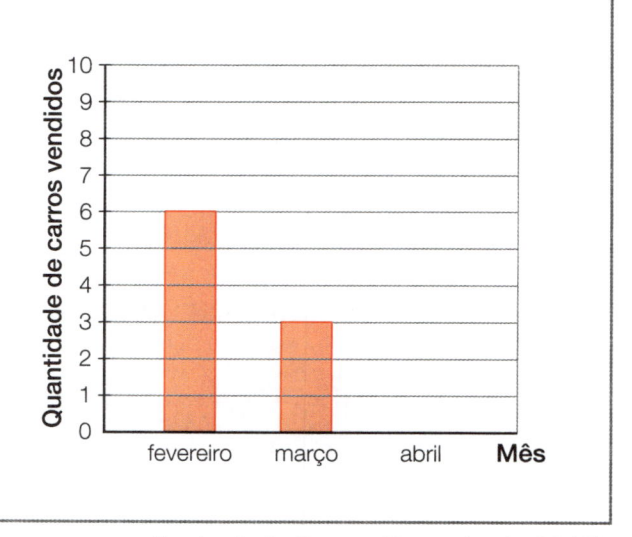

Atividades

1 Calcule.

a) O triplo de 5 ▶ ___3___ × ___5___ = _____

b) O triplo de 6 ▶ _____ × _____ = _____

c) O triplo de 7 ▶ _____ × _____ = _____

d) O triplo de 8 ▶ _____ × _____ = _____

2 Observe o gráfico e faça o que se pede.

a) Qual foi o total de carros vendidos em fevereiro? _____

b) Em abril, a loja Carros Raros vendeu o triplo de carros que no mês de março. Quantos carros a loja vendeu em abril? _____

 c) Registre, no gráfico, a quantidade de carros vendidos no mês de abril.

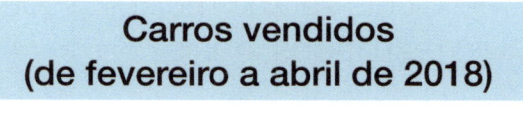

Carros vendidos (de fevereiro a abril de 2018)

Fonte: Loja Carros Raros (maio 2018).

cento e dezessete **117**

4 vezes ou o quádruplo

Andreia tem 8 anos. A idade de sua mãe é igual ao quádruplo de sua idade. Quantos anos tem a mãe de Andreia?

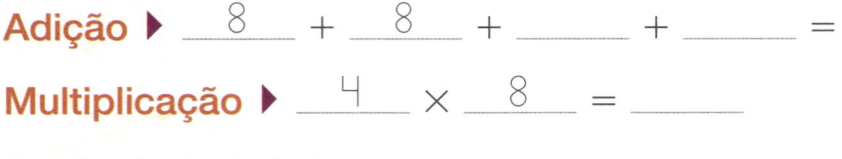

Calcular quatro vezes um número é o mesmo que encontrar o **quádruplo** desse número.

Adição ▶ __8__ + __8__ + _____ + _____ = _____

Multiplicação ▶ __4__ × __8__ = _____

A mãe de Andreia tem _____ anos.

Atividades

1. Sandra e Amanda escreveram algumas multiplicações na lousa. Complete com os resultados das multiplicações e, em seguida, responda.

- Quais são as multiplicações de Sandra e Amanda que possuem resultados iguais?

_____

_____

_____

2. Descubra a regra da sequência dos números das caixas e numere as seguintes.

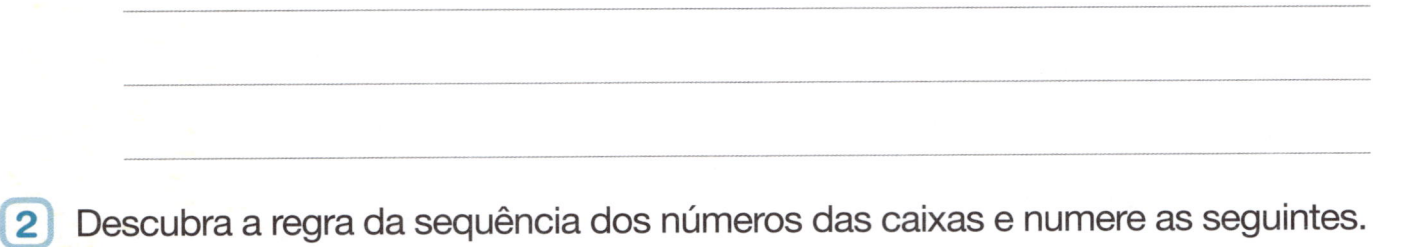

3. Resolva as atividades propostas nos adesivos 1, 2 e 3 da Ficha 33.

cento e dezoito

5 vezes

Para sua festa, Fernando comprou 5 embalagens de refrigerante. Se em cada embalagem há 6 garrafas de refrigerante, quantas garrafas de refrigerante Fernando comprou no total?

Adição ▶ __6__ + __6__ + _____ + _____ + _____ = _____

Multiplicação ▶ __5__ × __6__ = _____

Fernando comprou _____ garrafas de refrigerante no total.

Atividades

1 Por uma torneira aberta, saem 9 litros de água por minuto. Quantos litros de água saem dessa torneira em 5 minutos?

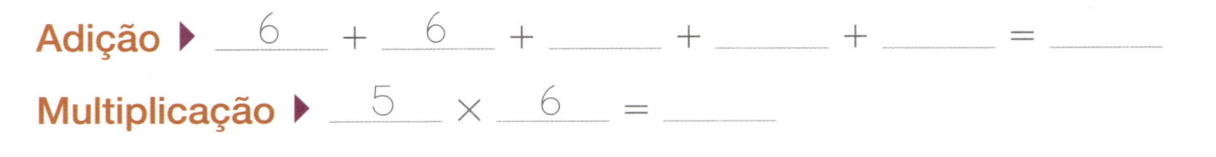

Adição ▶ _____ + _____ + _____ + _____ + _____ = _____

Multiplicação ▶ _____ × _____ = _____

Saem _____ litros de água dessa torneira.

2 O aniversário de Marina será daqui a 5 semanas. Quantos dias faltam para o aniversário de Marina?

Adição ▶ _____ + _____ + _____ + _____ + _____ = _____

Multiplicação ▶ _____ × _____ = _____

Faltam _____ dias para o aniversário de Marina.

cento e dezenove **119**

6 vezes

Wilson comprou 6 ingressos para sua família visitar o aquário municipal. Observe a ilustração e responda quantos reais Wilson pagou pelos ingressos.

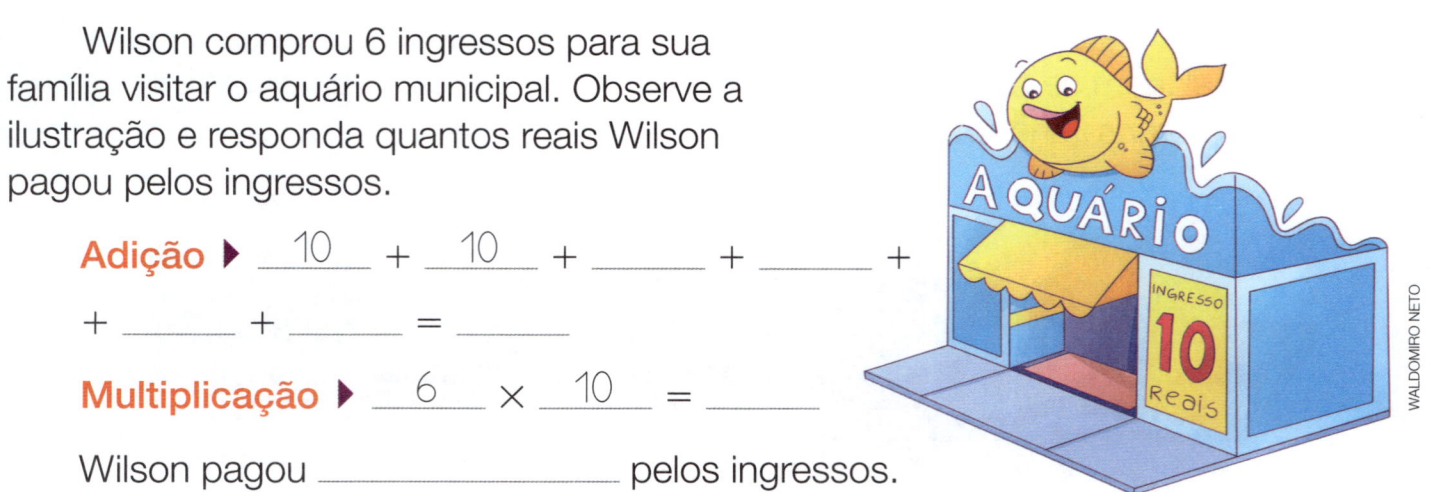

Adição ▶ __10__ + __10__ + _____ + _____ +

+ _____ + _____ = _____

Multiplicação ▶ __6__ × __10__ = _____

Wilson pagou _____ pelos ingressos.

Atividades

1 Calcule o resultado de cada multiplicação.

a) 6 × 2 = _____

b) 6 × 3 = _____

c) 6 × 4 = _____

d) 6 × 5 = _____

e) 6 × 6 = _____

f) 6 × 7 = _____

g) 6 × 8 = _____

h) 6 × 9 = _____

i) 6 × 10 = _____

2 Observe as ilustrações e complete.

a)

Adição ▶ _____ + _____ + _____ +

+ _____ + _____ + _____ = _____

Multiplicação ▶ _____ × _____ = _____

Há _____ ovos.

b)

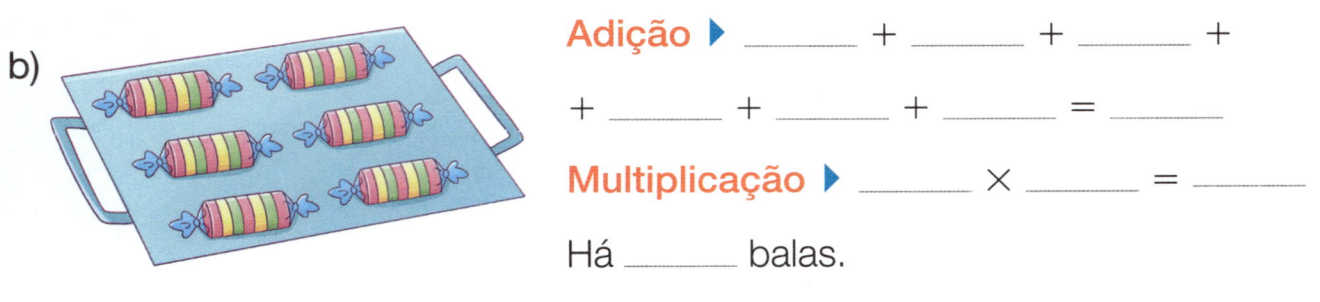

Adição ▶ _____ + _____ + _____ +

+ _____ + _____ + _____ = _____

Multiplicação ▶ _____ × _____ = _____

Há _____ balas.

7 vezes

Xavier empilhou algumas latas nas prateleiras. Ele fez 7 pilhas com 10 latas em cada uma. Quantas latas Xavier empilhou no total?

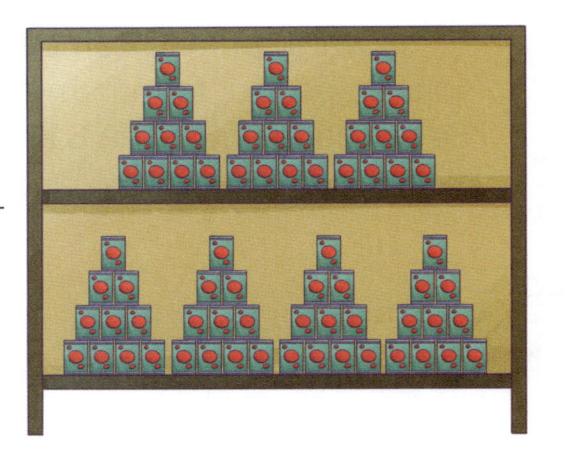

Adição ▶ ___10___ + ___10___ + _____ + _____ +

+ _____ + _____ + _____ = _____

Multiplicação ▶ ___7___ × ___10___ = _____

Xavier empilhou _____ latas no total.

𝒜tividade

Leia o texto dos balões e complete.

a)

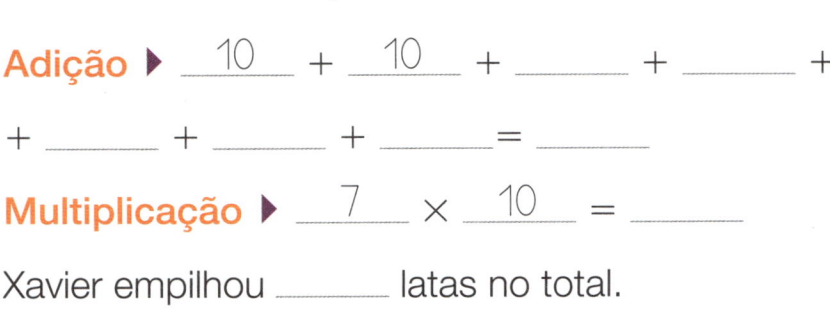

Estudei 3 horas por dia nos 7 dias desta semana. Quantas horas estudei nesta semana?

Adição ▶ ___3___ + _____ + _____ + _____ +

+ _____ + _____ + _____ = _____

Multiplicação ▶ ___7___ × _____ = _____

Tiago estudou _____ horas nesta semana.

Tiago

b)

Se há 4 livros em cada prateleira, quantos livros há no total na estante?

Adição ▶ ___4___ + _____ + _____ + _____ +

+ _____ + _____ + _____ = _____

Multiplicação ▶ ___7___ × _____ = _____

No total, há _____ livros na estante.

cento e vinte e um 121

8 vezes

Para disputar o campeonato de vôlei da escola, formaram-se 8 equipes. Se em cada equipe há 6 alunos, quantos alunos participarão do campeonato?

MARCO CORTEZ

Adição ▶ ___6___ + _____ + _____ + _____ + _____ + _____ +

+ _____ + _____ = _____

Multiplicação ▶ ___8___ × _____ = _____

Participarão do campeonato _____ alunos.

Atividades

1 Ligue cada operação ao seu resultado.

| 8 × 3 | 8 × 5 | 8 × 4 | 8 × 2 |

| 16 | 32 | 24 | 40 |

2 João guardou sua coleção de carrinhos em uma caixa. Nessa caixa, ele organizou os carrinhos em 8 fileiras de 7 carrinhos. Quantos carrinhos há na coleção de João?

Adição ▶ _____ + _____ + _____ + _____ +

+ _____ + _____ + _____ + _____ = _____

Multiplicação ▶ _____ × _____ = _____

Há _____ carrinhos na coleção de João.

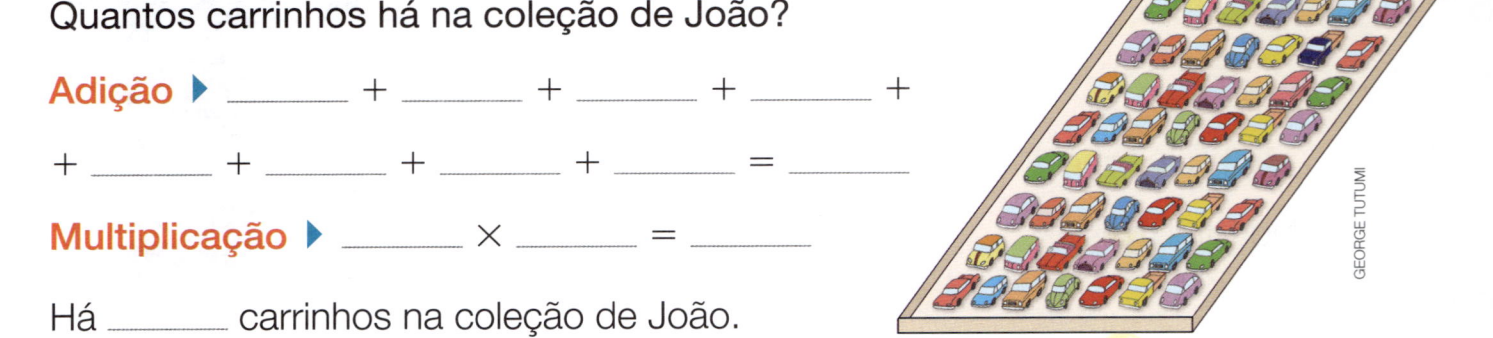

GEORGE TUTUMI

cento e vinte e dois

9 vezes

Veja o desenho que Ana fez. Quantos quadrinhos há no desenho?

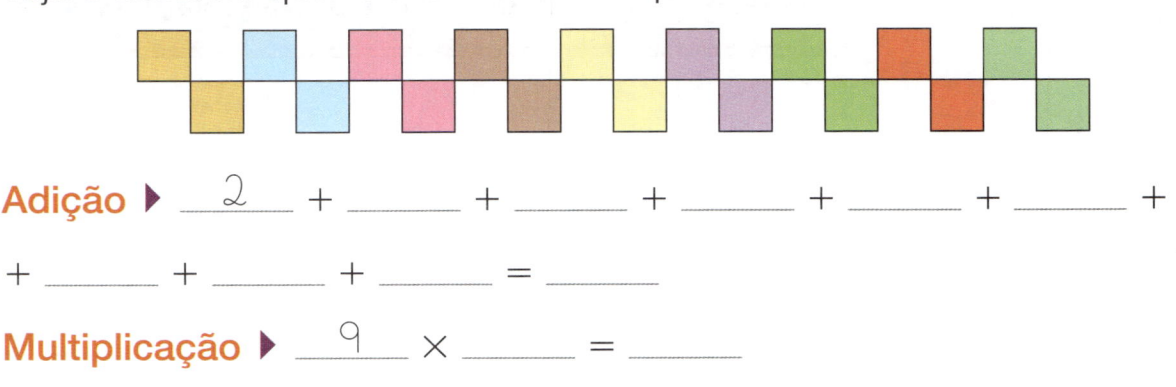

Adição ▶ __2__ + _____ + _____ + _____ + _____ + _____ +

+ _____ + _____ + _____ = _____

Multiplicação ▶ __9__ × _____ = _____

Há _____ quadrinhos coloridos no desenho.

Atividades

1 Calcule os resultados e pinte o desenho de acordo com a legenda.

9 × 2 = _____ ▶ 🖍️   9 × 8 = _____ ▶ 🖍️   9 × 9 = _____ ▶ 🖍️

9 × 5 = _____ ▶ 🖍️   9 × 6 = _____ ▶ 🖍️   9 × 1 = _____ ▶ 🖍️

2 Realize a atividade proposta no adesivo 4 da Ficha 33.

cento e vinte e três **123**

10 vezes

Quantos brigadeiros há em cima da mesa ao lado?

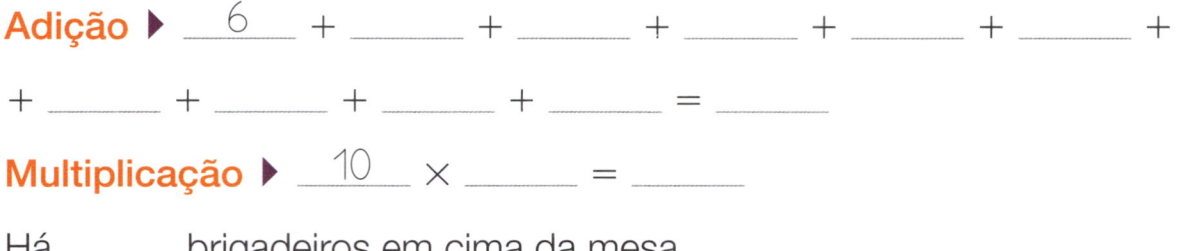

Adição ▶ __6__ + _____ + _____ + _____ + _____ + _____ +

+ _____ + _____ + _____ + _____ = _____

Multiplicação ▶ __10__ × _____ = _____

Há _____ brigadeiros em cima da mesa.

Atividades

1 Na aula de Arte, 10 crianças molharam uma das mãos na tinta e em seguida tocaram uma vez em uma folha de cartolina. Quantas marcas de dedos elas fizeram no total?

Adição ▶ _____ + _____ + _____ + _____ + _____ + _____ +

+ _____ + _____ + _____ + _____ = _____

Multiplicação ▶ _____ × _____ = _____

Elas fizeram _____ marcas de dedos no total.

> Os objetos nesta página não estão apresentados em escala de tamanho.

2 Complete.

a) 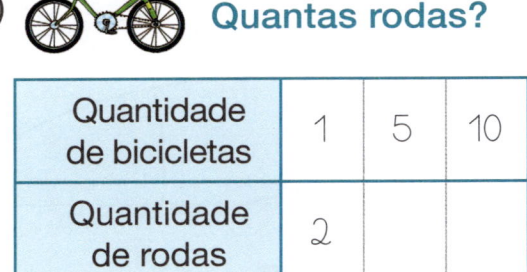 **Quantas rodas?**

Quantidade de bicicletas	1	5	10
Quantidade de rodas	2		

b) 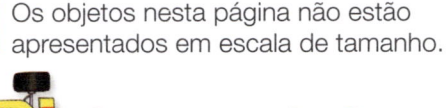 **Quantas rodas?**

Quantidade de carros	1	7	10
Quantidade de rodas	4		

124 cento e vinte e quatro

3 Calcule os resultados de cada lista de multiplicações.

5 × 0 = ____	10 × 0 = ____
5 × 1 = ____	10 × 1 = ____
5 × 2 = ____	10 × 2 = ____
5 × 3 = ____	10 × 3 = ____
5 × 4 = ____	10 × 4 = ____
5 × 5 = ____	10 × 5 = ____
5 × 6 = ____	10 × 6 = ____
5 × 7 = ____	10 × 7 = ____
5 × 8 = ____	10 × 8 = ____
5 × 9 = ____	10 × 9 = ____
5 × 10 = ____	10 × 10 = ____

- Compare os resultados das multiplicações das duas listas. O que você observa?

_____

_____

_____

_____

_____

_____

_____

_____

_____

4 Alessandra comprou uma mochila que custou 50 reais.

a) Alessandra pagou a mochila com cédulas de 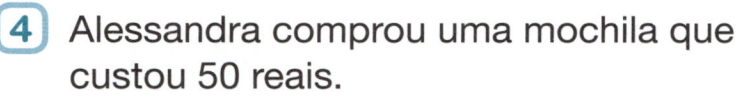. Quantas cédulas dessa Alessandra utilizou para pagar a mochila?

_____

b) Se Alessandra pagasse a mochila com cédulas de , quantas cédulas ela utilizaria? _____

cento e vinte e cinco **125**

Compreender problemas

Para resolver

Problema 1

Gabriel foi a uma padaria e comprou 6 *cupcakes* de milho e 5 *cupcakes* de cenoura para um evento.

Observe no quadro abaixo o preço dos cupcakes e responda.

Sabor	Preço
Milho	5 reais
Cenoura	4 reais

• Quanto Gabriel gastou na compra dos *cupcakes*?

Gabriel gastou _____ na compra dos *cupcakes*.

Problema 2

Valéria comprou cadernos e cartões em uma papelaria.

Gastei exatamente 21 reais nessa compra.

Valéria

Produto	Preço
Caderno	5 reais
Cartão	3 reais

• Observe, no quadro acima, o preço de cada produto e descubra quantos cadernos e quantos cartões Valéria comprou.

_____

_____

126 cento e vinte e seis

Para refletir

1 Veja ao lado os cálculos que Yuri fez para resolver o *Problema 1*.

Há outro modo de fazer esses cálculos? Qual?

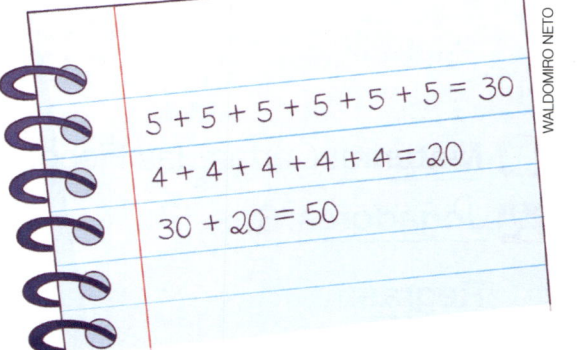

_____

_____

_____

2 Se Gabriel comprasse 5 *cupcakes* de milho e 6 *cupcakes* de cenoura, seu gasto seria maior ou menor? Por quê? Responda sem calcular quanto Gabriel gastaria.

3 Como você descobriu a quantidade de cadernos no *Problema 2*? E a quantidade de cartões? Quantas tentativas você fez?

4 Complete os quadros relacionados ao *Problema 2*.

Quantidade de cadernos	Valor a ser pago
1 unidade	5 reais
2 unidades	10 reais
3 unidades	
4 unidades	

Quantidade de cartões	Valor a ser pago
1 unidade	
2 unidades	
3 unidades	
4 unidades	

- Como esses quadros podem auxiliar na resolução do *Problema 2*?

_____

_____

_____

cento e vinte e sete **127**

Vamos jogar?

PARA JOGAR MUITAS VEZES

Um, dois e já!

Material: Cartas das Fichas 14 e 15.

Jogadores: 3

Regras:

❦ Um jogador é escolhido para embaralhar as cartas e ser o juiz. Os outros jogadores sentam-se um de frente para o outro.

❦ Depois de embaralhadas, as cartas são distribuídas igualmente entre os dois jogadores, que as colocam em montes virados para baixo, à sua frente.

❦ O juiz diz: "Um, dois e já!". Em seguida, ao mesmo tempo, cada jogador pega a carta de cima de seu monte e a mostra, de tal forma que apenas o juiz e o outro jogador a vejam — colocando-a na altura da testa, por exemplo.

❦ Depois o juiz anuncia o resultado da multiplicação dos números das duas cartas.

❦ Cada jogador deve descobrir o número da sua carta, sem ainda poder vê-la.

❦ Aquele que acertar primeiro o número de sua carta pega as duas cartas para si, formando um novo monte ao seu lado.

❦ O jogo termina quando todas as cartas distribuídas acabam.

❦ Ganha quem ficar com a maior quantidade de cartas no fim do jogo.

Reprodução proibida. Art. 184 do Código Penal e Lei 9.610 de 19 de fevereiro de 1998.

Veja se entendeu

Observe a ilustração e responda.

● Qual é o número da carta

escondida? _____

Vinte e um!

GEORGE TUTUMI

128 cento e vinte e oito

Depois de jogar

1 Qual é o maior produto que pode ser anunciado pelo juiz? E o menor?

_____

2 Qual é a estratégia ou o cálculo que você usou durante o jogo para descobrir o número da sua carta?

_____

_____

_____

_____

_____

3 Qual é a carta escondida em cada caso?

4 Se seu adversário mostra a carta com o número 4 e o juiz anuncia o produto 27, você consegue descobrir qual é sua carta? Por quê?

_____

_____

_____

_____

_____

cento e vinte e nove

TEMA 2

Situações de multiplicação

Adição de parcelas iguais

Observe a ilustração e responda às questões.

RICARDO DANTAS

a) Acima, há quantos triciclos? _____

b) Quantas rodas há em cada triciclo? _____

c) No total, há quantas rodas nesses triciclos? _____

d) Represente o total de rodas com uma adição de quantidades

iguais. _____

Atividades

1 Ângelo comprou 5 pacotes de figurinhas. Em cada pacote, há 4 figurinhas.

MARCO CORTEZ

a) Quantas figurinhas Ângelo comprou?_____

b) Represente a solução do problema por meio de uma adição de parcelas

iguais. _____

c) Agora, represente-a por meio de uma multiplicação. _____

2 Escreva para cada figura uma multiplicação que represente o total de quadrinhos.

a) **Multiplicação** ▶ _____

b) **Multiplicação** ▶ _____

ADILSON SECCO

c) Que regularidade você observa nas multiplicações que escreveu?

130 cento e trinta

Reprodução proibida. Art. 184 do Código Penal e Lei 9.610 de 19 de fevereiro de 1998.

3 Observe as árvores ao lado.

a) Há quantas fileiras com 4 árvores?

_____

b) Há quantas fileiras com 2 árvores?

_____

c) Quantas árvores há no total? _____

d) Escreva uma multiplicação com os números 2 e 4 cujo resultado seja o total de árvores. _____

e) Compare a multiplicação que você escreveu com a de um colega. Vocês escreveram a mesma multiplicação?

4 Observe a ilustração e complete.

	Quantidade de retângulos que formam a figura	Multiplicação que representa a quantidade de retângulos que formam a figura
	6	2×3 ou 3×2

5 Invente um problema cuja resposta possa ser obtida pela adição "oito mais oito mais oito é igual a vinte e quatro" ($8 + 8 + 8 = 24$) ou pela multiplicação "três vezes oito é igual a vinte e quatro" ($3 \times 8 = 24$). Registre esse problema em seu caderno.

6 Resolva as atividades propostas nos adesivos 5 e 6 da Ficha 33.

cento e trinta e um **131**

Combinação

André está em um restaurante italiano. Ele pode escolher entre 4 tipos de massa (espaguete, talharim, nhoque ou ravióli) e 2 tipos de molho (vermelho ou branco).

GEORGE TUTUMI

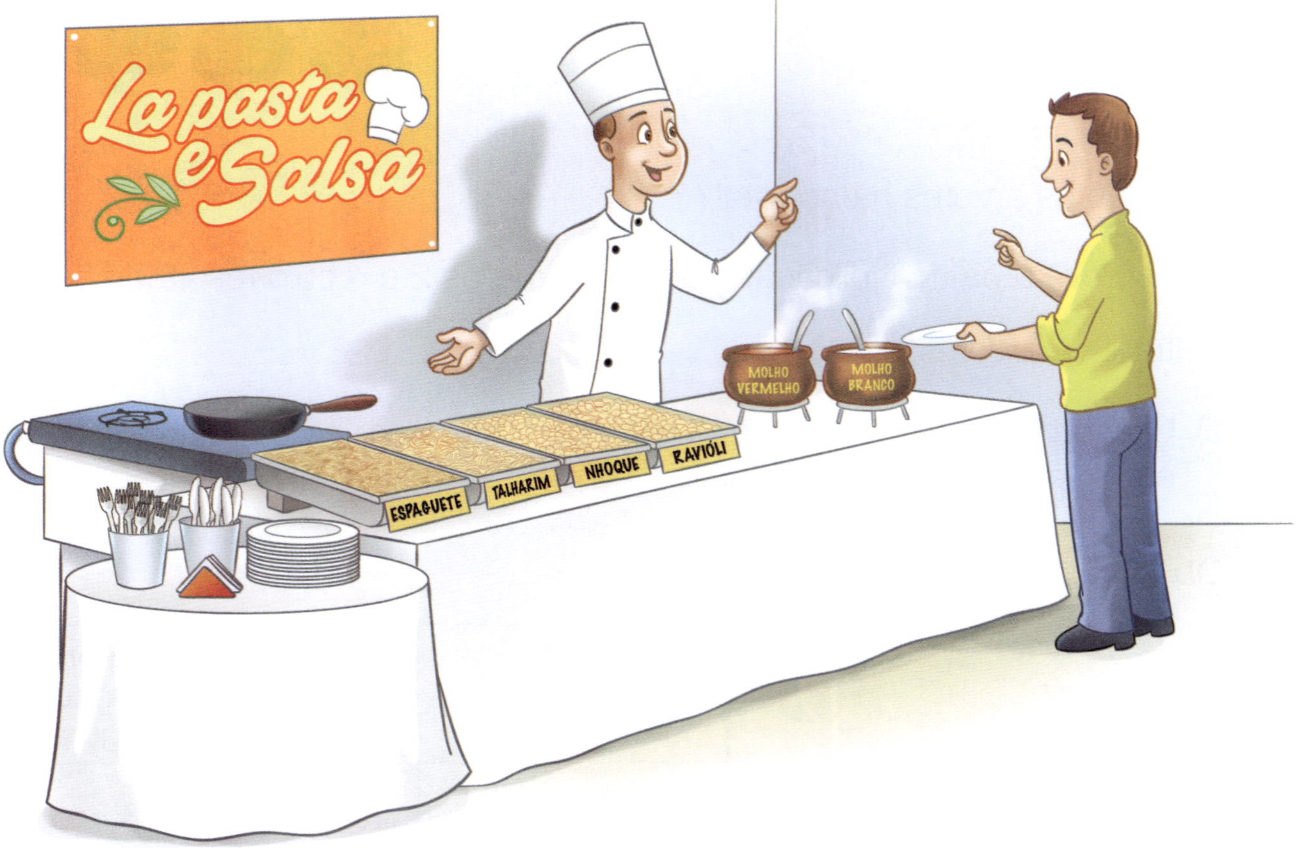

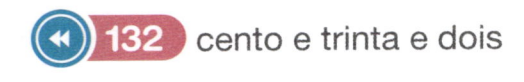

- Se André quiser molho vermelho com 1 massa, quais opções ele terá?

____

____

____

____

- Quantas opções diferentes com 1 massa e 1 molho André tem para escolher?

André tem __4__ opções de escolha para a massa e _____ opções de escolha para o molho.

Multiplicação ▸ __4__ × _____ = _____

André tem _____ opções diferentes com 1 massa e 1 molho para escolher.

Atividades

1 Em uma sorveteria há quatro sabores de sorvete e três de cobertura.

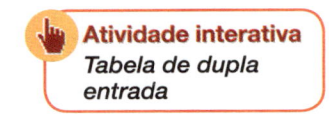

Atividade interativa
Tabela de dupla entrada

a) Desenhe, na tabela, as opções diferentes que podemos ter com um sabor de sorvete e 1 sabor de cobertura. Use as cores indicadas.

Combinações de sabores de sorvete e cobertura

	Sorvete de chocolate	Sorvete de morango	Sorvete de limão	Sorvete de creme
Cobertura de morango				
Cobertura de chocolate				
Cobertura de caramelo				

Fonte: Sorveteria pesquisada. (jul. 2018).

b) Quantas opções diferentes com 1 sabor de sorvete e 1 sabor de cobertura uma pessoa tem para escolher? _____

c) Escreva uma multiplicação para representar as opções de combinações de sabor de sorvete e de cobertura.

Multiplicação ▶ _____ × _____ = _____

2 Fernanda ganhou de presente uma boneca que vem acompanhada de 3 tiaras (rosa, branca e amarela) e 2 pulseiras (prateada e dourada). Quantas e quais são as possíveis combinações de 1 tiara e 1 pulseira com que Fernanda pode vestir a boneca?

3 Resolva o problema proposto no adesivo 7 da Ficha 33.

cento e trinta e três **133**

Ideia de proporção

Veja ao lado a receita para preparar 1 copo de achocolatado com leite. Em seguida, complete as frases e desenhe as colheres que estão faltando para descobrir quantas colheres de achocolatado em pó são necessárias no preparo de cada quantidade.

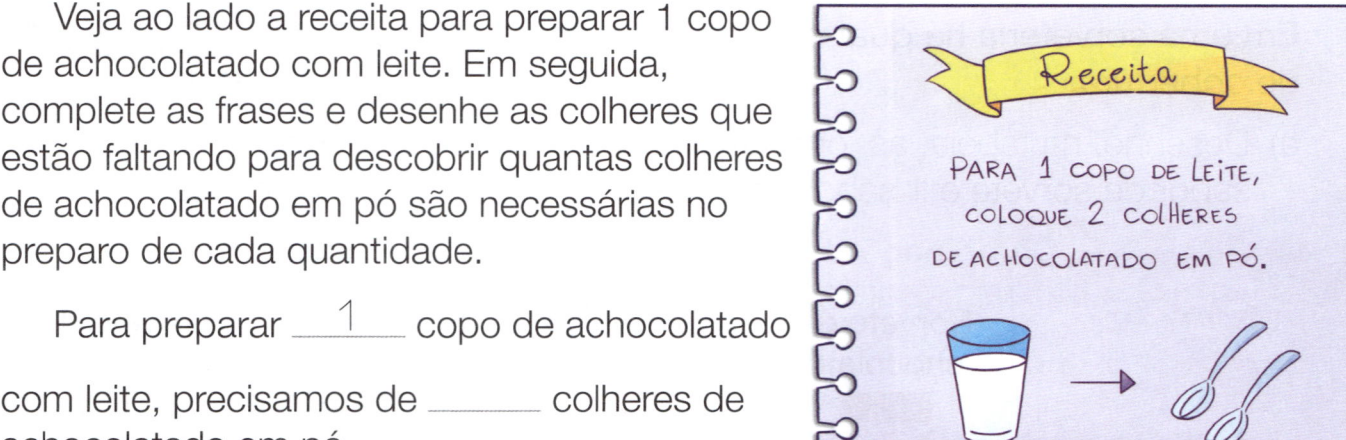

Para preparar __1__ copo de achocolatado com leite, precisamos de _____ colheres de achocolatado em pó.

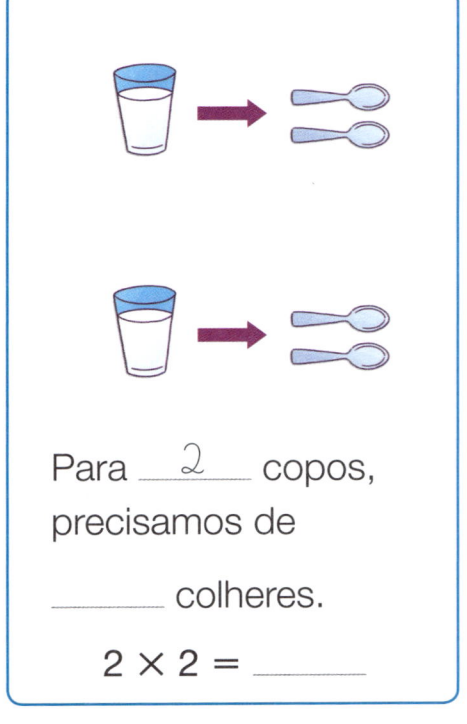

Para __2__ copos, precisamos de

_____ colheres.

2 × 2 = _____

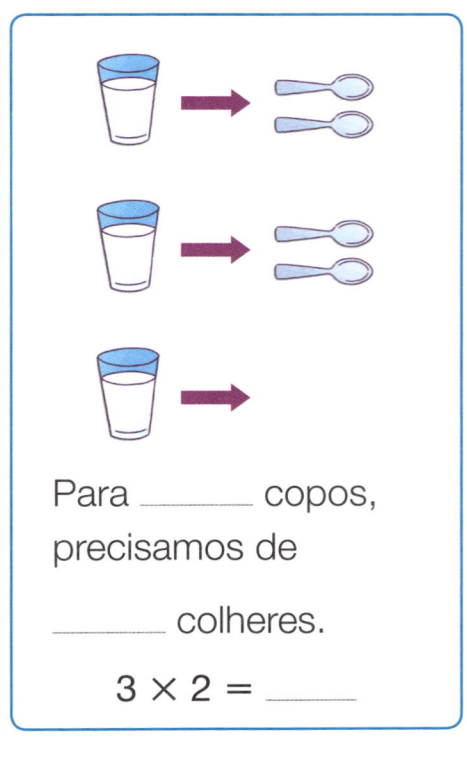

Para _____ copos, precisamos de

_____ colheres.

3 × 2 = _____

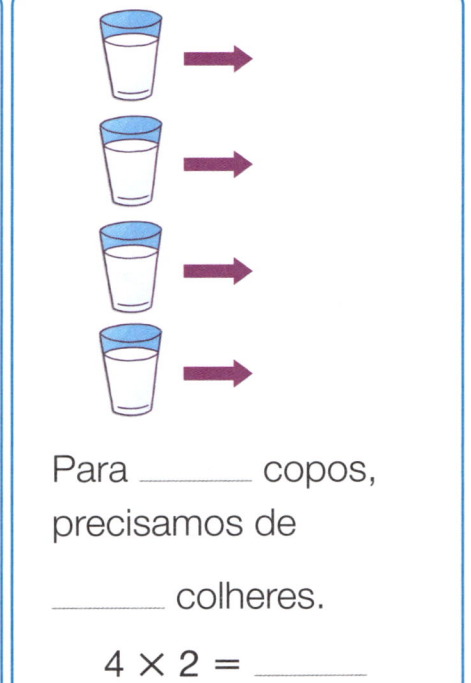

Para _____ copos, precisamos de

_____ colheres.

4 × 2 = _____

Atividades

Atividade interativa
Brigadeiros

1. Observe a ilustração e responda à questão.

Quanto custam 4 dessas canetas?

Multiplicação ▶ _____ × _____ = _____

4 canetas custam _____ reais.

134 cento e trinta e quatro

2 Roberto quer aproveitar a promoção de uma papelaria para comprar 8 cadernos para seus filhos. Veja como ele calculou mentalmente o preço dos 8 cadernos e responda às questões.

> Sei que 4 cadernos custam 10 reais. Como 8 é o dobro de 4, basta multiplicar 10 por 2 para encontrar o preço de 8 cadernos.

a) Quanto Roberto vai pagar pelos 8 cadernos?

_____

b) Se Roberto quisesse comprar 12 cadernos, quanto ele pagaria por eles?

_____

3 Odete costuma fazer doces para doar a um abrigo para crianças. Um dia ela usou todos estes ovos para fazer 4 bolos iguais.

• Se Odete quisesse fazer mais um desses bolos, seriam necessários quantos ovos a mais?

_____

4 Resolva o problema proposto no adesivo 8 da Ficha 33.

cento e trinta e cinco **135**

2 vezes e vezes 2; 3 vezes e vezes 3...

Estela e Mauro ganharam bombons. Veja como cada um agrupou os bombons para contá-los e escreva uma multiplicação para representar cada situação.

Estela fez assim.

5 mais 5 ou
2 vezes 5...

- Quantos bombons Estela ganhou?

_____

Multiplicação ▶ _2_ × _5_ = _____

Mauro fez assim.

2 mais 2 mais 2
mais 2 mais 2 ou
5 vezes 2...

- Quantos bombons Mauro ganhou?

_____

Multiplicação ▶ _5_ × _2_ = _____

Depois de cada um deles comer 4 bombons, Estela e Mauro reorganizaram os bombons que sobraram.

Bombons de Estela

Sobraram quantos bombons para Estela? _____

Multiplicação ▶ _3_ × _2_ = _____

Bombons de Mauro

Sobraram quantos bombons para Mauro? _____

Multiplicação ▶ _2_ × _3_ = _____

- Quais multiplicações anteriores têm o mesmo resultado?

_____

_____

136 cento e trinta e seis

Atividades

1 Observe as ilustrações em disposição retangular e responda às questões.

> Os objetos nesta página não estão apresentados em escala de tamanho.

a) Quantos são os soldadinhos?

_____

b) Represente a quantidade de soldadinhos por meio de duas multiplicações usando os números 2 e 4.

_____

c) Quantas são as xícaras?

_____

d) Represente a quantidade de xícaras por meio de duas multiplicações usando os números 3 e 5.

_____

2 Faça o que se pede.

a) Desenhe, numa disposição retangular, 12 bolinhas.

Jogo
Calculadora quebrada

b) Escreva multiplicações cujo resultado seja 12.

_____

_____

cento e trinta e sete **137**

Mais sobre multiplicação

Observe as imagens, complete e responda às questões.

a) Quantas flores há nos vasos, no total?

$$\underline{\quad 2 \quad} \times \underline{\quad 3 \quad} = \underline{\qquad}$$

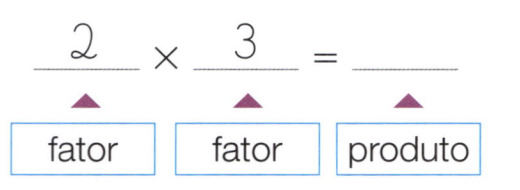

| fator | fator | produto |

Há _____ flores no total.

b) Agora, quantas flores há no total?

$$\underline{\qquad} \times \underline{\qquad} = \underline{\qquad}$$

| fator | fator | produto |

Há _____ flores no total.

> Os números usados em uma multiplicação são chamados **fatores**.
> O resultado da multiplicação é chamado **produto**.

Atividades

1 Calcule o produto em cada ficha abaixo.

$2 \times 3 = \underline{\qquad}$

$5 \times 4 = \underline{\qquad}$

$2 \times 6 = \underline{\qquad}$

$4 \times 3 = \underline{\qquad}$

$1 \times 6 = \underline{\qquad}$

$3 \times 8 = \underline{\qquad}$

$4 \times 6 = \underline{\qquad}$

$8 \times 3 = \underline{\qquad}$

$2 \times 10 = \underline{\qquad}$

- O que você pode notar com o produto obtido nessas multiplicações?

2 Complete o quadro a seguir sabendo que:

- os números das casas pintadas de verde são os fatores das multiplicações;
- o quadro deve ser completado com o produto de cada multiplicação.

> **Dica**
>
> Atenção! Antes de completar o quadro de multiplicações, observe os exemplos.

⊗	2	3	4	5	6	7	8	9	10
2	4							18	20
3		9							
4									
5	10								
6					36				
7									
8									
9									
10									

3 Responda à questão.

Sabendo que 8 × 5 é igual a 40, como você pode calcular 9 × 5?

4 Calcule o resultado de cada multiplicação.

a) 0 × 5 = _____

b) 0 × 31 = _____

c) 8 × 0 = _____

d) 0 × 9 = _____

e) 4 × 0 = _____

f) 4 × 1 = _____

g) 5 × 1 = _____

h) 7 × 1 = _____

i) 1 × 8 = _____

- Você observou alguma regularidade nessas multiplicações?
Explique a um colega o que você percebeu e ouça a explicação dele.

> **Não tenha pressa.** Pense bem antes de explicar ao colega.

cento e trinta e nove **139**

Matemática em textos

Leia

Jogos Paralímpicos

Você já ouviu falar nos Jogos Paralímpicos? É um grande evento que reúne esportistas do mundo inteiro, assim como as Olimpíadas. Mas nos Jogos Paralímpicos só podem competir os atletas que têm deficiências físicas ou mentais. Acompanhar a competição e torcer pelos atletas é emocionante!

Evento internacional

Os jogos acontecem de quatro em quatro anos, cada vez em uma cidade diferente do mundo. A primeira vez foi em 1960, em **Roma**, na Itália. Na época, atletas de 17 países competiram. Em 2016, no **Rio de Janeiro**, no Brasil, o evento teve a participação de esportistas de 160 países diferentes.

Esportes paralímpicos

Os Jogos Paralímpicos têm competições em mais de 20 esportes. Todos os esportes têm regras que definem quem pode participar. Conheça melhor alguns esportes:

Basquetebol em cadeira de rodas

Como é: o objetivo da equipe é fazer a bola passar pela cesta do campo adversário. Uma partida tem 4 tempos de 10 minutos. Vence quem fizer mais pontos.

Quantos jogam: 5 em cada time

Golbol

Como é: de olhos vendados, os jogadores com deficiência visual precisam fazer uma bola chegar até o gol da equipe adversária. Uma partida tem 2 tempos de 12 minutos, mais 3 minutos de intervalo. Vence quem fizer mais gols.

Quantos jogam: 3 em cada time

País	🥇	🥈	🥉	Total
Estados Unidos	708	700	771	2179
Grã-Bretanha	581	583	626	1790
Austrália	364	393	368	1125
Canadá	337	326	394	1057
França	345	347	346	1038
China	250	339	433	1022
Brasil	102	112	87	301

Medalhas

Os Estados Unidos são o país que mais ganhou medalhas em Jogos Paralímpicos. Os atletas desse país conquistaram sete vezes mais medalhas que os brasileiros.

Brasileiro no pódio

O nadador brasileiro Daniel Dias é um dos atletas que mais ganharam medalhas em Jogos Paralímpicos. Até os Jogos Paralímpicos de 2016, ele já tinha levado 24 medalhas (14 de ouro, 7 de prata e 3 de bronze).

Fonte: *Site* oficial do *Paralympic Movement.* Disponível em: <http://mod.lk/paralymp>. Acesso em: 6 jul. 2018.

Responda

Em que ano e em qual cidade aconteceram os últimos Jogos Paralímpicos? Em que ano serão realizados os próximos jogos?

Analise

Por que você acha que os Jogos Olímpicos não acontecem no mesmo período em que os Jogos Paralímpicos?

Aplique

Pesquisem outros esportes que integram os Jogos Paralímpicos e montem um painel informativo para as demais turmas de sua escola.

Voleibol sentado

Como é: os jogadores precisam fazer a bola passar por cima da rede e cair no chão no campo adversário. Para vencer, o time precisa fazer pelo menos 25 pontos em 3 dos 5 *sets*.

Quantos jogam: 6 em cada time

Compreender informações

Organizar dados de pesquisa em tabelas e gráficos

1 A nutricionista Carla fez uma pesquisa com algumas crianças a fim de descobrir se elas possuem uma alimentação saudável, que envolve comer alimentos naturais como frutas, verduras e legumes.

Carla selecionou 9 crianças e verificou no período de uma semana quantas refeições saudáveis elas tiveram, considerando as refeições feitas no almoço e no jantar. Os dados foram organizados na tabela a seguir.

Quantidade de refeições saudáveis

Criança / Refeição	Aline	Bianca	Diego	Flávio	Mário	Noeli	Paulo	Raísa	Túlio
Almoço	5	4	6	5	7	7	4	5	7
Jantar	7	4	4	6	3	7	6	5	5

Fonte: Pesquisa da nutricionista Carla (jun. 2018).

a) Qual criança fez mais refeições saudáveis nessa semana da pesquisa?

Quantas foram as refeições? _____

b) Qual das crianças teve a menor frequência de refeições saudáveis nesse

período? Quantas foram? _____

c) De acordo com a tabela, complete o gráfico de barras duplas pintando as barras com as quantidades de refeições saudáveis de cada criança.

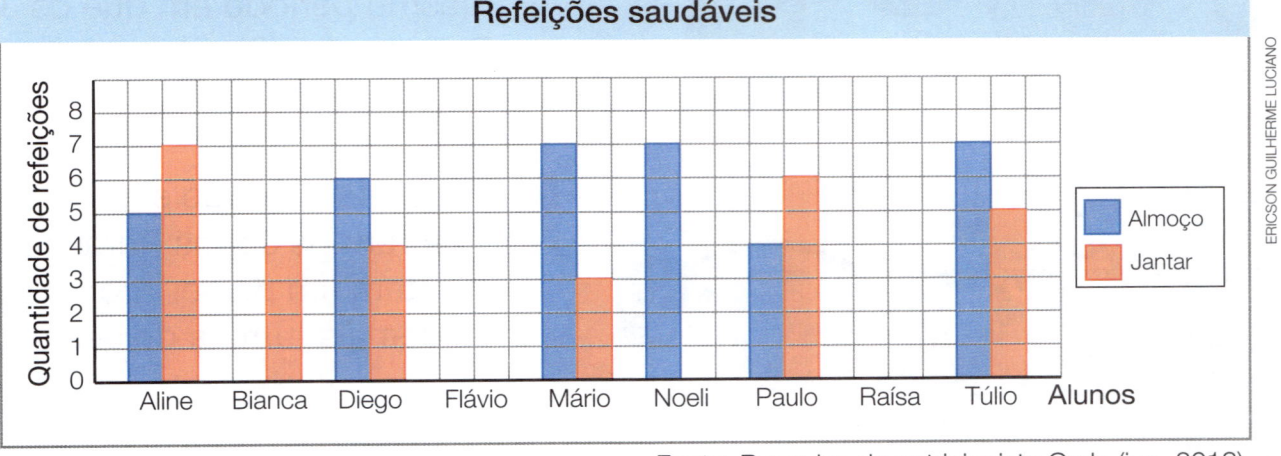

Fonte: Pesquisa da nutricionista Carla (jun. 2018).

d) Você costuma fazer refeições saudáveis? Qual é a importância de fazer esse tipo de refeição?

142 cento e quarenta e dois

2. Durante todo o ano há produção de frutas no Brasil, mas a colheita delas é feita em determinados meses. Roberto consultou o *site* do Instituto Agronômico de São Paulo (IAC) e organizou um quadro com os meses de colheita de algumas frutas.

	Abacate	Ameixa	Caqui	Nectarina	Pera	Tangerina
Janeiro	X	X			X	
Fevereiro	X	X	X		X	
Março	X		X		X	X
Abril	X		X		X	X
Maio	X		X			X
Junho	X					X
Julho	X					X
Agosto	X					
Setembro	X	X		X		
Outubro	X	X		X		
Novembro	X	X		X		
Dezembro	X	X		X	X	

FOTOS: FABRIKASIMF/SHUTTERSTOCK / VIKTAR MALYSHCHYTS/SHUTTERSTOCK / PALOKHA TETIANA/SHUTTERSTOCK / SERGEY PETERMAN/SHUTTERSTOCK / ANNA KUCHEROVA/SHUTTERSTOCK / BEST_PHOTO_STUDIO/SHUTTERSTOCK

a) Com os dados organizados por Roberto, complete a tabela abaixo com a variedade de frutas que podem ser colhidas, ou seja, a quantidade de cada tipo de fruta colhida em cada mês.

Variedade de fruta colhida em cada mês

Mês	Jan.	Fev.	Mar.	Abr.	Maio	Jun.	Jul.	Ago.	Set.	Out.	Nov.	Dez.
Variedade de frutas	3			4				1				

Fonte: Dados obtidos em <http://mod.lk/iac>. Acesso em: 6 jul. 2018.

b) Qual é o mês em que há menor variedade de frutas? _____

c) Em quais meses há mais variedade de frutas?

_____

3. Reúna-se com seus colegas e professor e façam uma pesquisa com todos os alunos da sala sobre as refeições saudáveis (almoço e jantar) feitas na última semana. Coletem e organizem os dados em tabelas, para construir um gráfico de barras. Vocês podem usar uma planilha eletrônica ou uma malha quadriculada para auxiliar o trabalho.

Cálculo mental

1 Reinaldo trabalha em uma transportadora. Como os pacotes que precisa transportar são muito grandes, ele decidiu levar o conteúdo em dois carrinhos contendo a metade da quantidade de produtos em cada um. Ajude Reinaldo nessa tarefa. Indique em cada carrinho a quantidade de cada produto.

a)

b)

c)

d)

144 cento e quarenta e quatro

2 Houve um acidente, e algumas caixas rasgaram antes de serem transportadas. Sabendo que cada carrinho deve carregar a metade da quantidade de produtos da caixa maior, ajude Reinaldo a descobrir as quantidades em cada situação.

a)

b)

c)

d)

cento e quarenta e cinco **145**

O que você aprendeu

1 Escreva duas adições e duas multiplicações diferentes para representar a quantidade de alunos desta sala de aula e complete.

A sala de aula tem _____ alunos.

2 Bruna, Talita e Válter foram à feira para comprar ameixas. Complete o quadro com quanto cada um gastou, sabendo que todos compraram na mesma banca da feira.

Cliente	Quantidade em quilogramas	Preço
Bruna	2 quilogramas	8 reais
Talita	1 quilograma	
Válter	3 quilogramas	

3 Uma calculadora está com a tecla 4 quebrada.

Desenhe as teclas que você digitaria para calcular o resultado de 4 × 5.

Compare sua resposta com a de um colega: elas são iguais? Existem **outras formas** de resolver este problema?

4 Observe os quadros de números que Lucas e Ana fizeram.

| Lucas ▶ | 1 | 2 | 3 | 4 | 5 | 6 | 7 | 8 | 9 | 10 | 11 | 12 | 13 | 14 | 15 | 16 | 17 | 18 | ... |

| Ana ▶ | 1 | 2 | 3 | 4 | 5 | 6 | 7 | 8 | 9 | 10 | 11 | 12 | 13 | 14 | 15 | 16 | 17 | 18 | ... |

a) Os números 6, 12 e 18 foram pintados pelos dois. Se os quadros continuassem até o número 30, qual seria o próximo número em comum a ser pintado por eles?

_____

b) Converse com os colegas a respeito do que você observou na regularidade dos números pintados por Lucas e por Ana.

5 Destaque as listas de multiplicações da Ficha 34, cole e resolva-as em seu caderno.

Quebra-cuca

Melissa e Caio estão jogando dardos. Melissa, em sua vez, atingiu 42 pontos. Agora é a vez de Caio e resta lançar apenas um dardo.

● Qual local do alvo Caio precisa acertar para

vencer a partida? _____

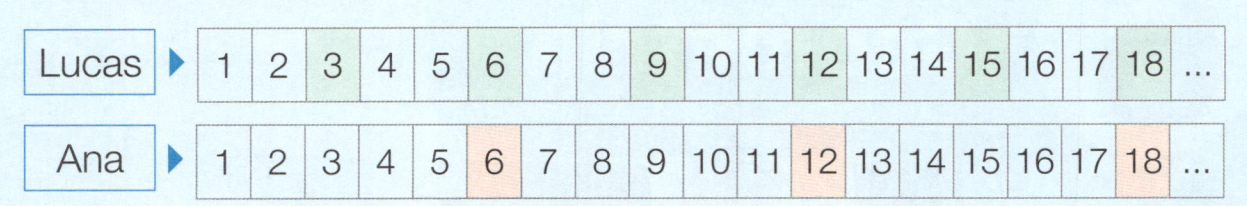

GEORGE TUTUMI

cento e quarenta e sete · 147

UNIDADE 6

Geometria

Para começar...

Antes de começarem a construção dos prédios, as construtoras montam estandes de vendas dos apartamentos com maquetes, que mostram o prédio e a região em volta dele.

- Você já visitou algum estande de vendas de apartamentos?
- Já viu maquetes de prédios?

Para refletir...

Observe a maquete abaixo.

- Quais partes da maquete lembram figuras geométricas? Que figuras são essas?

3 DORMITÓRIOS

2 VAGAS DE GARAGEM

- PLAYGROUND
- PISCINA
- SALÃO DE FESTAS
- ESPAÇO GOURMET
- ACADEMIA

Figuras geométricas não planas

TEMA 1

Os objetos e as figuras geométricas

Os objetos nesta página não estão apresentados em escala de tamanho.

Observe os objetos abaixo e a figura geométrica que cada um deles lembra.

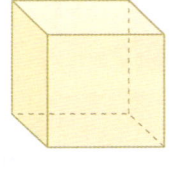 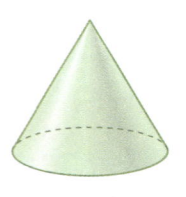 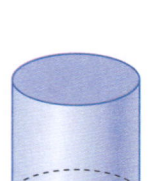 

| Cubo | Cone | Cilindro | Pirâmide |

- Que outros objetos lembram as figuras geométricas não planas acima?

_____

_____

Atividade

Observe as peças do brinquedo de Gabriela.

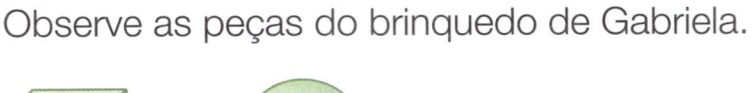

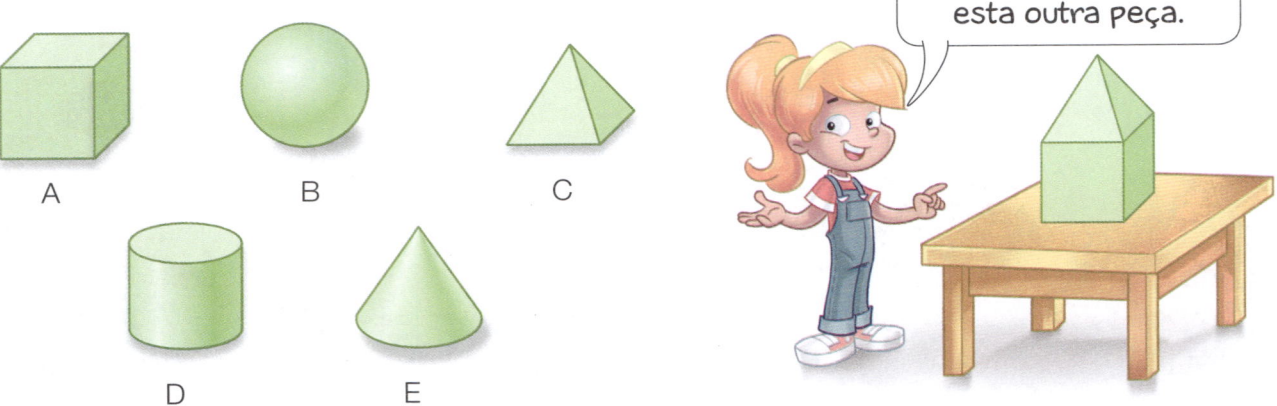

Usando duas destas peças, eu montei esta outra peça.

- Quais peças do brinquedo formam a peça que Gabriela montou?

_____

150 cento e cinquenta

Planificação

Veja como Eduardo desmontou a caixa onde guarda alguns brinquedos.

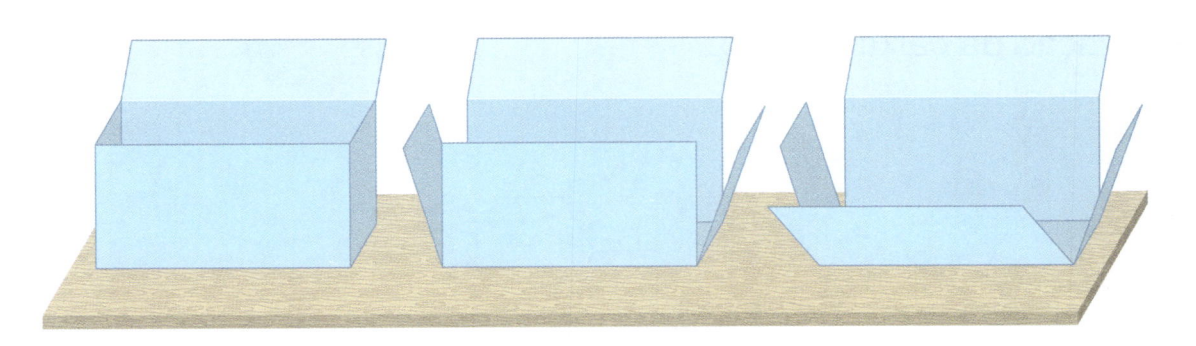

Quando a caixa estava completamente aberta, Eduardo esticou-a sobre a lousa e prendeu-a com fita adesiva, conforme mostrado ao lado.

Eduardo obteve a **planificação da superfície** da caixa de brinquedos.

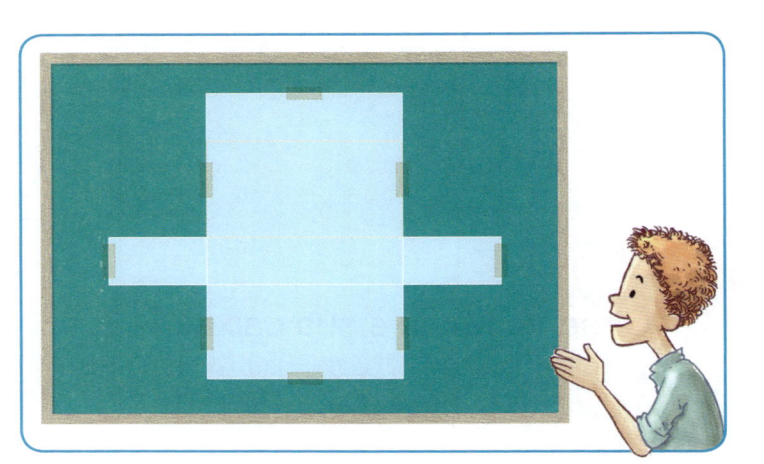

- Observe as representações de figuras geométricas não planas e depois ligue cada figura à planificação de sua superfície.

   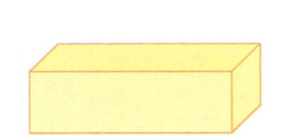

 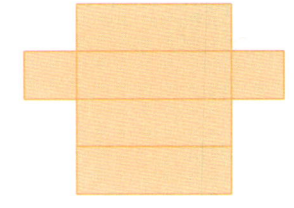 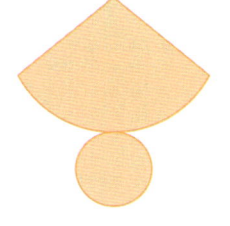 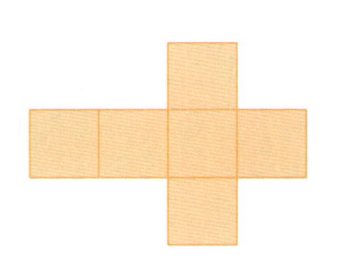

cento e cinquenta e um **151**

Atividades

1 Marque com um **X** a figura que representa a planificação da caixa ao lado.

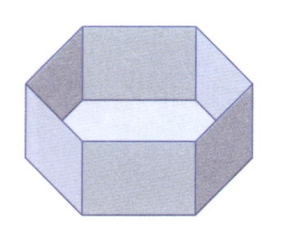

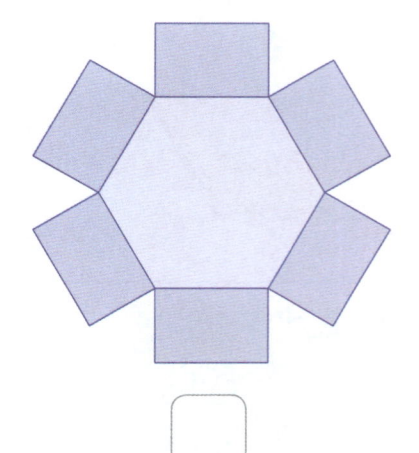

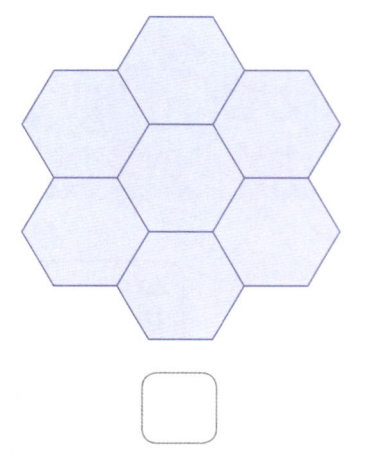

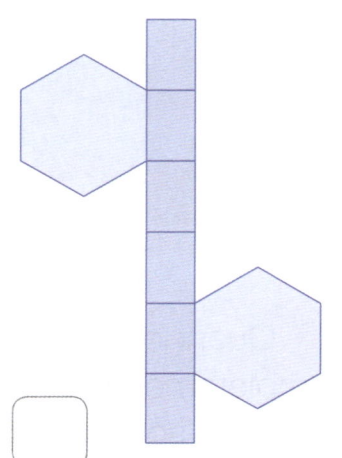

2 Observe Maria e sua caixa.

Eu pintei de amarelo a parte externa desta caixa.

- Qual das figuras abaixo representa o molde da caixa de Maria? Marque com um **X**.

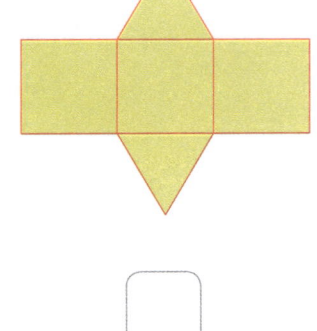

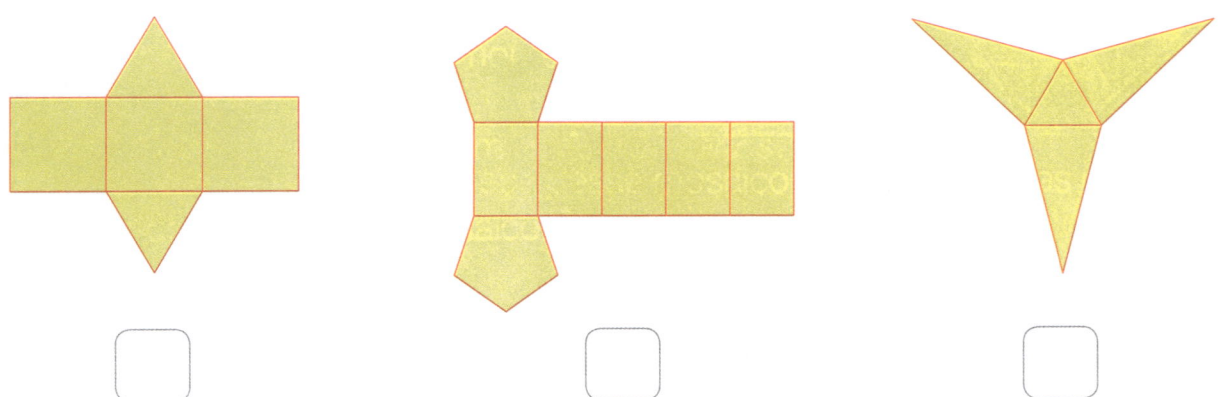

152 cento e cinquenta e dois

3 Com a planificação ao lado, Jorge montou um modelo de figura não plana.

Contorne a figura geométrica que representa esse modelo.

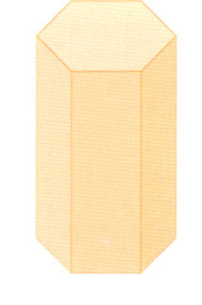  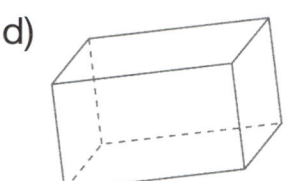

4 Joana recortou as partes da planificação da superfície de um modelo de figura não plana. Observe.

• Usando todas essas partes, é possível montar o modelo de qual figura? Pinte-a.

a) b) c) d)

• Se Joana recortasse as partes das planificações dos outros modelos que você não pintou, como elas seriam? Desenhe.

cento e cinquenta e três **153**

Cubo e paralelepípedo

> Os objetos nesta página não estão apresentados em escala de tamanho.

Monte o modelo de um cubo da Ficha 16 e o modelo de um paralelepípedo da Ficha 17. Manipule as figuras que você montou observando todas as suas partes. Depois responda às questões.

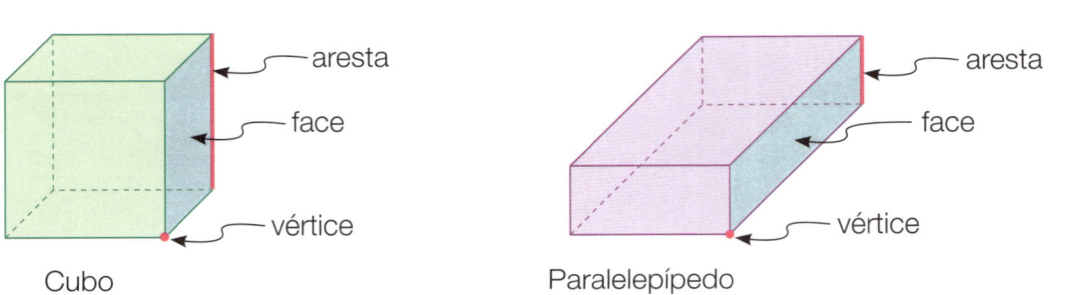

Cubo   Paralelepípedo

a) Quantas arestas tem cada uma dessas figuras?

_____

b) Quantas faces tem cada uma dessas figuras?

_____

c) Quantos vértices tem cada uma dessas figuras?

_____

1 Leia o que as crianças estão dizendo.

O cubo e o paralelepípedo são figuras muito parecidas.

Mas há diferença entre elas! No cubo, todas as faces são quadradas; no paralelepípedo, nem sempre isso ocorre.

a) Marque com um **X** as imagens a seguir que lembram a forma de um cubo.

b) Agora, observe sua sala de aula e identifique objetos que lembram cubos ou paralelepípedos.

 cento e cinquenta e quatro

2 Destaque a planificação da Ficha 18, pinte-a conforme a ilustração abaixo e, depois, monte o modelo de cubo.

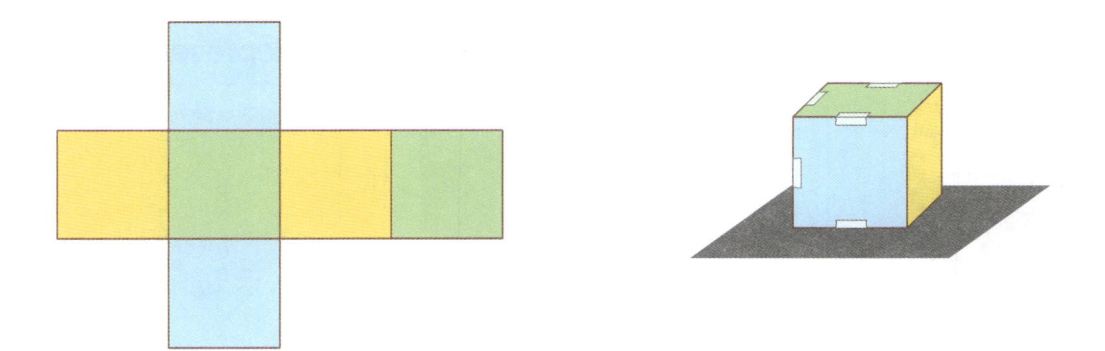

Coloque o cubo sobre a mesa na posição mostrada acima e responda às questões.

a) Qual é a cor da face apoiada sobre a mesa? _____

b) Qual é a cor da face oposta à face azul? _____

3 Paula e Jair recortaram a planificação da superfície de um modelo de cubo de maneira que suas seis faces foram separadas. Observe.

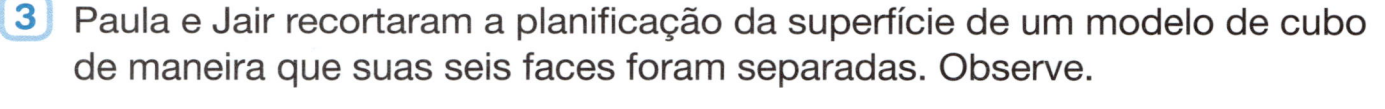

Paula, então, fez outra planificação do modelo de cubo:	Jair não concordou com Paula e fez uma planificação diferente para montar o modelo de cubo:
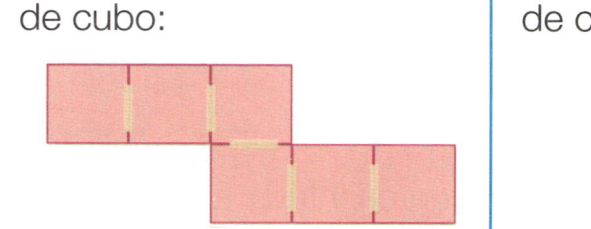	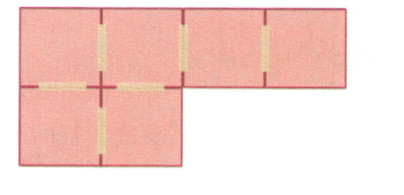

• Reúna-se com um colega para descobrir quem fez a planificação corretamente.

cento e cinquenta e cinco **155**

Prismas

> Os objetos nesta página não estão apresentados em escala de tamanho.

• Compare os objetos com as representações de **prisma**.

A

C

B

D

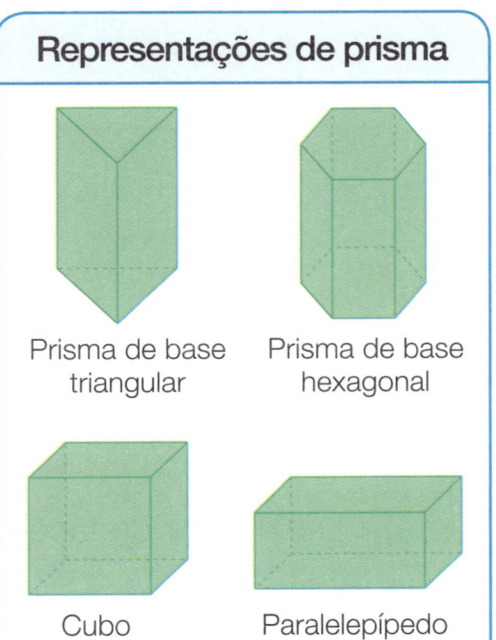

Representações de prisma

Prisma de base triangular

Prisma de base hexagonal

Cubo

Paralelepípedo

Com qual representação de prisma cada objeto se parece? Escreva abaixo.

A ▶ _____

C ▶ _____

B ▶ _____

D ▶ _____

• Observe as faces laterais e as outras duas faces, que são chamadas de bases, dos prismas representados abaixo.

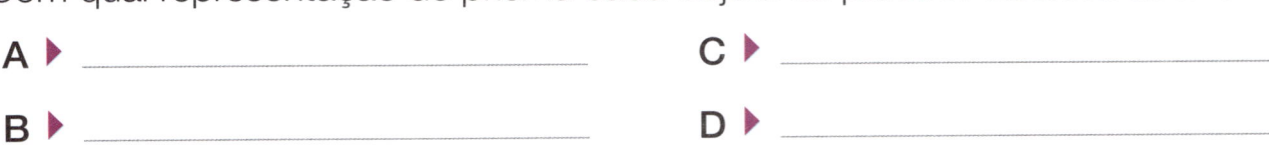

Figura 1 — uma das faces laterais

bases — Figura 2

a) Qual figura geométrica plana você reconhece nas faces laterais desses prismas? _____

b) Quantas faces laterais tem cada figura representada acima?

_____

c) Quantas bases tem cada prisma? _____

d) Quais diferenças você observa entre esses prismas?

156 cento e cinquenta e seis

Atividades

1 Observe a ilustração da barraca de Carlos.

- A barraca que Carlos montou se parece com uma figura geométrica. Marque com um **X** a representação dessa figura.

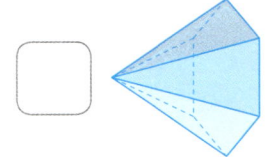 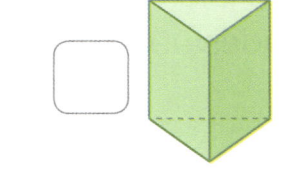

2 Monte os modelos de prisma das Fichas 19, 20 e 21. Depois, observe as representações abaixo e complete.

Representações de prisma	Número de vértices	Número de arestas	Número de bases	Número de faces laterais
	6			
			2	

- Compare o número de vértices com o número de faces laterais dessas representações de prisma e descreva uma regularidade.

3 Manipule os modelos de prisma que você montou e responda à questão.

- Quais características comuns você percebe entre esses modelos de figuras geométricas?

_____

_____

cento e cinquenta e sete **157**

Pirâmides

Kátia é artesã e faz embalagens de presente.

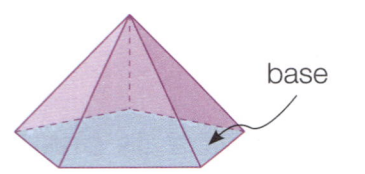

As embalagens de presente que faço lembram uma figura geométrica chamada **pirâmide**.

Observe as faces laterais e a outra face, que é chamada de base, das pirâmides representadas abaixo.

uma das faces laterais

base

a) As faces laterais dessas pirâmides lembram a forma de qual figura geométrica plana?

_____

b) Quantas bases tem cada pirâmide? _____

Atividades

1. Monte os modelos de pirâmides das Fichas 22 a 25. Depois, observe as representações abaixo e complete.

Representação de pirâmide				
Número de vértices	4			
Número total de faces	4			
Número de faces triangulares	4			
Número de arestas	6			

158 cento e cinquenta e oito

2 Observe as figuras geométricas não planas representadas abaixo. Marque com um **X** as representações de pirâmide e contorne as representações de prisma.

3 Lúcia montou três figuras que lembram pirâmides usando canudos e bolinhas de massa de modelar. Cada canudo corresponde a uma aresta e cada bolinha corresponde a um vértice.

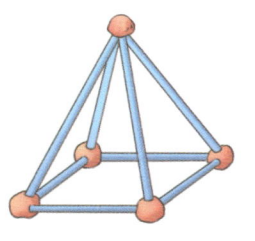 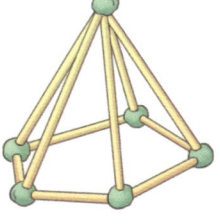 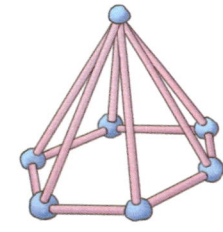

- Quantos canudos e quantas bolinhas ela usou, no total, para montar as três figuras que lembram pirâmides?

4 Laura girou a pirâmide várias vezes. Veja as diferentes posições em que ficou a pirâmide e pinte, com as cores corretas, as faces que estão em branco.

 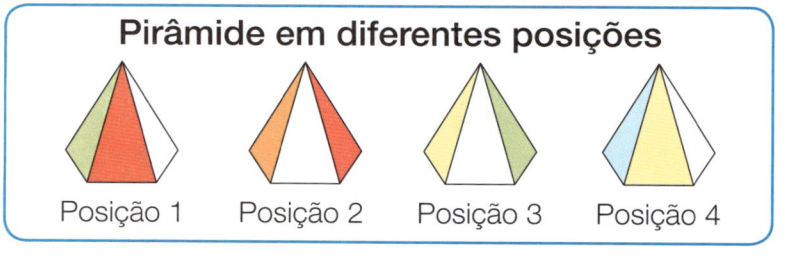

cento e cinquenta e nove **159**

Cilindro, cone e esfera

Atividade interativa
Figuras geométricas não planas

Observe abaixo as representações de figuras geométricas e marque com um **X** as que são arredondadas.

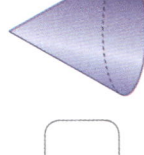 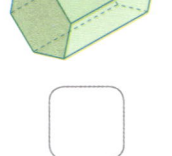 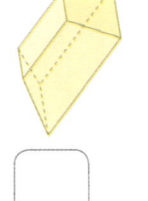 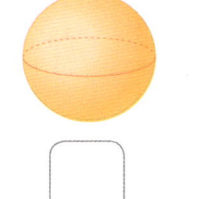 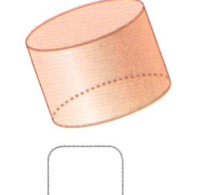 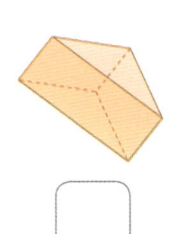

As figuras geométricas arredondadas recebem nomes especiais.

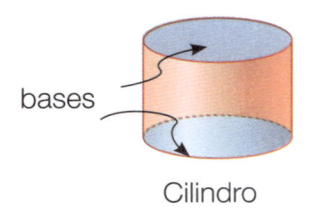
bases
Cilindro

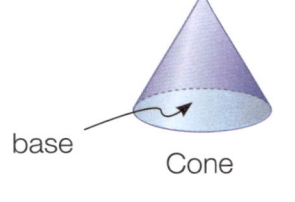
base
Cone

Esfera

a) Quais dessas figuras não têm arestas? _____

b) Quais dessas figuras não têm vértices? _____

c) Qual dessas figuras tem apenas 1 vértice? _____

Atividades

Os objetos nesta página não estão apresentados em escala de tamanho.

1 De qual figura geométrica não plana você se lembra quando observa cada uma destas imagens?

_____

_____

_____

_____

_____

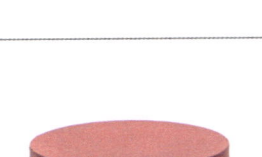
_____

2 Monte o modelo de cilindro da Ficha 26 e o modelo de cone da Ficha 27. Depois, observe as representações abaixo e responda.

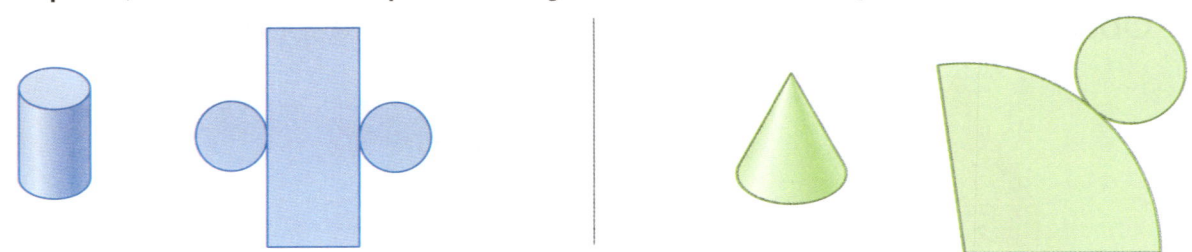

a) A planificação do modelo de cilindro é formada pela representação de quais figuras geométricas planas?

_____

b) Que figura plana está representada tanto na planificação do modelo do

cilindro como na do modelo do cone? _____

3 Em cada cena, Mariana está segurando diante de Vítor um modelo de figura geométrica não plana.

- Observando cada um desses modelos, Vítor consegue representar a imagem que vê por meio de uma figura plana. Sabendo disso, complete.

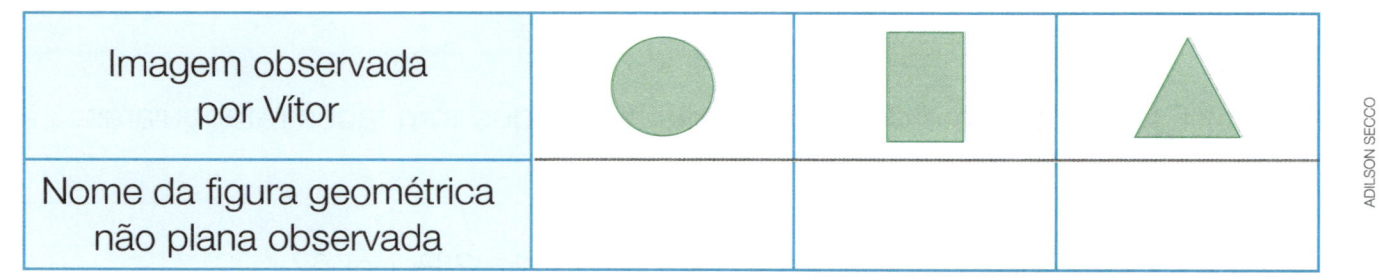

Imagem observada por Vítor			
Nome da figura geométrica não plana observada			

4 Com um colega, compare as figuras em cada grupo e converse sobre o que há de parecido e de diferente entre essas figuras.

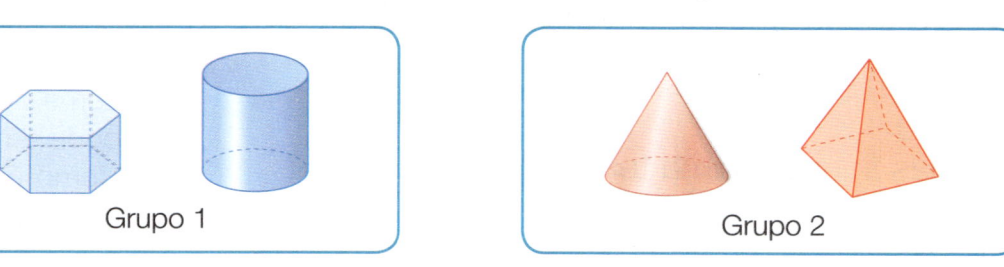

Grupo 1

Grupo 2

cento e sessenta e um **161**

Pratique mais

1 **Observe as figuras geométricas não planas e responda às questões.**

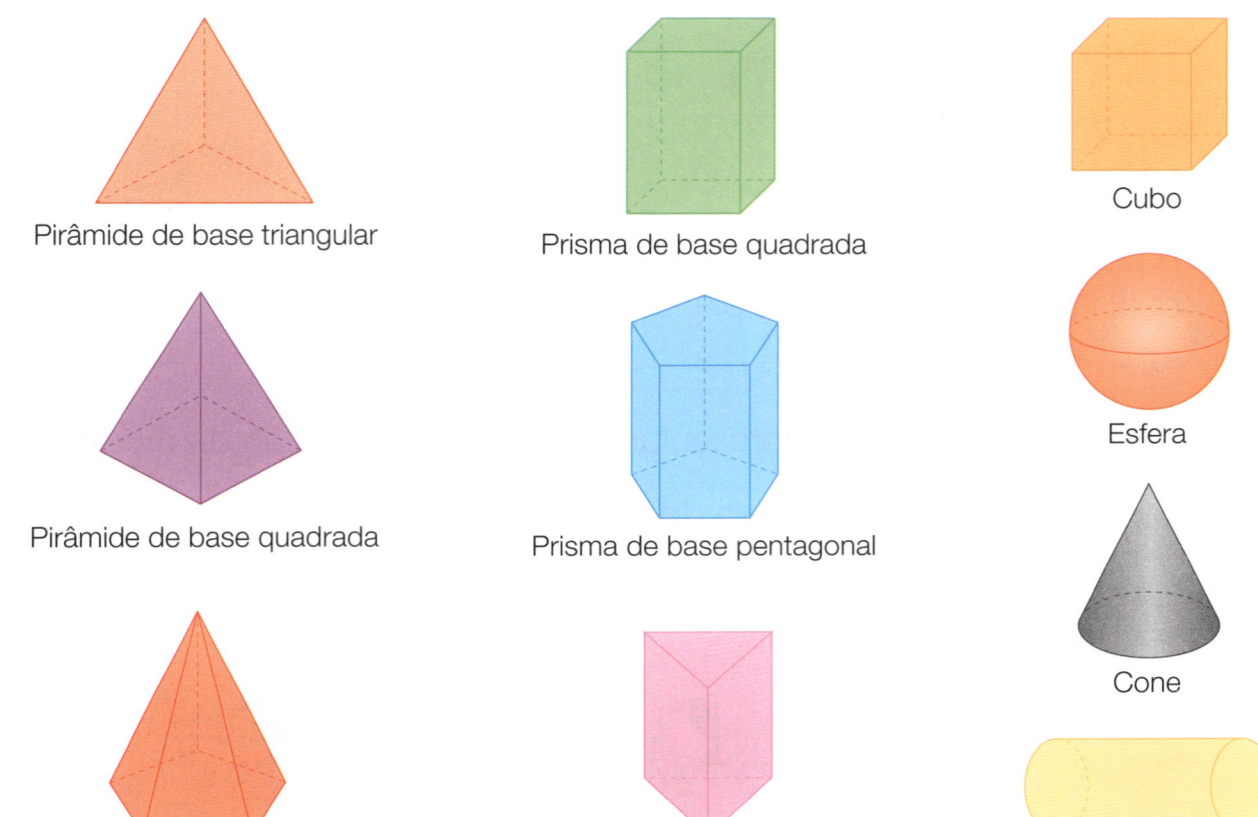

Pirâmide de base triangular

Prisma de base quadrada

Cubo

Pirâmide de base quadrada

Prisma de base pentagonal

Esfera

Pirâmide de base pentagonal

Prisma de base triangular

Cone

Cilindro

a) É correto dizer que as pirâmides só possuem faces triangulares? Por quê?

_____

b) Escreva o nome de duas figuras acima que têm faces retangulares.

_____

c) É correto dizer que a esfera tem um vértice? Por quê?

_____

d) Escreva o nome de uma figura que possui

8 vértices. _____

e) Qual das figuras acima tem o maior número

de arestas? _____

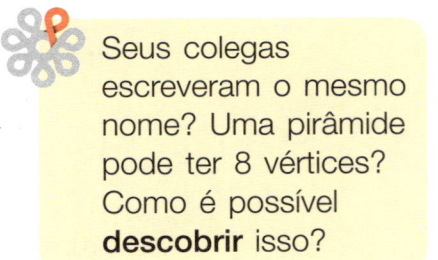

Seus colegas escreveram o mesmo nome? Uma pirâmide pode ter 8 vértices? Como é possível **descobrir** isso?

2 Pinte a planificação que representa o prisma de base pentagonal.

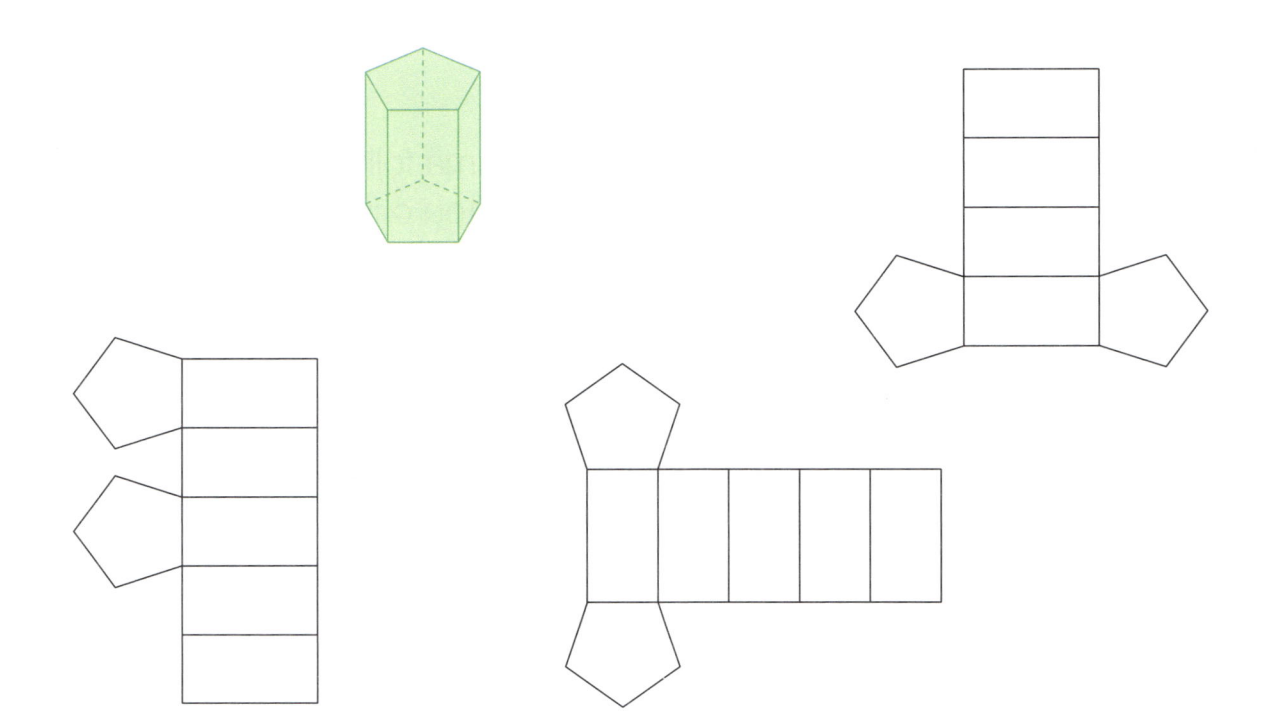

3 As velas abaixo serão cortadas em duas partes conforme o esquema.

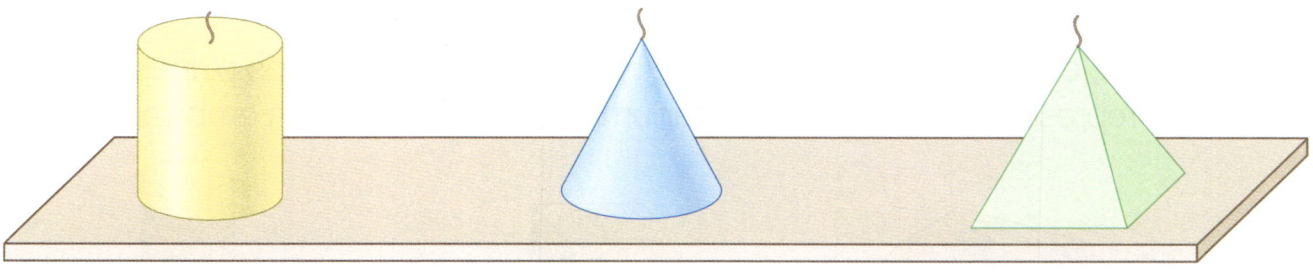

Esquema das partes das velas cortadas

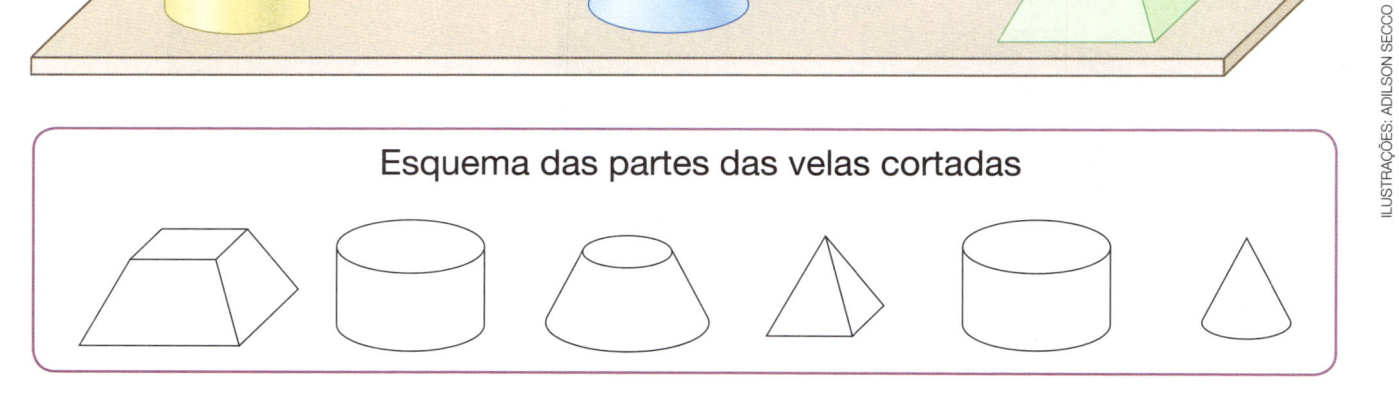

a) No esquema, com a cor correspondente, pinte as duas partes que representam cada vela.

b) Qual é a cor da vela que foi dividida em duas partes de mesma forma?

_____

c) Qual é a cor da vela que não tem partes arredondadas? _____

cento e sessenta e três **163**

TEMA 2 — Figuras geométricas planas

Desenhos de figuras

Camila apoiou algumas embalagens sobre uma folha de papel e as contornou, obtendo algumas figuras. Depois, pintou o interior de cada uma delas. Observe as figuras obtidas por Camila.

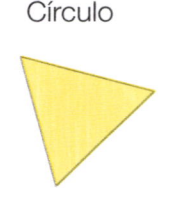
Círculo

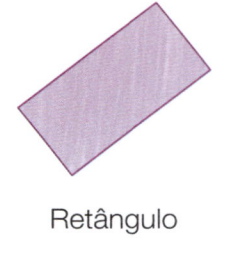
Retângulo

Quadrado

Triângulo

Pentágono

Hexágono

As figuras que Camila desenhou e pintou são representações de **figuras geométricas planas**.

- Agora, escreva o nome da figura ou das figuras geométricas planas que podem ser representadas após contornar uma das partes de cada embalagem abaixo.

_____

_____

_____

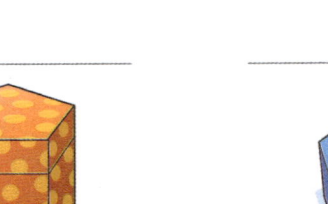

_____

_____

_____

Os objetos nesta página não estão apresentados em escala de tamanho.

164 cento e sessenta e quatro

Atividades

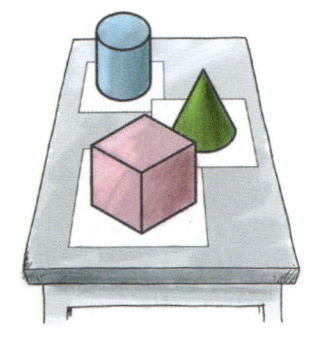

1 Pegue os modelos de cilindro, de cone e de cubo que você montou anteriormente e coloque-os apoiados em uma folha de papel sobre o tampo de uma mesa, como mostra a ilustração ao lado. Depois, contorne a base apoiada de cada um e responda às questões.

a) Quais desses contornos são possíveis de traçar com o auxílio de uma régua?

_____

b) Quais contornos não são possíveis de traçar com o auxílio de

uma régua? _____

2 Eugênio montou duas figuras geométricas planas por meio das representações de outras figuras planas. Ele usou a representação de dois triângulos e um quadrado.

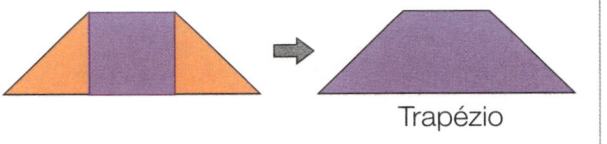

Trapézio

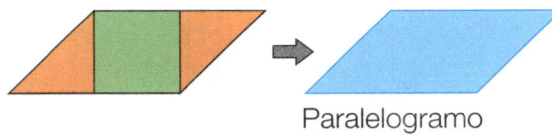

Paralelogramo

- Desenhe como é possível montar um retângulo usando essas representações.

3 Observe ao lado o contorno de cada uma das faces de um modelo de figura geométrica não plana.

Contorno de cada uma das faces

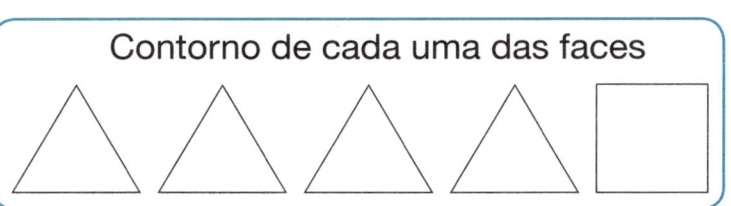

- Qual das figuras geométricas abaixo representadas teve as faces

contornadas? _____

A   B   C   D

cento e sessenta e cinco **165**

Polígonos

Observe os mosaicos que Caio e Melissa pintaram na aula de Arte.

No meu mosaico só há polígonos.

No meu mosaico não há polígonos.

No quadro abaixo, as figuras verdes não são polígonos.

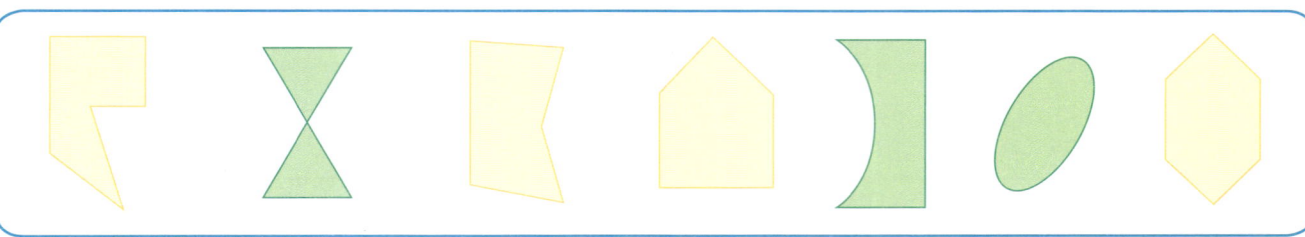

 • Converse com um colega e descubra por que as figuras verdes não são polígonos. Registre sua conclusão.

_____

_____

_____

_____

_____

Vamos analisar um polígono que aparece no mosaico de Caio.

Este polígono tem 5 lados e 5 vértices. Ele se chama pentágono.

- Observe a representação dos outros polígonos que aparecem no mosaico de Caio e escreva nos quadros abaixo o número de lados e o número de vértices de cada um deles.

Triângulo
_____ lados
_____ vértices

Trapézio
_____ lados
_____ vértices

Hexágono
_____ lados
_____ vértices

Atividades

1 Marque com um **X** a figura geométrica que não é um polígono.

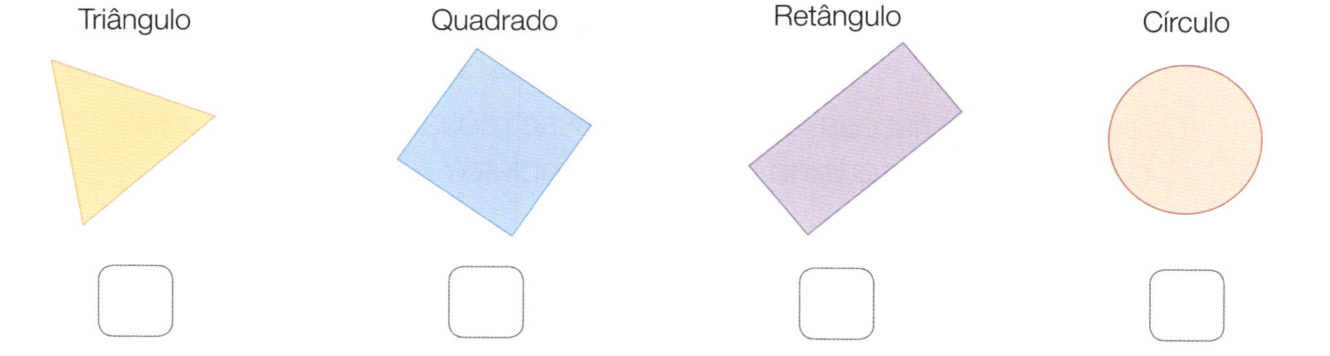

Triângulo   Quadrado   Retângulo   Círculo

cento e sessenta e sete

2 Na aula de Geometria, a professora Clara fez um painel usando cartões coloridos que representam figuras geométricas planas. Com uma caneta azul e uma régua, ela fez um traço azul em cada um dos "lados" do cartão; depois, colou um círculo de papel vermelho em cada "bico" dos cartões.

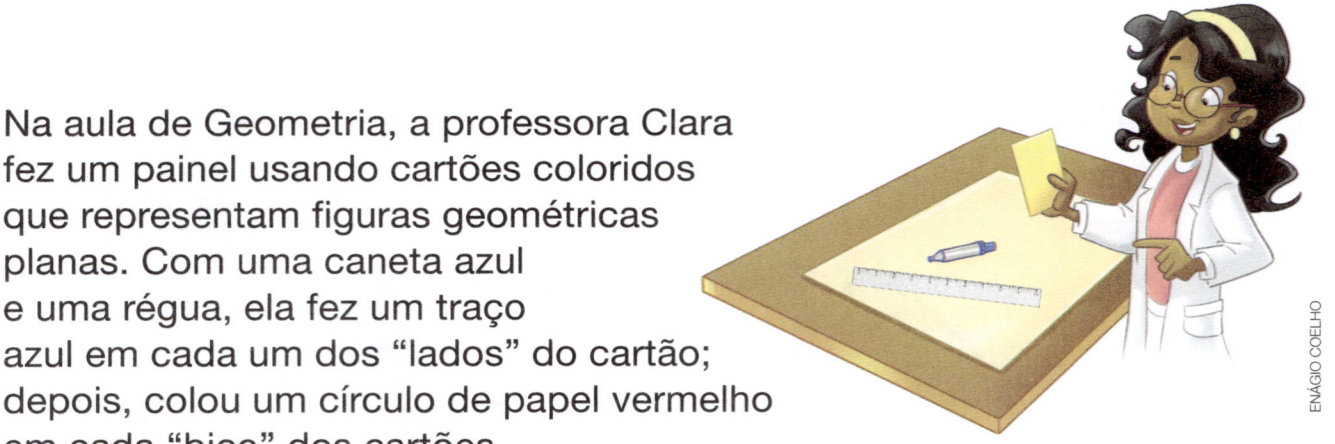

a) Quantos traços ela fez ao contornar um cartão triangular? _____

b) Quantos círculos de papel vermelho deverão ser colados em um cartão

retangular? _____

c) Escreva no quadro o número de lados e o número de vértices da figura geométrica plana que cada cartão representado abaixo lembra.

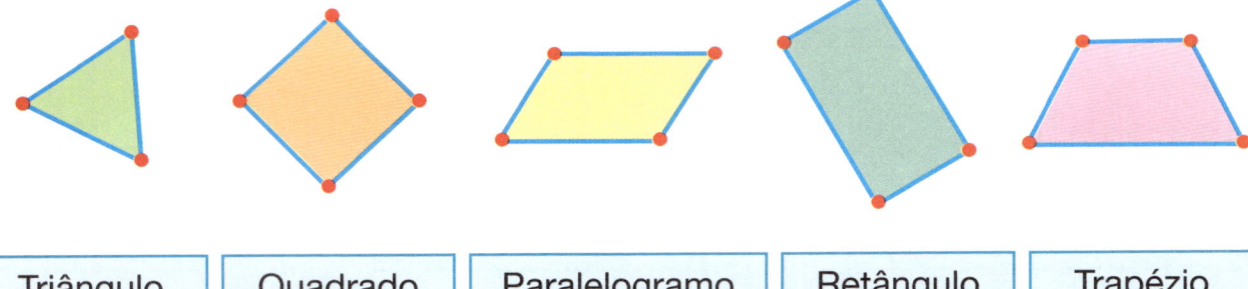

Triângulo	Quadrado	Paralelogramo	Retângulo	Trapézio
_____ lados	4 lados	_____ lados	_____ lados	_____ lados
_____ vértices	4 vértices	_____ vértices	_____ vértices	_____ vértices

d) Agora, descubra uma regularidade nesses resultados obtidos.

3 O mosaico ao lado é composto de 4 peças iguais formadas por figuras planas.

- Quais figuras compõem cada peça desse mosaico? Quantas figuras de cada tipo foram desenhadas no mosaico completo?

_____

_____

4 Faça o que se pede.

a) Desenhe na malha quadriculada ao lado o percurso que César fez, sabendo que ele andou apenas sobre as linhas da malha.

- Ele saiu do ponto verde e andou duas unidades de comprimento para a frente.
- Depois, virou à direita e andou outras duas unidades de comprimento para a frente.
- Em seguida, ele repetiu esse último movimento mais 2 vezes.

1 unidade de comprimento

César

b) O caminho de César lembra qual figura geométrica plana?

_____

c) Quantos lados e quantos vértices tem essa figura?

_____

5 Luiz recortou cada uma das figuras na linha tracejada que ligava dois vértices, obtendo duas outras figuras em cada recorte.

a) Quantos lados tinha a figura verde que Luiz recortou?

_____

b) Quantos lados tem cada figura verde que Luiz obteve?

_____

c) Quantos lados tinha a figura laranja que Luiz recortou?

_____

d) Quantos lados tem cada figura laranja que Luiz obteve?

_____

cento e sessenta e nove **169**

Congruência

Observe as cenas abaixo.

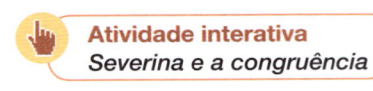

Atividade interativa
Severina e a congruência

- Agora, marque com um **X** os pares de figuras que são congruentes.

Atividades

1 Desenhe na malha quadriculada um polígono congruente ao polígono dado.

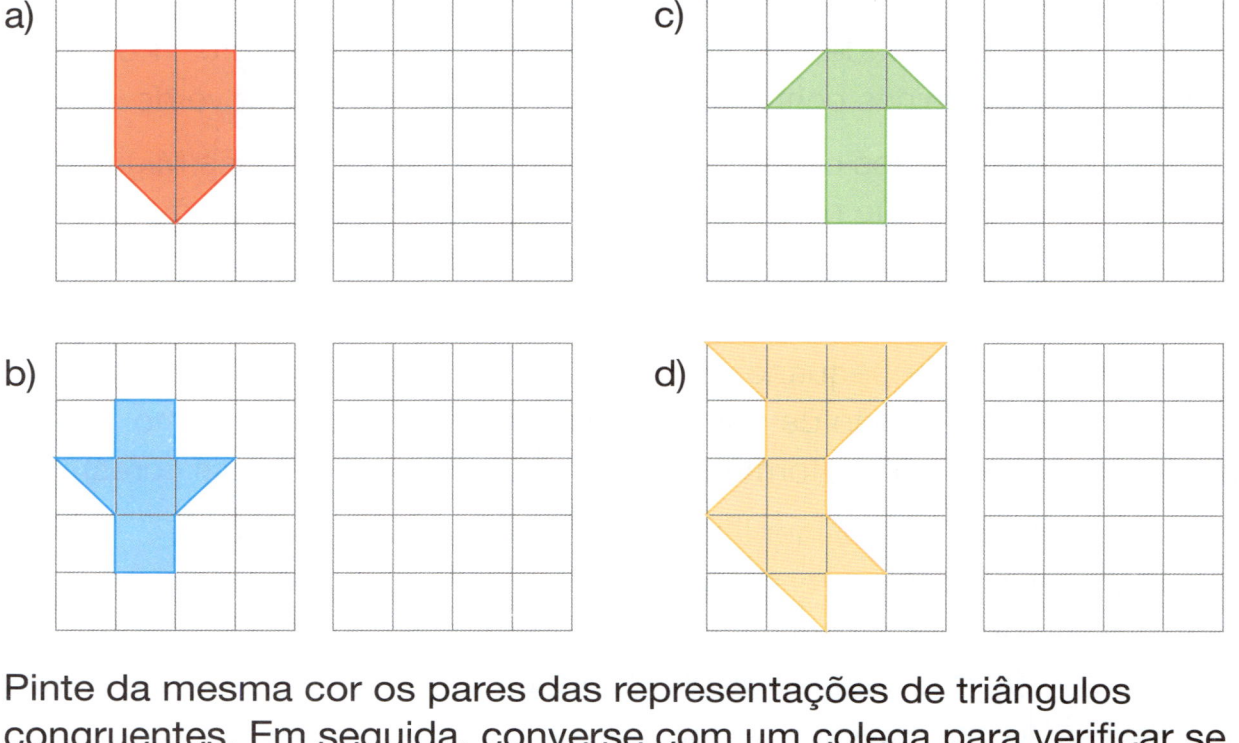

a)

b)

c)

d)

2 Pinte da mesma cor os pares das representações de triângulos congruentes. Em seguida, converse com um colega para verificar se vocês marcaram os mesmos pares.

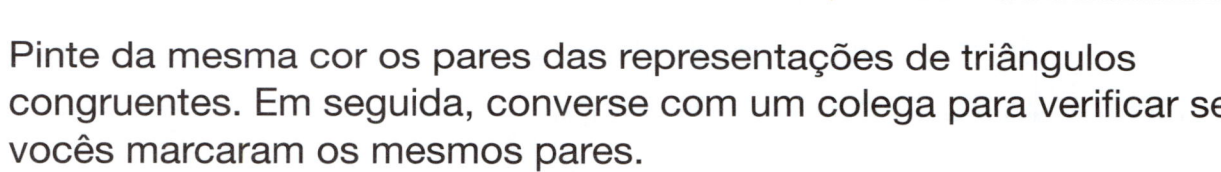

Como você pode ter certeza de que os pares que você pintou são congruentes? E seu colega, como descobriu quais pares eram congruentes? Todas as representações de triângulo acima têm um par congruente?

cento e setenta e um **171**

Matemática em textos

Leia

Um código para ajudar daltônicos

Você sabe o que significa alguém ser daltônico? Quando uma pessoa é daltônica, ela tem dificuldade em diferenciar todas ou algumas cores. Por exemplo, alguns daltônicos confundem a cor vermelha com a cor verde.

Pensando nas dificuldades de um daltônico, o *designer* português Miguel Neiva criou um código que permite que pessoas daltônicas identifiquem as cores. O *ColorADD*, como é chamado, foi desenvolvido após oito anos de pesquisa.

O código é formado por pequenos símbolos que identificam as cores azul, amarela e vermelha. A união de dois símbolos representa cores, como verde-escuro, laranja e rosa (formadas pela união de duas ou mais cores).

As cores preta e branca são identificadas por pequenos quadrados. O quadrado que simboliza o preto é cheio; já o que representa o branco é vazio. Esses quadrados podem vir combinados aos símbolos das outras cores para identificar se são claras ou escuras.

Veja como são alguns símbolos nesse código:

Nome da cor	Cor	Código
Branco		
Preto		
Azul		
Vermelho		
Amarelo		
Verde-escuro		
Laranja		
Rosa		

ADILSON SECCO

Informações obtidas em: <http://mod.lk/coloradd>. Acesso em: 8 jul. 2018.

Reprodução proibida. Art. 184 do Código Penal e Lei 9.610 de 19 de fevereiro de 1998.

Responda

1 Quantos anos demorou para que o código *ColorADD* fosse

desenvolvido? _____

2 Marque com um **X** o símbolo que representa a cor vermelha:

- Esse símbolo lembra qual figura geométrica? _____

Analise

1 Observe os símbolos no quadro da página anterior para completar com o nome das cores.

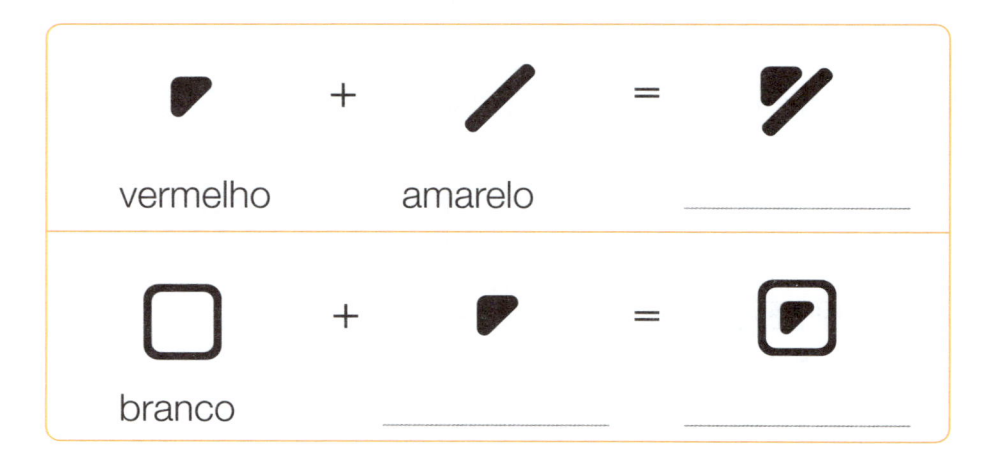

vermelho + amarelo = _____

branco + _____ = _____

2 Para obter a cor marrom, é necessário unir as cores vermelha, amarela e azul. Desenhe, no espaço ao lado, como seria o símbolo da cor marrom, de acordo com o código *ColorADD*.

Aplique

Forme grupo com 3 colegas e, juntos, inventem um código para as cores azul, vermelha e amarela. Depois, seu professor vai orientá-los a representar com esse código as outras cores.

cento e setenta e três **173**

Compreender informações

Interpretar tabelas de dupla entrada

1 Na escola de Janaína, durante duas semanas, foram entrevistados 50 alunos do 3º ao 5º ano para a realização de um trabalho para ser apresentado na Mostra Cultural da escola com o tema: *Blogueiros do Brasil*.

Blogueiro é o nome que se dá à pessoa que faz publicações, postagens em *blogs*.

Blogs são páginas da internet onde são publicados diversos conteúdos, como textos, imagens, músicas ou vídeos.

Para o trabalho a ser apresentado na Mostra, foram escolhidos 5 *blogs* com diferentes temas: alimentação, saúde, moda, esportes, curiosidades.

A coordenadora da Mostra fez uma tabela reunindo os votos de meninas e meninos sobre os temas dos *blogs*. Cada aluno escolheu apenas um tema de sua preferência.

Preferência dos temas dos *blogs*

Tema \ Gênero	Meninas	Meninos
Alimentação	9	4
Saúde	7	4
Moda	8	2
Esportes	5	6
Curiosidades	3	2

Fonte: Coordenadora da Mostra Cultural (mar. 2018).

Agora, responda às questões.

a) Quantas meninas participaram dessa pesquisa? E meninos?

_____

b) Qual foi o tema mais votado considerando os votos das meninas e dos

meninos juntos? _____

2 Eduardo quer comprar um celular novo e separou os 3 modelos ao lado.

Observe os celulares e o valor de cada um.

Modelo A
1 200 reais

Modelo B
1 490 reais

Modelo C
1 750 reais

Eduardo resolveu pedir a opinião de 30 amigos sobre os modelos de celular que separou. Com base na opinião dos amigos sobre a funcionalidade e os recursos de cada modelo, Eduardo fez a seguinte tabela:

Comparação dos modelos de celular

Modelo \ Característica	Funcionalidade	Recursos
A	5	8
B	16	12
C	9	10

Fonte: Amigos do Eduardo (mar. 2018).

a) Em relação à funcionalidade, qual modelo teve a preferência dos amigos de Eduardo? _____

b) Considerando os recursos, o mais votado é o mais barato?

Qual é o valor dele? _____

c) Agora, complete o gráfico abaixo com os modelos avaliados pelos amigos de Eduardo.

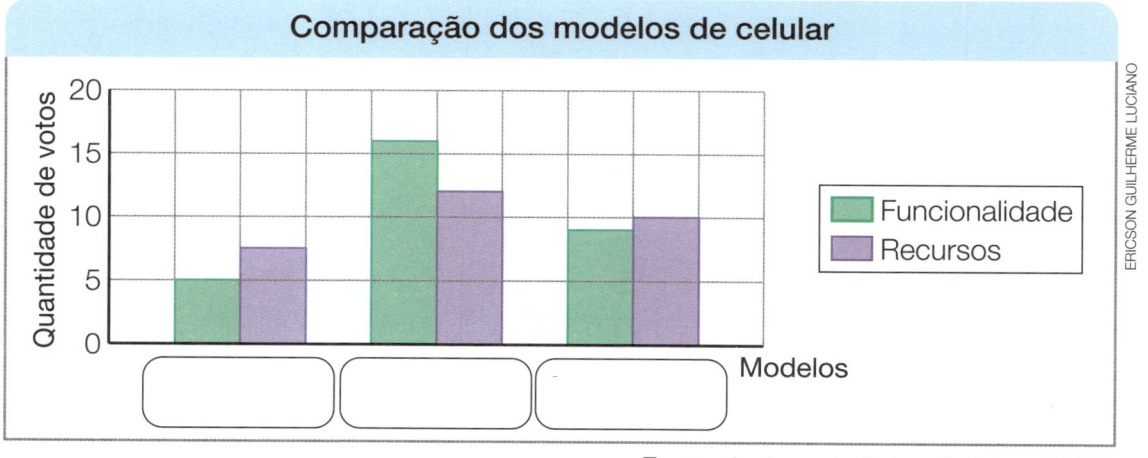

Fonte: Amigos do Eduardo (mar. 2018).

 d) Se você fosse o Eduardo, considerando o valor e a opinião dos amigos, qual dos modelos de celular você compraria?

cento e setenta e cinco **175**

Cálculo mental

1 Dê "saltos" nas retas de acordo com o padrão indicado.

a)

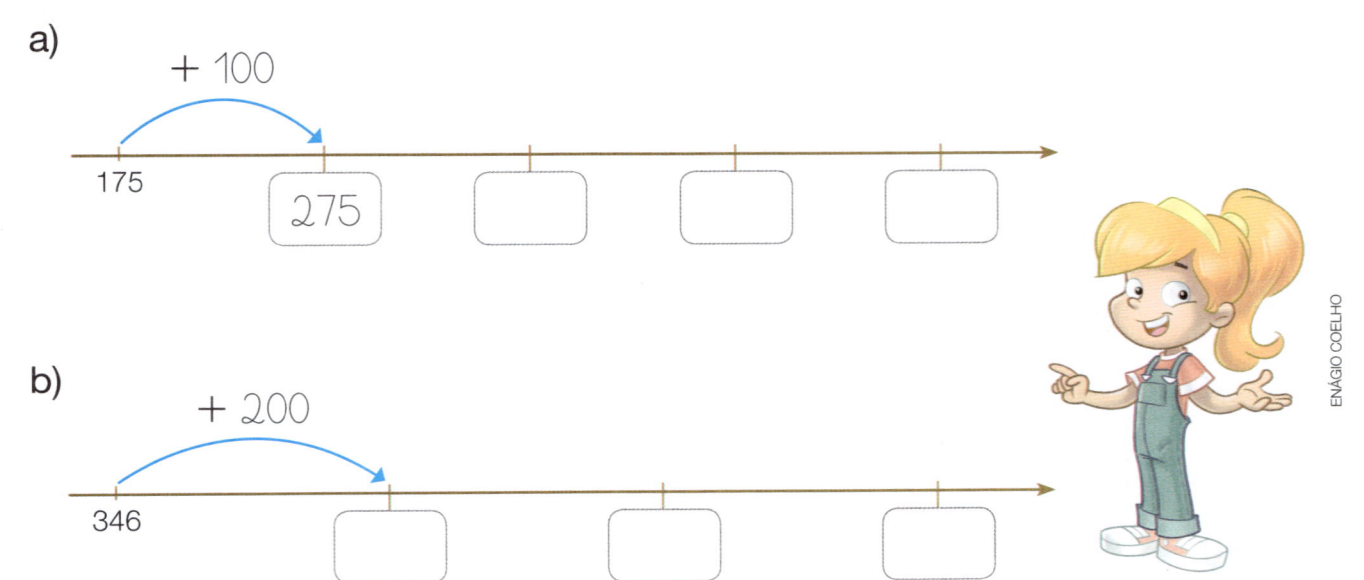

b)

2 Descubra o padrão de cada sequência representada na reta numérica. Depois, complete as retas com os números que estão faltando.

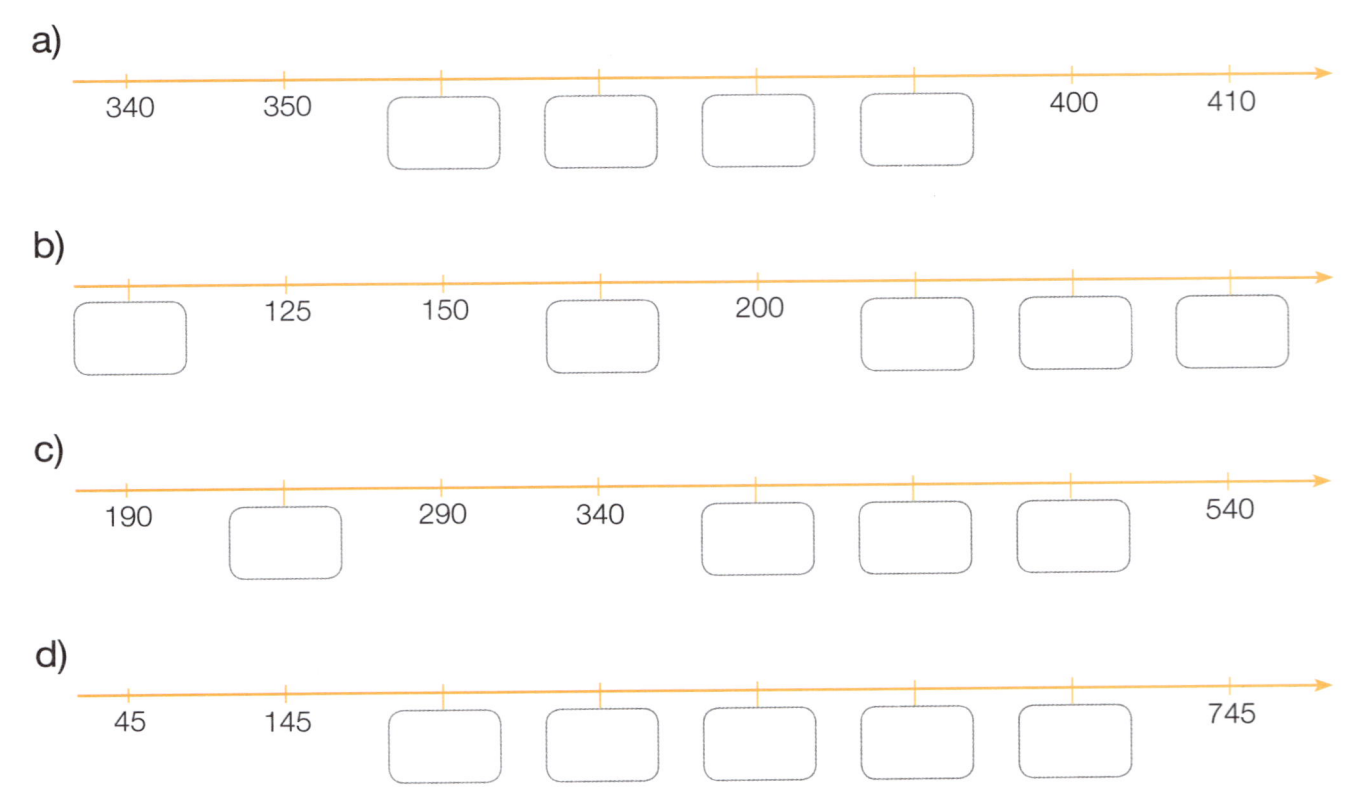

176   cento e setenta e seis

3 Dê "saltos" nas retas de acordo com o padrão indicado.

a)

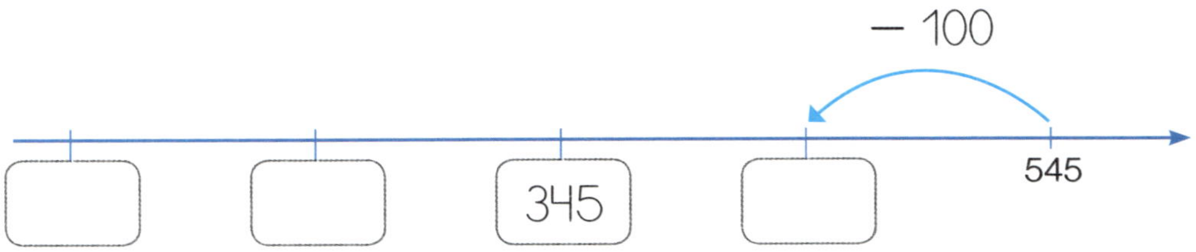

-100

| | | 345 | | 545 |

b)

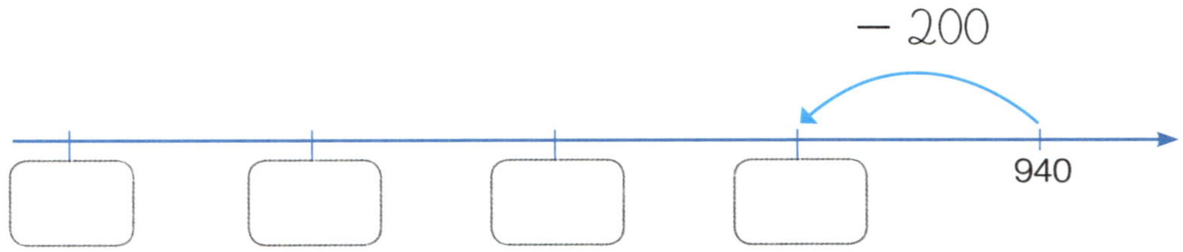

-200

940

c)

-200

989

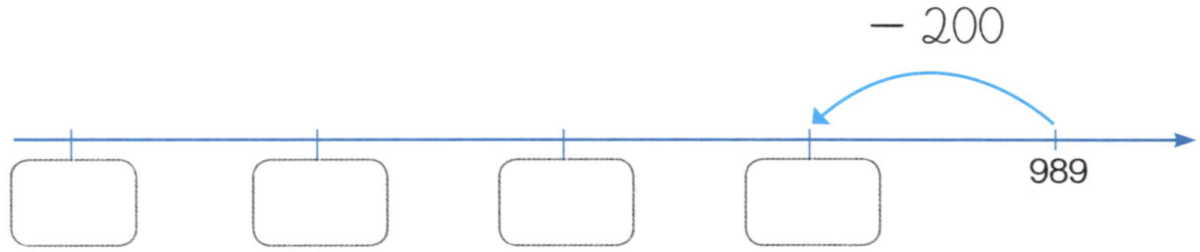

4 Complete o quadro com a menor quantidade de cédulas e moedas necessária para compor cada quantia.

Quantia total	Quantas  100 ?	Quantas 10 ? 	Quantas 1 ? 
542 reais			
310 reais			
205 reais	2		
468 reais			
846 reais			

cento e setenta e sete **177**

O que você aprendeu

1 Pinte apenas as figuras não planas.

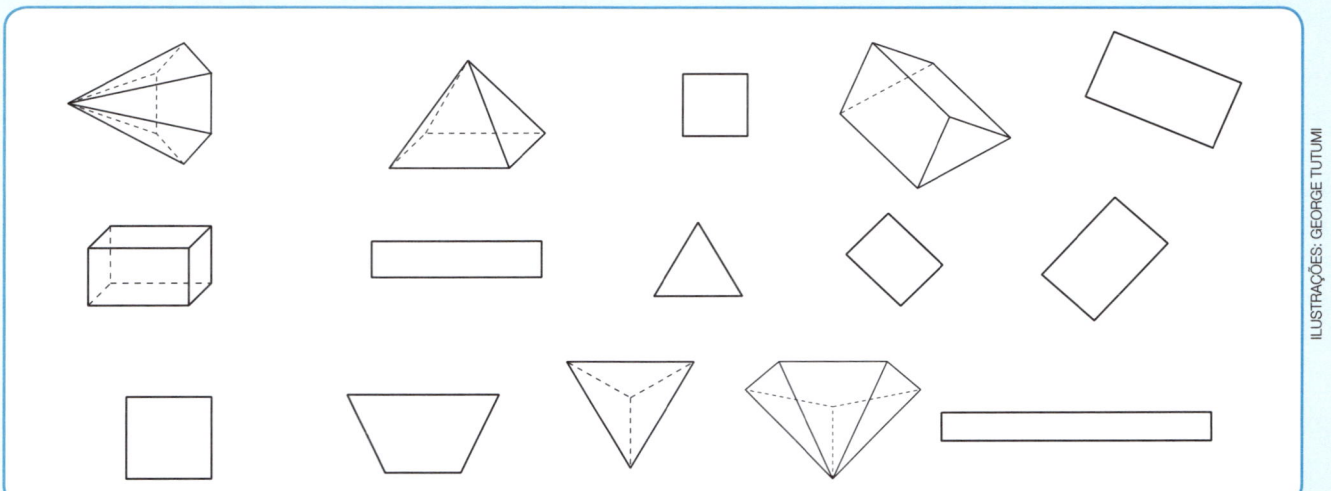

2 Represente duas figuras retangulares diferentes usando 10 palitos de sorvete para cada uma. Depois, faça um desenho dessas figuras no espaço abaixo e responda às questões.

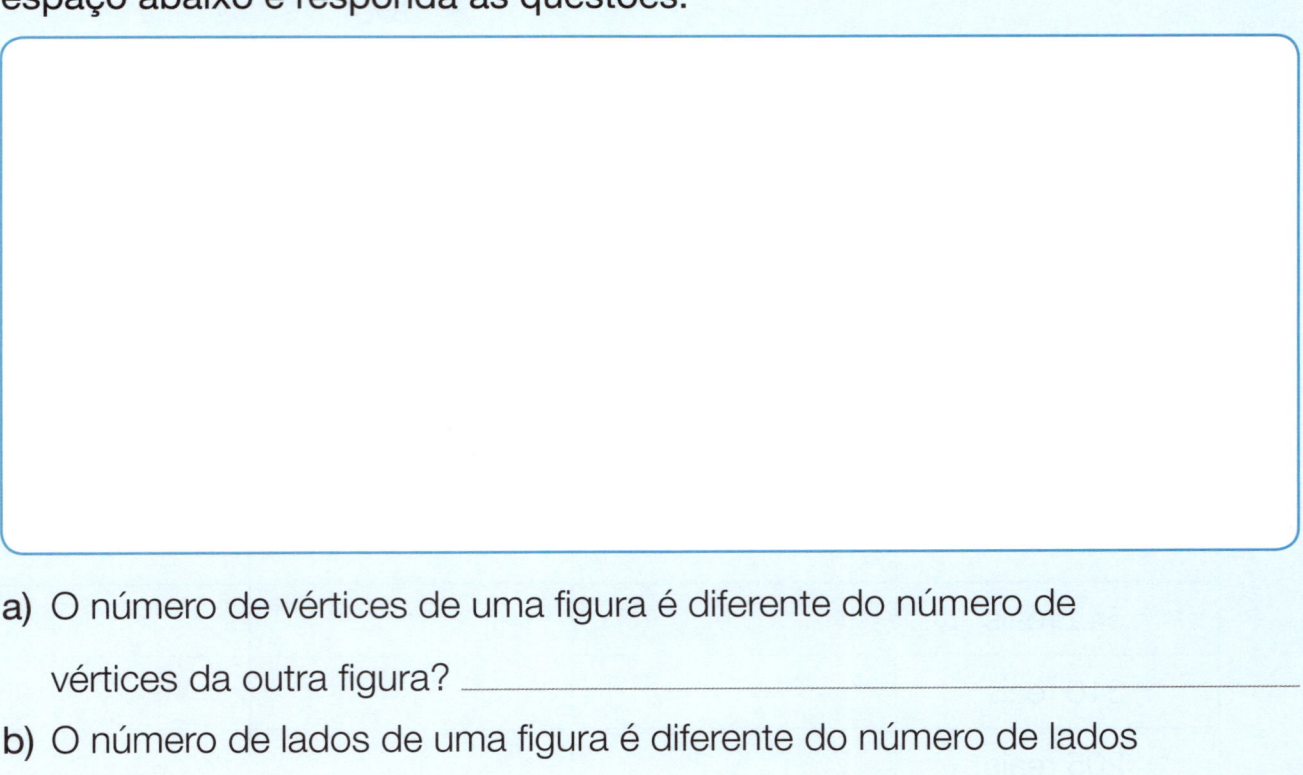

a) O número de vértices de uma figura é diferente do número de vértices da outra figura? _____

b) O número de lados de uma figura é diferente do número de lados da outra figura? _____

c) O que há de diferente entre as duas figuras?

_____

178 cento e setenta e oito

3 Observe as pirâmides representadas e complete.

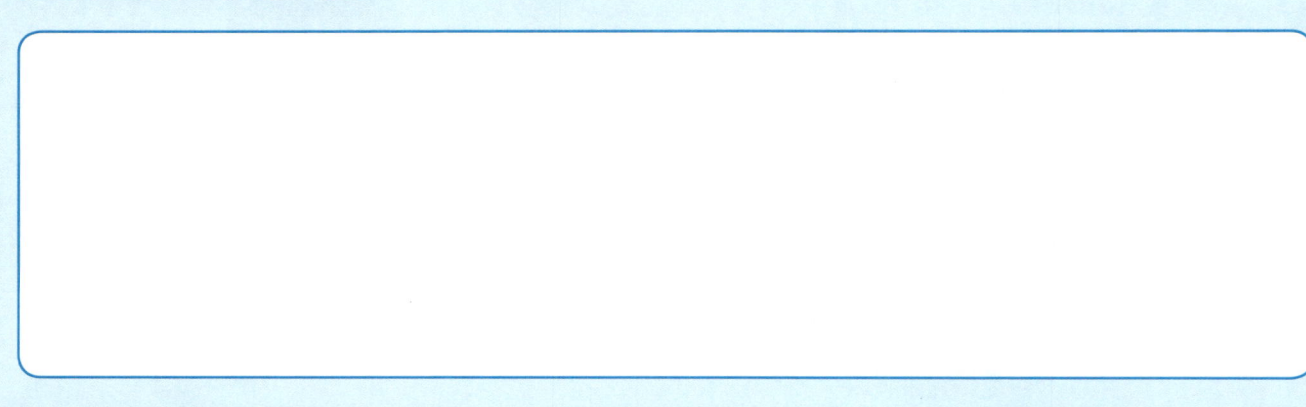

Representação de pirâmide			
Número de vértices da face verde			
Número total de vértices			

4 Desenhe e pinte um par de figuras congruentes que tenham 9 vértices cada uma.

5 Uma figura com 2 bases e 5 faces laterais retangulares é uma figura geométrica plana ou não plana? Qual é o nome dessa figura geométrica?

Quebra-cuca

Em cada uma das planificações da superfície de modelos de cubo mostradas abaixo, foram destacadas duas linhas. Descubra em qual das planificações as duas linhas coincidirão quando o cubo for montado e marque-a com um **X**.

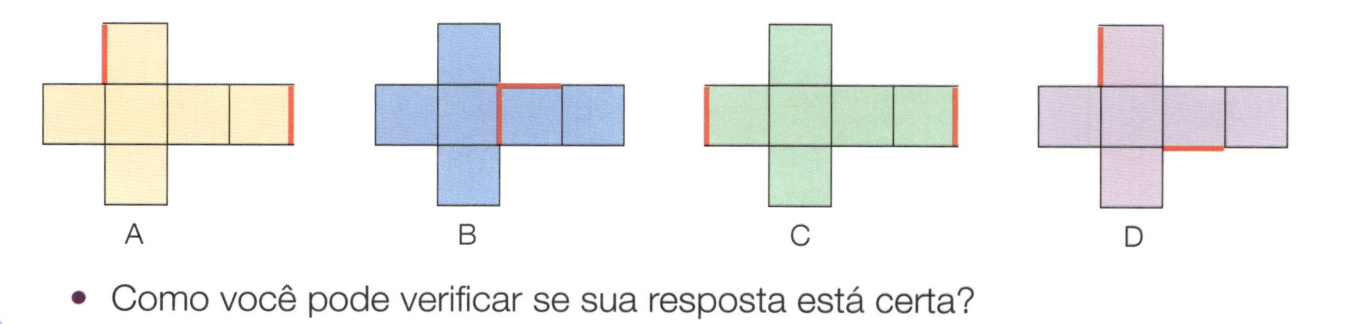

A   B   C   D

- Como você pode verificar se sua resposta está certa?

cento e setenta e nove **179**

Para começar...

Em diversas situações do dia a dia temos de fazer medições.

- Nesta lanchonete, que instrumento é usado para pesar o prato de comida?

_____

- Quanto custa o quilograma da comida?

_____

VISITEM NOSSA COZINHA

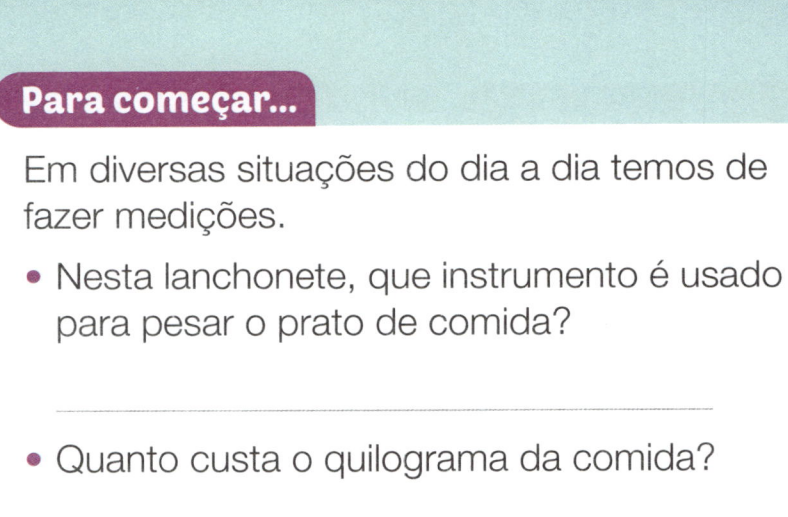

Para refletir...

- Observe o relógio da lanchonete. Quantos minutos faltam para o meio-dia?

_____

- Fábio vai comprar um litro de suco para dividir com os colegas. O que é mais barato: comprar uma jarra ou cinco copos?

_____

cento e oitenta e um   181

Comprimento e área

Unidades de medida: padronizadas e não padronizadas

Observe algumas situações que envolvem medições. Depois, responda.

Esse canteiro deve medir 10 passos de comprimento.

Preciso de 2 pacotes de frango.

A receita pede 1 copo de água.

O muro tem 6 metros de largura.

Para fazer quibe de forno, vou usar 500 gramas de carne moída.

Comprei 20 litros de água.

a) A medida do comprimento do passo de uma pessoa é sempre igual

à medida do comprimento do passo de todas as pessoas? _____

b) Um pacote de frango tem sempre a mesma massa? _____

c) Em todos os copos cabe a mesma quantidade de água? _____

> O passo, o pacote e o copo são exemplos de unidades de medida **não padronizadas**.
>
> O metro, o grama e o litro são exemplos de unidades de medida **padronizadas**.

 182 cento e oitenta e dois

Atividades

1 O palmo, o passo e a largura do polegar de uma pessoa são unidades de medida não padronizadas. Qual delas você usaria para medir:

a) o comprimento da parede de uma casa?

b) o comprimento de uma borracha escolar?

c) a largura de uma porta?

Polegar

Palmo

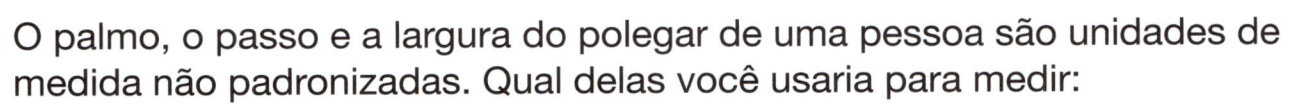

Passo

2 Contorne cada um dos instrumentos que faz medições em unidades de medida padronizadas.

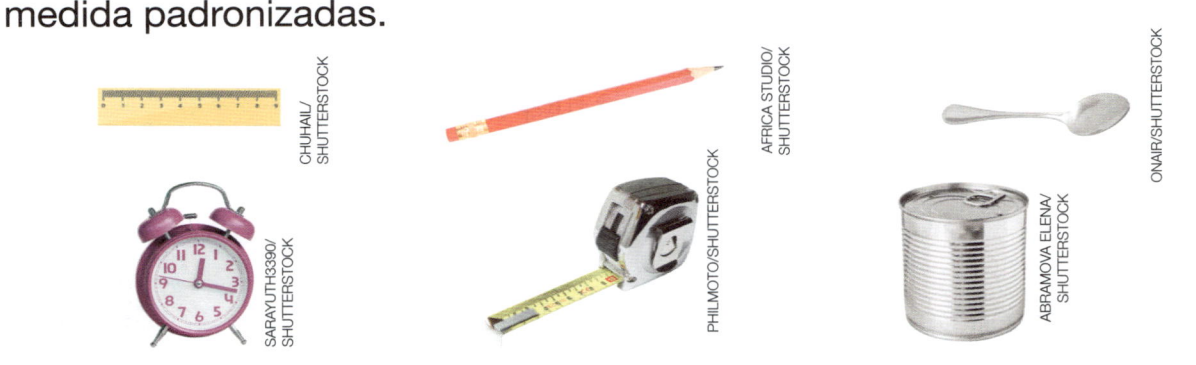

Os objetos desta página não estão apresentados em escala de tamanho.

3 Complete com o nome do instrumento de medição adequado.

a) Para medir o tempo obtido em uma prova de natação, usamos

_____.

b) Para medir o comprimento de um pedaço de madeira, usamos

_____.

c) Para medir a massa de um bolo,

usamos _____.

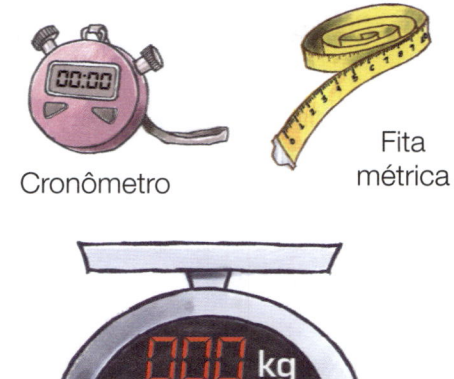

Cronômetro

Fita métrica

Balança

cento e oitenta e três **183**

Medidas de comprimento

O pai de Alice e Rafael vai comprar um porta-retratos. Ele mediu as dimensões da foto e dos porta-retratos com clipes.

Conte e escreva a quantidade de clipes de cada comprimento (C) e de cada largura (L).

C: __6__ clipes.
L: __5__ clipes.

C: _____ clipes.
L: _____ clipes.

C: _____ clipes.
L: _____ clipes.

Agora, contorne o porta-retratos em que cabe exatamente a foto.

> Para medir comprimentos, podemos usar diversos objetos ou partes do corpo como instrumentos de medição.

Centímetro

Alguns documentos de identificação precisam de foto com o rosto da pessoa. Observe as duas fotos que foram tiradas para a emissão da Carteira de Identidade (RG) e do passaporte de Nícolas.

- Usando uma régua, meça as dimensões, em centímetro, de cada foto e complete os espaços.

> Indicamos
> 1 centímetro por: 1 cm

184 cento e oitenta e quatro

Milímetro

Durante a aula, Alice usou uma malha quadriculada, conforme a imagem a seguir, em que o lado de cada quadrinho da malha media 5 milímetros de comprimento.

Ela pintou dois quadrinhos, um ao lado do outro, para representar um retângulo.

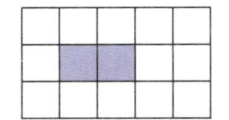

a) Quantos milímetros mede um dos maiores

lados desse retângulo? _____

b) A medida obtida na resposta anterior corresponde a quantos centímetros?

_____

| Indicamos 1 milímetro por: 1 mm | 10 milímetros correspondem a 1 centímetro. 10 mm = 1 cm |

Metro

Edvaldo cortou uma barra de plástico de 1 metro, que corresponde a 100 centímetros, em 10 partes iguais.

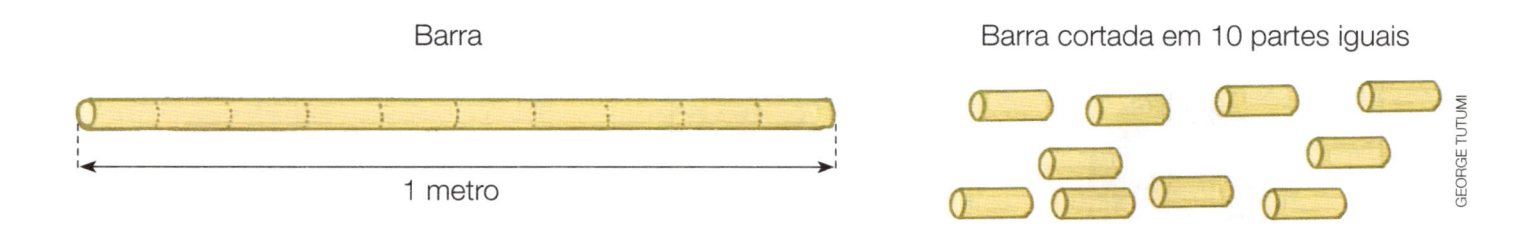

Barra

1 metro

Barra cortada em 10 partes iguais

- Qual é o comprimento de cada parte da barra? _____

| Indicamos 1 metro por: 1 m | 100 centímetros correspondem a 1 metro. 100 cm = 1 m |

cento e oitenta e cinco 185

Atividades

1 Com uma borracha, meça o comprimento e a largura de uma régua, conforme mostrado no esquema ao lado. Depois, responda às questões.

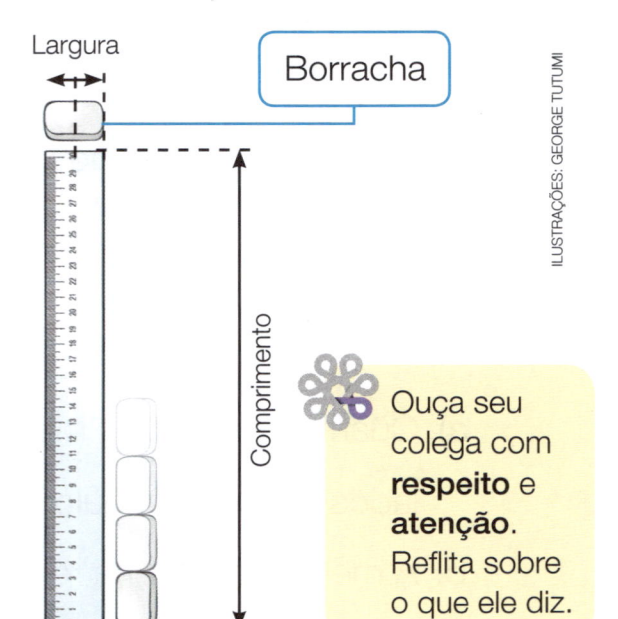

a) Quantas vezes sua borracha cabe na largura da régua? _____

b) E no comprimento da régua?

_____

• Agora, compare suas respostas com as de um colega. Elas são iguais? Conversem a respeito disso.

> Ouça seu colega com **respeito** e **atenção**. Reflita sobre o que ele diz.

2 Veja como Rodolfo, Cristiano e Rodrigo mediram o comprimento do canudinho.

A medida do comprimento do canudinho é igual a 3 centímetros.

Rodolfo

A medida do comprimento do canudinho é igual a 4 centímetros.

Cristiano

A medida do comprimento do canudinho é igual a 3 centímetros.

Rodrigo

• Qual deles está errado? Por quê? _____

_____

_____

186 cento e oitenta e seis

Os objetos desta página não estão apresentados em escala de tamanho.

3 Com uma régua, meça o comprimento de cada figura.

a)

_____

b)

_____

4 Destaque as peças da Ficha 28 e monte uma fita métrica de 1 metro.

Agora, reúna-se com 4 colegas e escolham alguns objetos da sala de aula para medir com a fita métrica montada. Depois, registrem no caderno se a medida do comprimento de cada objeto é maior que 1 metro ou menor que 1 metro.

5 Artur comprou 4 placas de madeira com 25 centímetros de comprimento cada uma para montar uma prateleira.
Qual é o comprimento das 4 placas juntas, em centímetro? E em metro?

Vou conferir o comprimento.

_____

6 Observe os instrumentos de medição abaixo e, em seguida, responda.

Trena

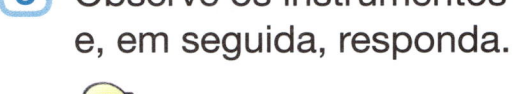 Régua

Metro

a) Qual desses instrumentos é o mais indicado para Jaime, que é costureiro,

usar em seus trabalhos? _____

b) Para um estudante do 3º ano, qual é o instrumento mais adequado?

_____

c) Cite uma profissão que utilize a trena como instrumento de medição.

_____

cento e oitenta e sete **187**

7 Estime e complete com a unidade de medida adequada: metro ou centímetro.

a) O prédio em que moro tem 25 _____ de altura.

b) O carro de Augusto tem 4 _____ de comprimento.

c) O palmo de Larissa mede 15 _____ de comprimento.

d) Meu gato tem 20 _____ de altura.

8 Estime as medidas e complete com *mais de* ou *menos de*.

a) O comprimento da minha perna mede _____ 1 metro.

b) A altura da sala de aula mede _____ 1 metro.

c) A largura do meu livro mede _____ 1 metro.

9 Estime a medida da altura indicada em cada figura e, depois, ligue as figuras às medidas correspondentes.

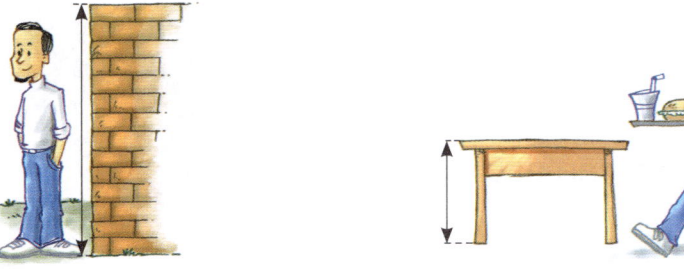  

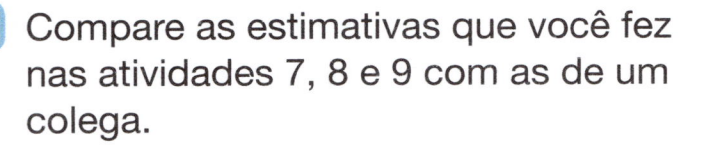

80 cm   20 cm

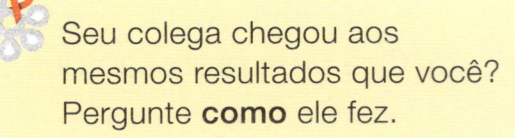

2 m

10 Compare as estimativas que você fez nas atividades 7, 8 e 9 com as de um colega.

Seu colega chegou aos mesmos resultados que você? Pergunte **como** ele fez.

11 Complete.

a) 1 m e 50 cm = ___100___ cm + ___50___ cm = _____ cm

b) 1 m e 40 cm = _____ cm + _____ cm = _____ cm

c) 270 cm = _____ cm + _____ cm = ___2___ m e ___70___ cm

d) 653 cm = _____ cm + _____ cm = ___6___ m e _____ cm

e) 728 cm = _____ cm + _____ cm = _____ m e _____ cm

12 Observe a ilustração e calcule.

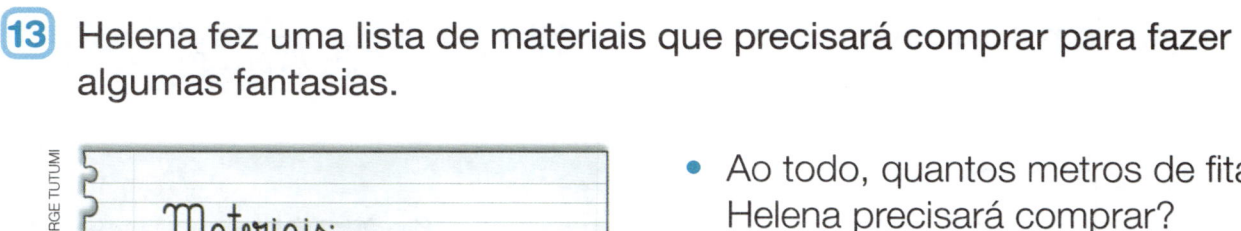

a) Quantos centímetros mede Hugo?

Hugo mede _____ centímetros.

b) Quantos centímetros mede Inês?

Inês mede _____ centímetros.

13 Helena fez uma lista de materiais que precisará comprar para fazer algumas fantasias.

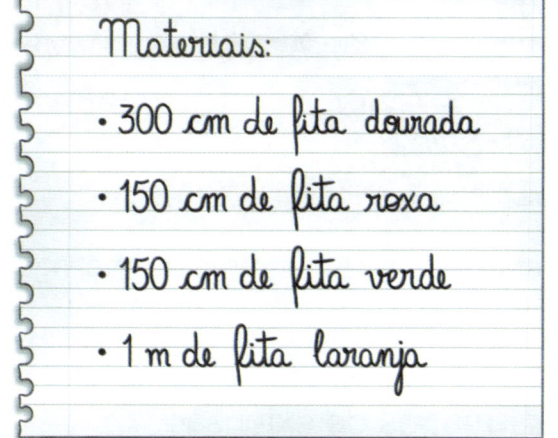

Materiais:

- 300 cm de fita dourada
- 150 cm de fita roxa
- 150 cm de fita verde
- 1 m de fita laranja

- Ao todo, quantos metros de fita Helena precisará comprar?

Helena precisará comprar

_____ metros de fio.

Quilômetro

- Renata pratica exercícios na academia. Ela caminha 700 metros e corre 300 metros na esteira.

  __700__ metros + __300__ metros = _____ metros

  Renata, na esteira, percorre _____ metros ou

  __1__ quilômetro.

- Renata repete esse exercício 5 vezes. Quantos quilômetros ela percorre ao todo nesse treino?

  5 × _____ = _____

  Nesse treino, Renata percorre _____ metros

  ou _____ quilômetros.

Para medir grandes distâncias, podemos usar a unidade de medida quilômetro.

> Indicamos 1 quilômetro por: 1 km

> 1 000 m = 1 km

Atividades

1 O autódromo de Interlagos, situado na cidade de São Paulo, possui uma pista com 4 quilômetros e 309 metros de extensão. O circuito tem 11 curvas, e a largura da pista varia de 12 a 15 metros.

Qual é a extensão da pista de Interlagos, em metro?

Vista aérea do Autódromo de Interlagos. São Paulo, 2014.

A pista de Interlagos tem _____ metros de extensão.

2 Estime e complete com a unidade de medida adequada: metro ou quilômetro.

a) A torre tem 18 _____ de altura.

b) O muro da casa tem 2 _____ de altura.

c) A distância da casa até o topo da montanha tem cerca de 1 _____.

d) A casa tem 4 _____ de altura.

3 Daniele mora em Praia Azul, e Pércio mora em Porto Calmo.

Observe a tabela e o esquema. Depois, responda às questões.

Distância entre as cidades

Cidades	Distância
De Porto Calmo a Praia Azul	7 km e 950 m
De Maré Alta a Praia Azul	4 km e 230 m

Fonte: Anotações de Daniele (jan. 2018).

Porto Calmo   Maré Alta   Praia Azul

a) Qual é a distância, em metro, entre as cidades

de Porto Calmo e Maré Alta? _____

b) Daniele e Pércio vão se encontrar em Maré Alta.

Quem vai percorrer uma distância maior? _____

cento e noventa e um **191**

Comparando áreas

Paula e Luciano fizeram um mosaico retangular cada um, usando algumas peças coloridas.

Observe as peças utilizadas na montagem de cada mosaico.

Mosaico de Paula

Mosaico de Luciano

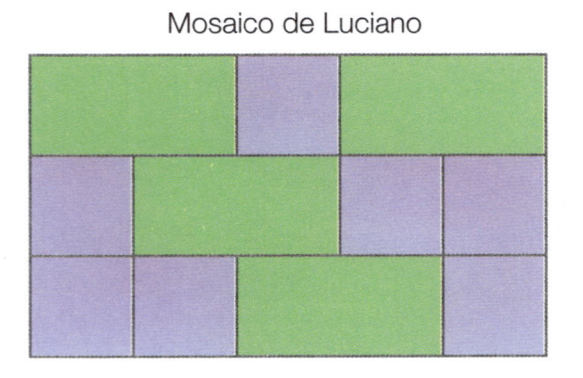

Considerando que as peças roxas usadas pelos dois são todas iguais, assim como as verdes são iguais entre si, e todas as de cor laranja também são idênticas, faça o que se pede.

a) Complete com a quantidade de cada tipo de peça usada por Paula e por Luciano na composição do mosaico.

b) Se Paula tivesse usado apenas peças laranja, qual seria a área de seu mosaico, usando a peça laranja como unidade de medida?

_____

c) Caso Luciano tivesse usado apenas peças roxas, qual seria a área de seu mosaico, usando a peça roxa como unidade de medida?

_____

d) Sabendo que 2 peças laranja ocupam a mesma área de 1 peça roxa, é possível dizer que a área ocupada pelo mosaico de Paula e pelo mosaico de Luciano é igual ou diferente?

_____

192 cento e noventa e dois

Atividades

1 Observe as figuras abaixo.

Com 2 figuras azuis, podemos formar 1 figura amarela. E, com 2 figuras amarelas, podemos formar 1 figura verde.

a) Quantas figuras azuis são necessárias para formar 1 figura verde?

_____

b) Quantas figuras são necessárias para formar 2 figuras verdes usando pelo menos 1 figura azul e 1 figura amarela?

_____

c) Qual das 3 figuras tem a maior área? Por quê?

_____

d) Se 1 figura verde pode ser formada com 2 figuras amarelas, a área da figura

amarela é a metade ou o dobro da área da figura verde? _____

e) Imagine um painel formado por 6 figuras amarelas e um painel formado por 3 figuras verdes. Qual terá a maior área? Justifique sua resposta.

_____

_____

_____

2 Observe as medidas da tábua e do piso e responda.

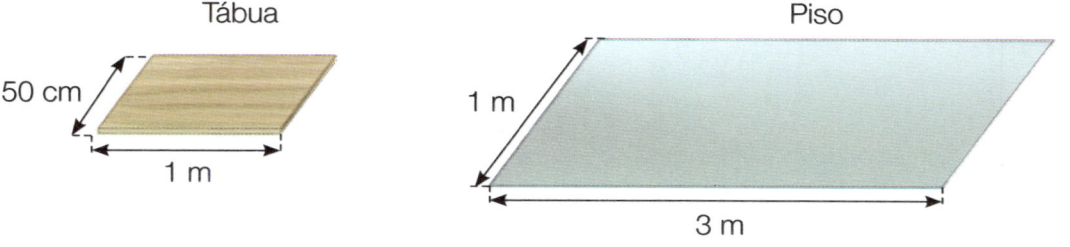

Tábua

Piso

50 cm

1 m

1 m

3 m

• Quantas tábuas são necessárias para cobrir o piso? _____

cento e noventa e três **193**

Pratique mais

1 Complete com a unidade (cm, m ou km) adequada em cada caso.

a) A piscina mede 20 _____ de comprimento.

b) Um ciclista percorre 10 _____ em cada treino.

c) Uma folha de sulfite mede aproximadamente 30 _____ de comprimento.

d) Tenho um lápis que mede 16 _____ de comprimento.

2 Leia o que Vilma, Aldair e Gina estão dizendo e, em seguida, responda.

Eu sou 20 cm mais alta que Gina. — Vilma

Eu tenho 1 m e 30 cm de altura. — Aldair

Eu sou 30 cm mais baixa que Aldair. — Gina

- Qual é a altura de Vilma em centímetro? _____

3 Observe a imagem ao lado e responda às questões.

a) Quantos centímetros mede a largura da parede? _____

b) Qual é a medida da largura da porta?

_____

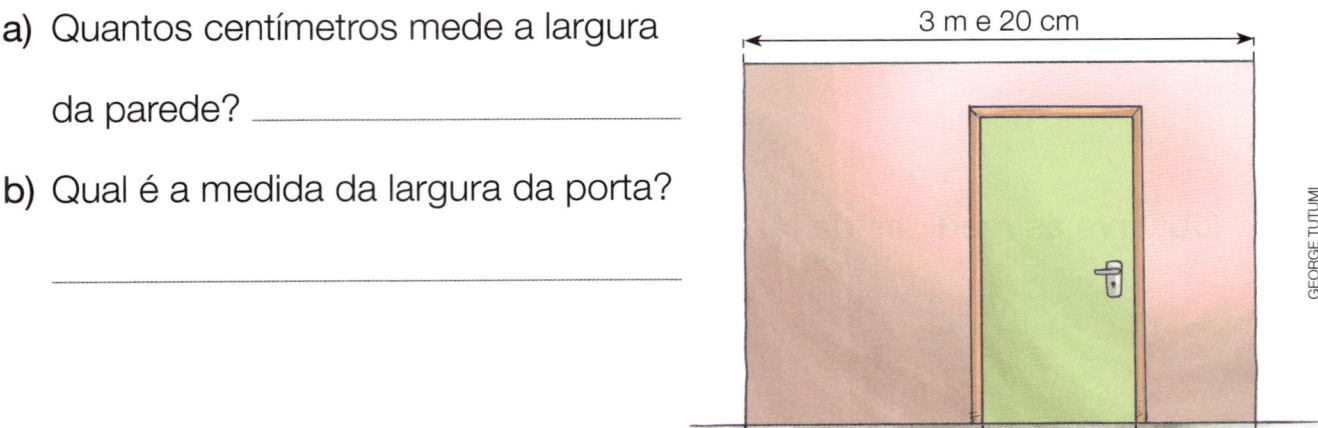

3 m e 20 cm

1 m e 40 cm

70 cm

4 Observe o gráfico e, em seguida, complete os itens com a altura de quatro crianças.

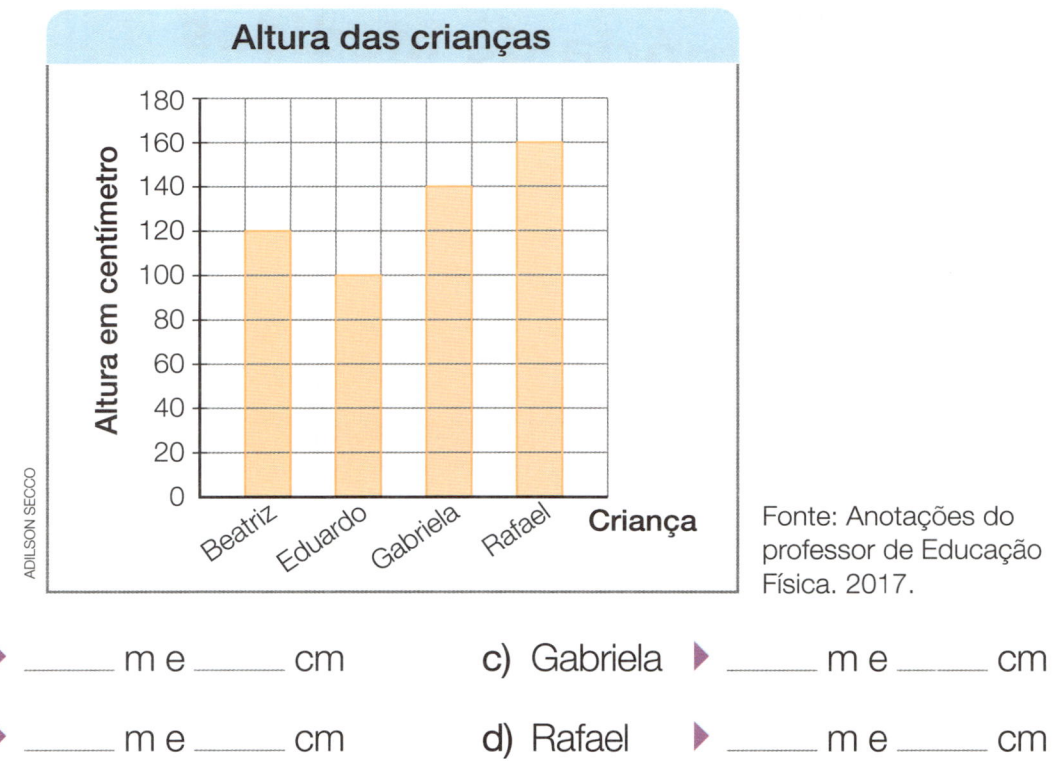

Altura das crianças

Fonte: Anotações do professor de Educação Física. 2017.

a) Beatriz ▶ _____ m e _____ cm

b) Eduardo ▶ _____ m e _____ cm

c) Gabriela ▶ _____ m e _____ cm

d) Rafael ▶ _____ m e _____ cm

5 Observe o esquema e responda às questões.

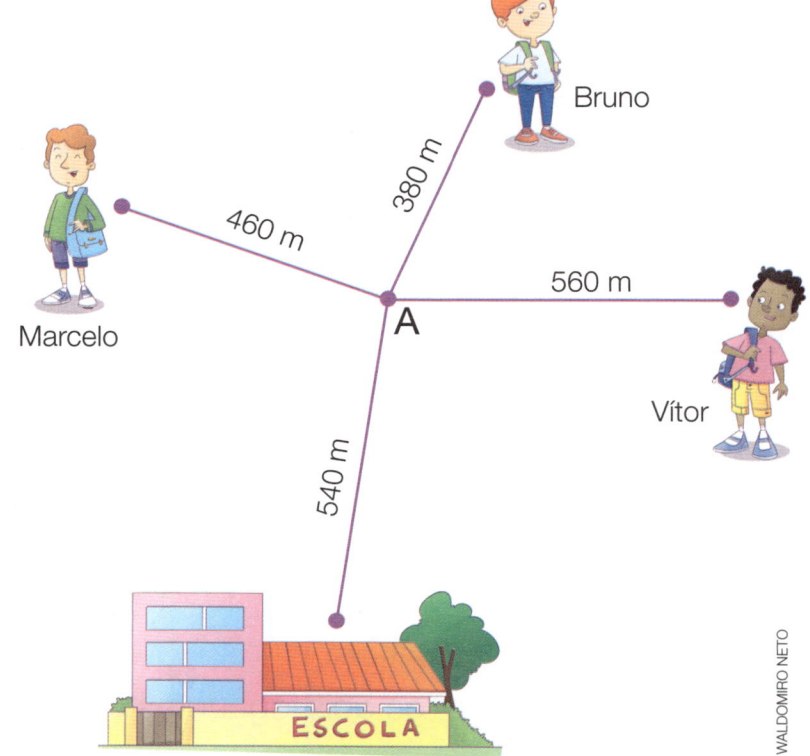

a) Qual dos meninos caminha mais de 1 quilômetro de distância para chegar à escola, passando pelo ponto A?

_____

b) Qual deles caminha menos de 1 quilômetro de distância para chegar à escola, passando pelo ponto A?

_____

c) Quem caminha exatamente 1 quilômetro de distância?

_____

cento e noventa e cinco **195**

Vamos jogar?

Memória de medidas

PARA JOGAR MUITAS VEZES

Material: 12 cartas da Ficha 29.

Jogadores: 2

Regras:

❦ As 12 cartas devem ser embaralhadas e colocadas sobre a mesa voltadas para baixo, como mostrado a seguir.

❦ Os jogadores devem decidir quem começa a partida.

❦ O primeiro jogador deve virar uma carta e, com apenas uma tentativa, buscar encontrar seu par, virando outra carta. Para formar par, o comprimento indicado nas duas cartas deve expressar medidas iguais.

❦ Se a medida em ambas as cartas for igual, o jogador fica com as cartas e tem direito de jogar novamente.

❦ Se as medidas forem diferentes, o jogador desvira as cartas, deixando-as voltadas para baixo sobre a mesa, e passa a vez para o próximo jogador.

❦ Quando não houver mais cartas sobre a mesa, o jogador que tiver mais cartas vence o jogo.

❦ Se, no fim do jogo, os dois jogadores tiverem a mesma quantidade de cartas, há um empate.

196 cento e noventa e seis

Depois de jogar

1 Quais são as unidades de medida de comprimento apresentadas no jogo? _____

2 Joana e Clóvis estão jogando o jogo Memória de medidas.

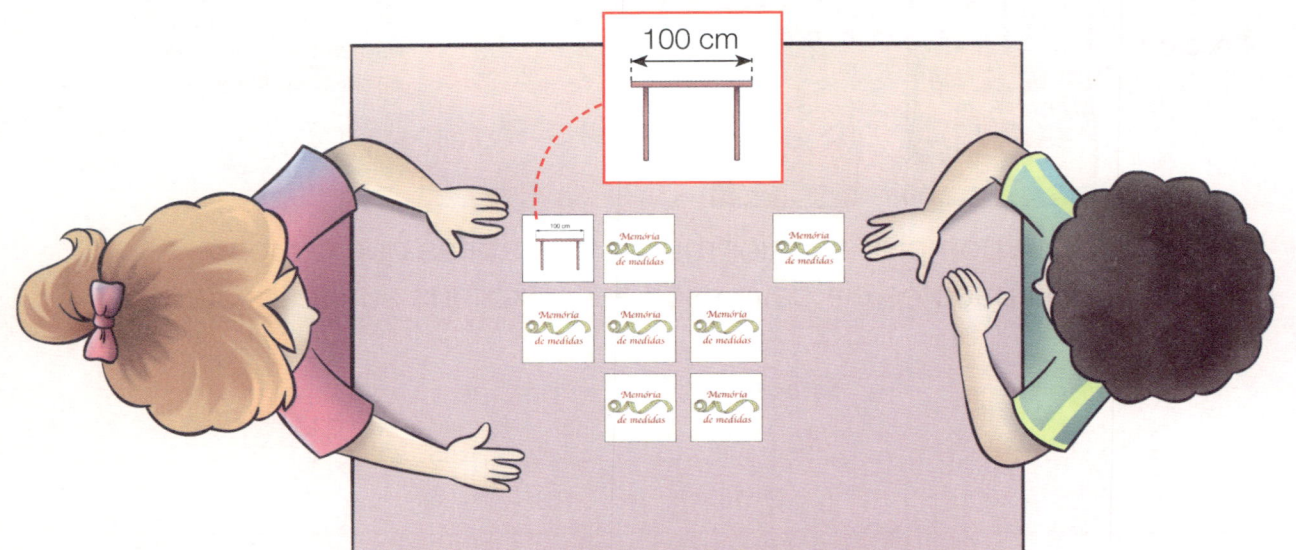

- É a vez de Joana. Marque com um **X** a carta que Joana precisa virar para fazer par com a que já está virada.

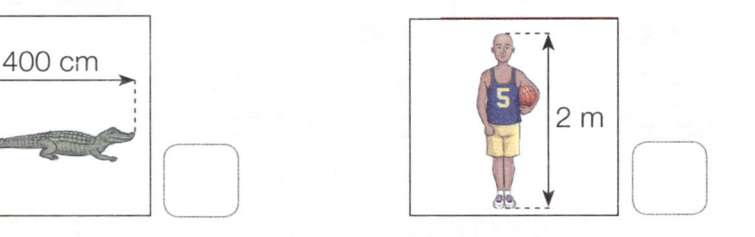

3 Clóvis virou a carta a seguir.

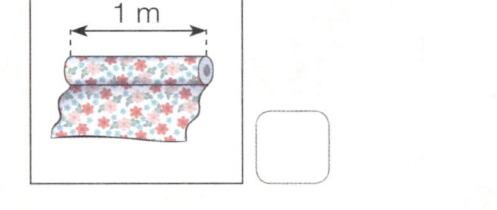

- Escreva, em metro, a medida que está indicada na carta que Clóvis virou. _____

4 Das unidades de medida presentes no jogo, qual delas é a mais adequada para expressar comprimentos bem pequenos?

cento e noventa e sete **197**

TEMA 2

Massa e capacidade

Medidas de massa

Observe os dois pacotes de batata a seguir.

Pacote 1

Pacote 2

> Os objetos desta página não estão apresentados em escala de tamanho.

- Cirlene precisa comprar a maior massa de batatas que puder. Qual dos dois pacotes ela deve escolher? Explique sua resposta.

_____

_____

_____

Quilograma, grama e miligrama

Ademar trabalha em uma fábrica de sal refinado. Ele opera a máquina que embala o sal refinado em pacotinhos de 1 000 miligramas cada um.

Para vender esses pacotinhos, a fábrica os embala em caixas com 1 000 pacotinhos cada uma.

> Todo dia embalo vários pacotinhos iguais a esse.

Sal
1 g

- 1 grama corresponde a quantos miligramas?

_____

- 1 quilograma corresponde a quantos gramas?

_____

> Indicamos:
> - 1 quilograma por 1 kg
> - 1 grama por 1 g
> - 1 miligrama por 1 mg

ILUSTRAÇÕES: GEORGE TUTUMI

198 cento e noventa e oito

Reprodução proibida. Art. 184 do Código Penal e Lei 9.610 de 19 de fevereiro de 1998.

Tonelada

A fábrica Marronzinho embala e vende feijão.

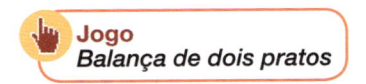

Jogo
Balança de dois pratos

A máquina foi ajustada para colocar 1 quilograma de feijão em cada embalagem.

Colocaremos 10 caixas no caminhão, então transportaremos 1 tonelada de feijão.

CADA CAIXA CONTÉM 100 QUILOGRAMAS

- 1 quilograma corresponde a quantos gramas?

_____

- 1 tonelada corresponde a quantos quilogramas?

_____

Indicamos:
- 1 grama por 1 g
- 1 quilograma por 1 kg
- 1 tonelada por 1 t

1 000 g = 1 kg
1 000 kg = 1 t

Atividades

1. Estime e complete com a unidade de medida adequada: grama, quilograma ou tonelada.

a) Uma baleia de 8 _____ foi encontrada na praia.

b) Dona Clotilde comprou 350 _____ de queijo.

c) O bebê da minha tia nasceu com 4 _____ .

cento e noventa e nove

2 Gabriel e Miguel estão preparando o cimento para fazer o chão da garagem da casa em que moram. Cada um deles comprou um saco de cimento, observe.

Saco de cimento de Gabriel

Saco de cimento de Miguel

a) Avaliando a massa total dos sacos de cimento, quem conseguirá uma quantidade maior de cimento: Gabriel ou Miguel?

_____

b) Se o saco de cimento de Gabriel tivesse a metade da massa do saco de cimento de Miguel, quantos sacos iguais ao de Gabriel seriam necessários para produzir a mesma quantidade de cimento que um saco de cimento de Miguel?

_____

3 Estime e complete com a unidade de medida adequada: miligrama, grama ou quilograma.

a) Emagreci 3 _____ no mês de janeiro.

b) Comprei na padaria 200 _____ de salame fatiado.

c) O comprimido que Carina tomou é de 10 _____ .

4 Estime e complete as frases com *mais* ou *menos*.

a) Um automóvel tem _____ de 150 kg.

b) Uma lapiseira tem _____ de 1 kg.

c) Um refrigerador tem _____ de 100 g.

5 A balança ao lado está em equilíbrio, e as caixas verdes têm a mesma massa.

Qual é a massa, em grama, de cada caixa verde?

_____

6 Pinte os quadrinhos conforme a medida de massa indicada em cada caso.

Cada quadrinho representa 100 g.

7 José e Lúcia compraram, em supermercados diferentes, 2 kg de café cada um.

PACOTE DE 1 kg POR 5 REAIS

PACOTE DE 500 g POR 3 REAIS

• Quem pagou mais caro, José ou Lúcia? Quanto a mais?

_____

duzentos e um **201**

Medidas de capacidade

Jurema e Roberta foram à padaria tomar café da manhã e pediram uma xícara de achocolatado cada uma. Observe as xícaras que cada uma recebeu e responda às questões.

Xícara de Jurema

Xícara de Roberta

a) A quantidade de achocolatado de Jurema e de Roberta é a mesma?

_____

b) É justo que Jurema e Roberta paguem o mesmo valor pela xícara de achocolatado recebida? Explique sua resposta.

_____

_____

Litro e mililitro

Paula queria saber quantos copos de água cabem em uma jarra. Ela colocou 4 copos cheios de água nessa jarra.

4 copos, com 250 mililitros de água cada um, encheram esta jarra em que cabe 1 litro de água.

Indicamos:
- 1 litro por 1 L
- 1 mililitro por 1 mL

a) Qual foi a quantidade de água que Paula colocou na jarra?

_____

b) Quantos mililitros de água cabem em cada copo de Paula?

_____

c) 1 litro corresponde a quantos mililitros? _____

Atividades

1 Jeremias vai limpar a caixa-d'água de sua casa e, para isso, é necessário esvaziá-la. Na sua área de serviço, há dois baldes, mas ele só poderá usar um deles. Observe os baldes ao lado.

a) Jeremias precisa escolher o balde que, ao usar sua capacidade máxima, ajude-o a esvaziar a caixa-d'água mais rapidamente.
Qual desses baldes ele deve escolher?

_____

b) Por que o balde a ser escolhido por Jeremias vai ajudá-lo a esvaziar a caixa-d'água mais rapidamente que o outro? Explique sua resposta.

_____

_____

_____

_____

2 Faça estimativas e responda, em cada caso, se no recipiente cabe mais de 1 litro ou menos de 1 litro de água.

a)

b)

c)

_____   _____   _____

duzentos e três **203**

3 Observe o folheto de propaganda e responda à questão.
Em qual dos recipientes cabe mais suco? Por quê?

_____

_____

_____

4 Em cada recipiente cheio, cabe 1 litro de água. Quantos mililitros de água há em cada recipiente?

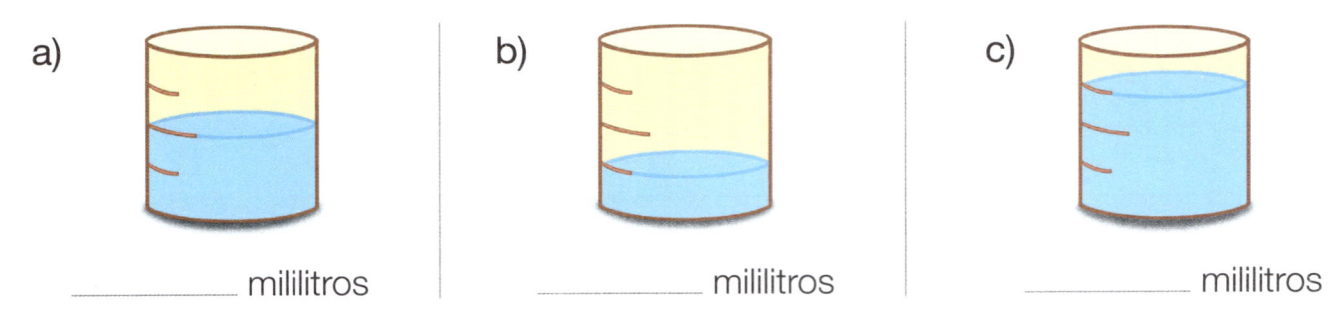

a) _____ mililitros   b) _____ mililitros   c) _____ mililitros

5 Observe o que as crianças estão dizendo e responda à questão.

• Qual dessas crianças bebeu exatamente meio litro de suco?

_____

Pratique mais

1 Observe as caixas com frutas e descubra quantos gramas faltam para completar 1 quilograma de frutas em cada caso.

a)

500 gramas de uvas

_____

b)

400 gramas de ameixas

_____

c)

250 gramas de acerolas

_____

2 O caminhão de Joaquim pode transportar no máximo 2 toneladas de carga. Ele percebeu que será possível colocar apenas 3 caixas no caminhão, sem ultrapassar o limite de carga. Qual é a caixa que não poderá ser transportada?

A caixa que não poderá ser transportada no caminhão é a de _____ kg.

3 Flávia encheu os dois recipientes que estão sobre a mesa usando a água que estava em uma garrafa de 1 litro cheia. Quantos mililitros de água sobraram nessa garrafa?

Sobraram _____ mililitros de água nessa garrafa.

> Use o que você **já sabe** para resolver este problema.

duzentos e cinco **205**

A Matemática me ajuda a ser...

... uma pessoa que respeita os animais

Você já viu uma tartaruga marinha? Conheça um pouco sobre ela.

Nome popular: Tartaruga-verde ou aruanã
Nome científico: *Chelonia mydas*

Descrição

As tartarugas-verdes recebem esse nome porque seu casco tem cor verde ou verde-acinzentado. Elas chegam a ter até 143 centímetros de comprimento curvilíneo do casco. A cabeça é pequena, e elas possuem mandíbula serrilhada, que facilita sua alimentação. Geralmente, sua massa chega até 200 kg.

A tartaruga-verde ocorre no Brasil e faz parte das espécies ameaçadas de extinção no mundo. Além dos predadores naturais, ela enfrenta os humanos. Os caçadores se alimentam de sua carne e usam seu casco na fabricação de bijuterias, como brincos, anéis e colares. As dificuldades não param por aí: muitas tartarugas se enroscam acidentalmente nas redes dos pescadores e morrem.

Para ajudar a proteger as tartarugas marinhas foi criado, pelo Ibama (Instituto Brasileiro de Meio Ambiente), o Projeto Tamar — o nome vem da combinação de letras do termo **ta**rtaruga **mar**inha. Esse projeto tem como principal missão a pesquisa, a conservação e o manejo das tartarugas marinhas que ocorrem no Brasil.

Tome nota

1 Qual é a medida máxima do comprimento do casco de uma tartaruga-verde? Essa medida é maior ou menor que 1 metro?

206 duzentos e seis

Alimentação

O que comem varia ao longo da vida delas. Enquanto jovens, alimentam-se de plantas e organismos como águas-vivas, caranguejos, moluscos e vermes. Quando seu casco atinge o tamanho de 25 a 35 centímetros, tornam-se herbívoras (passam a se alimentar de vegetais).

Reprodução

Quando a fêmea está pronta para pôr seus ovos, ela sai da água e rasteja até a areia, onde cava por horas. Ela, então, coloca de 100 a 200 ovos e cobre-os com areia para protegê-los do sol, do calor e dos predadores. O período de gestação é de 40 a 72 dias, dependendo da localização.

Informações obtidas em: <http://mod.lk/ptamar> e <http://mod.lk/greentur>. Acessos em: 9 jul. 2018.

Habitat

Vivem em águas costeiras com muita vegetação, ilhas ou baías, onde estão protegidas. Raramente são vistas em alto-mar.

FARELL

2 Quantos dias dura a gestação de uma tartaruga fêmea? Esse período de tempo dura mais ou menos que 3 meses?

_____

3 Quando vai se reproduzir, a tartaruga fêmea coloca quantos ovos?

_____

4 Qual é a massa de uma tartaruga-verde? Essa massa é maior ou menor que 1 tonelada?

_____

Reflita

Assim como as tartarugas marinhas, muitos animais correm risco de extinção. O que você acha disso? O que você poderia fazer para ajudar a evitar esse problema?

duzentos e sete

Compreender problemas

Para resolver

Problema 1

Durante os quatro primeiros meses de 2018, Isolda anotou os milímetros de precipitação pluviométrica da cidade onde mora. Depois, organizou os dados no gráfico a seguir.

a) Qual foi o total, em milímetros, de precipitação acumulado nesses quatro meses de 2018?

_____

b) Esses milímetros correspondem a quantos centímetros?

_____

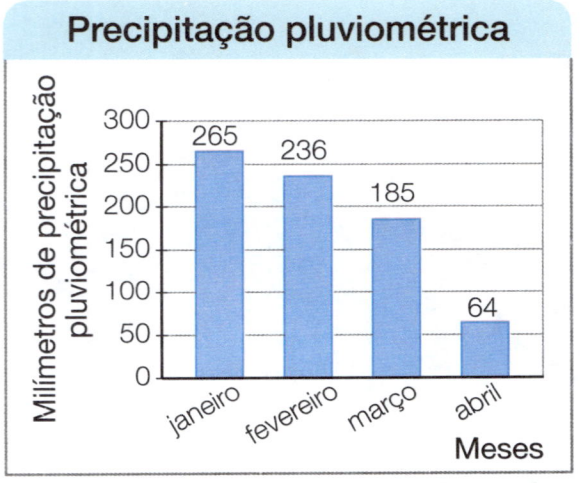

Fonte: Isolda (abr. 2018).

Problema 2

Paulo, Felipe e Jonas treinam arremesso de disco. O gráfico ao lado mostra a distância que cada um arremessou.

a) Qual atleta arremessou mais longe?

_____

b) Quais atletas obtiveram o arremesso com a distância maior que 5 metros?

_____

c) Qual atleta realizou o arremesso com a distância mais próxima de

10 metros? _____

d) Explique para um colega como você pensou para responder à pergunta anterior e ouça a explicação dele.

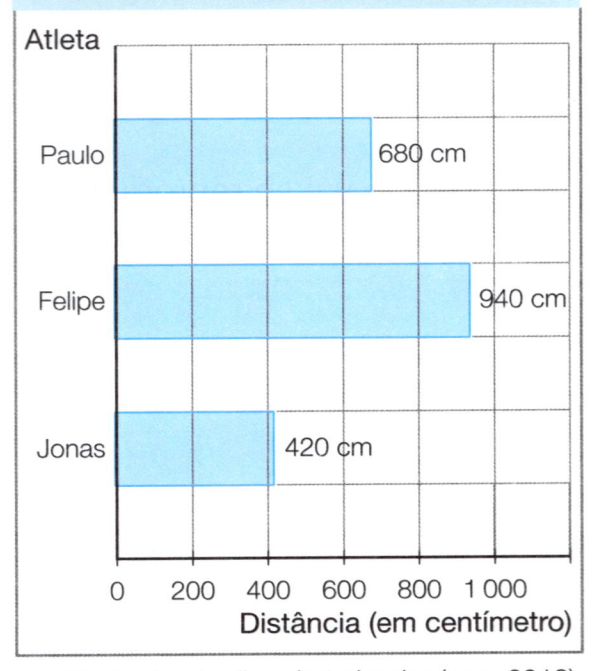

Fonte: Anotações do treinador (ago. 2018).

208 duzentos e oito

Para refletir

1 Para responder às perguntas do *Problema 1*, você usou todos os números do gráfico? Precisou usar algum número que não estava no gráfico?

_____

_____

2 Veja como Glória resolveu o *Problema 1*.

> Janeiro, fevereiro, março e abril: 265 milímetros, mais 236 milímetros, mais 185 milímetros, mais 64 milímetros são 750 milímetros.
>
> Como 1 centímetro tem 10 milímetros, 750 milímetros são o mesmo que 75 centímetros.
>
> Conclusão: nesses quatro meses de 2018, o total de precipitação acumulado foi de 75 centímetros.

- Essa resolução está correta? _____

3 Marque com um **X** todas as afirmações abaixo que estão corretas de acordo com o gráfico do *Problema 2*.

☐ A diferença entre as distâncias dos arremessos de Paulo e Jonas é maior que 1 metro.

☐ O dobro da distância do arremesso de Jonas é menor que a distância do arremesso de Felipe.

☐ O arremesso de Felipe ultrapassou 10 metros.

4 Quantos centímetros representa cada quadrinho do gráfico

do *Problema 2*? _____

duzentos e nove **209**

Compreender informações

Estimar a chance de ocorrer

1 Um dado comum lembra um cubo com suas faces compostas de figuras ou representações numéricas (de 1 a 6). Sofia vai jogar um dado e observar o número representado na face voltada para cima.

Agora, responda às questões.

a) Quais são os resultados que Sofia pode obter no lançamento

desse dado? _____

b) Quais resultados ímpares Sofia pode obter? _____

c) E quais resultados pares? _____

d) Qual resultado tem maior chance de ocorrer: par ou ímpar?

_____

_____

e) Lucas, irmão de Sofia, observou os lançamentos e fez a seguinte afirmação.

O resultado 6 tem maior chance de ocorrer que os outros.

• Você concorda com a afirmação de Lucas? Justifique sua resposta.

_____

_____

_____

2 Marina e Juliana jogam futebol e são capitãs de dois times que se enfrentam. Antes de iniciar a partida, elas decidiram lançar uma moeda de 1 real para o alto para decidir qual time começa com a bola.

a) Complete a lacuna com os possíveis resultados:

b) Se Marina escolher cara e Juliana escolher coroa, qual time tem a maior chance de sair com a bola?

3 Cristiano e Rodrigo decidiram brincar com um dado cujas faces estão numeradas de 1 a 6. Veja o que cada um escolheu:

Cristiano: Acho que vai sair um número menor que 5.

Rodrigo: Acho que vai sair um número maior que 4.

• Reúna-se com um colega e responda às questões.

a) Para Cristiano acertar seu palpite, que números podem sair no lançamento do dado?

_____

b) E, para Rodrigo acertar, quais números podem sair no lançamento do dado?

_____

c) A chance de Cristiano acertar é maior ou menor que a de Rodrigo? Justifiquem.

_____

_____

_____

duzentos e onze **211**

Cálculo mental

1 Complete o quadro com a quantidade de palitos nas caixas.

Quantidade de 🗃	1	2	4	8	9	18
Quantidade de 🔴		100	200			

2 O marceneiro Leonardo desenhou a prateleira que fará para uma cliente. No desenho, o comprimento da prateleira mede 5 centímetros; e cada centímetro do desenho representa 10 centímetros na realidade. Preencha o quadro a seguir e descubra o comprimento, em centímetro, da prateleira que Leonardo construirá.

5 centímetros

Comprimento no desenho	1 cm	2 cm	3 cm	4 cm	5 cm
Comprimento na realidade	10 cm				

A prateleira terá _____ centímetros de comprimento.

3 Vários grupos de pessoas vão a uma peça de teatro. Complete a tabela e descubra quanto cada grupo pode gastar na compra dos ingressos, sabendo que há três tipos de ingresso: de 20 reais, 50 reais ou 100 reais.

Gastos com ingressos

Preço de cada tipo de ingresso	Quantidade de pessoas			
	Grupo de 2 pessoas	Grupo de 4 pessoas	Grupo de 8 pessoas	Grupo de 10 pessoas
20		80 reais		
50	100 reais			500 reais
100			800 reais	

Fonte: Dados fornecidos pela coordenação do teatro (jun. 2018).

4 João nada 500 metros a cada 15 minutos.

Complete a tabela e descubra quantos metros João nada em 1 hora.

Treino de natação de João

Distância	Tempo
500 metros	15 minutos
1000 metros	
1500 metros	
	1 hora

Fonte: Dados fornecidos pelo treinador de João (jan. 2018).

João nada _____ metros em 1 hora.

5 Houve uma corrida de bicicleta. Durante todo o percurso, o ciclista Roni percorreu 3 quilômetros a cada 4 minutos. Complete o quadro e verifique quantos quilômetros ele percorreu em 40 minutos nessa corrida.

Distância em quilômetro	3	9			18	
Tempo em minutos	4		16	20		40

Roni percorreu _____ quilômetros em 40 minutos.

6 O carro de Jorge consome 1 litro de gasolina para percorrer 9 quilômetros. Sua filha Solange mora a 36 quilômetros da casa dele. Complete o quadro e descubra de quantos litros de gasolina o carro de Jorge precisará para ir de sua casa até a de Solange.

Distância em quilômetro	9		27	
Quantidade de litros de gasolina	1	2		

O carro de Jorge precisará de _____ litros de gasolina.

duzentos e treze **213**

O que você aprendeu

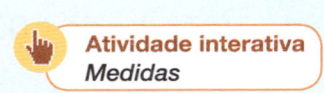

Atividade interativa
Medidas

1 Rafaela encomendou duas camas iguais com os irmãos Rodrigo e Rodolfo, proprietários da carpintaria Andrade.
As camas deveriam ter 10 palmos de comprimento.

GEORGE TUTUMI

Cada irmão fez uma das camas usando seu próprio palmo como unidade de medida. Quando Rafaela foi buscar as camas, ficou surpresa porque elas tinham comprimentos diferentes, apesar de Rodrigo e Rodolfo afirmarem ter medido 10 palmos de comprimento.

a) A unidade de medida usada pelos irmãos Andrade é padronizada?

_____

b) Por que as camas ficaram com medidas diferentes?

_____

_____

c) Para que as camas ficassem com medidas iguais de comprimento, o que Rafaela poderia ter feito quando realizou a encomenda?

_____

_____

_____

214 duzentos e catorze

2 Para ir de sua casa até o local de trabalho, Maurício percorre 3000 m e passa em frente a um posto de combustível. Se o posto está na metade do caminho, Maurício percorre mais ou menos de 1000 m da sua casa até o posto? Explique sua resposta.

_____

_____

_____

_____

3 Os organizadores de um evento estão decidindo entre dois circuitos ciclísticos. Observe os dois esquemas e complete com o comprimento de cada circuito em metro.

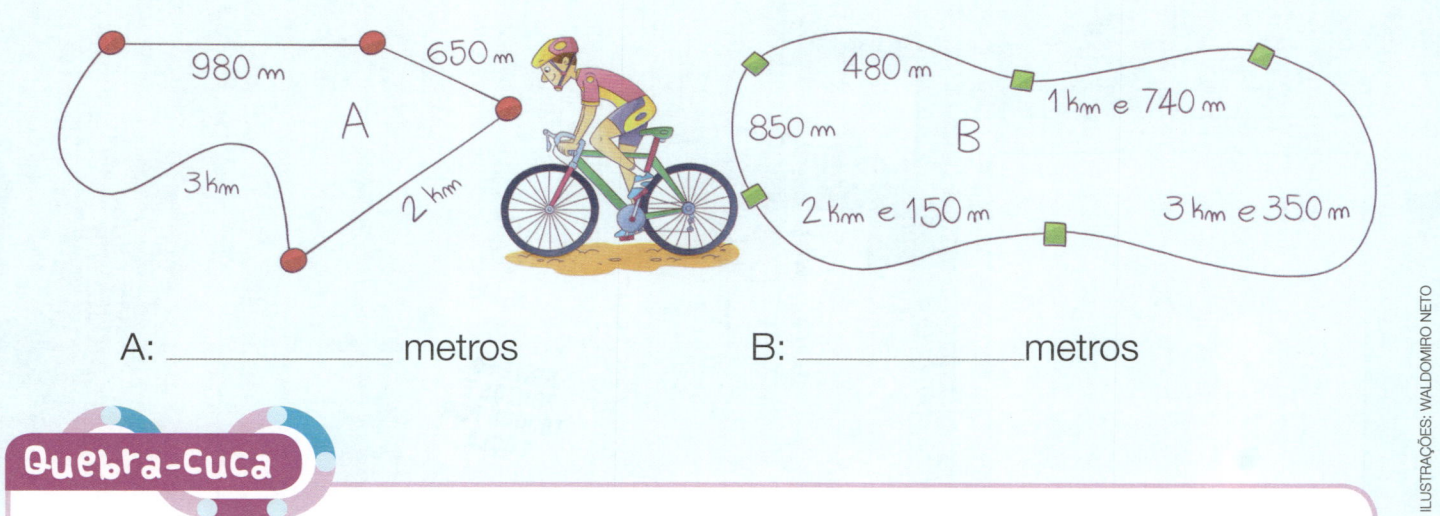

A: _____ metros   B: _____ metros

Quebra-cuca

Observe os desenhos. Depois, calcule e registre a massa de cada criança.

▶ _____ kg   ▶ _____ kg   ▶ _____ kg

duzentos e quinze **215**

UNIDADE 8
Multiplicação e divisão

TRANSFORME SUA LATA OU GARRAFA PET EM PONTOS

60 PONTOS = 1 BOLA

1 LATA DE ALUMÍNIO VALE **4 PONTOS**
1 GARRAFA PET VALE **2 PONTOS**
JUNTE 60 PONTOS E TROQUE POR 1 BOLA

Para começar...

Caio e Melissa foram visitar um parque que promove a reciclagem de vários tipos de material.

- Observe a escada feita com pneus para dar acesso ao escorregador. Escreva uma multiplicação que indica a quantidade de pneus usada para montar essa escada.

_____

Para refletir...

Neste parque, há uma máquina que troca latinhas de alumínio e garrafas PET vazias por pontos para ganhar uma bola. Leia as informações sobre essa troca de pontos e responda.

- Se uma pessoa já tem 10 latas de alumínio, de quantas garrafas PET ela precisa para completar os pontos necessários para ganhar 1 bola?

duzentos e dezessete 217

TEMA 1. Multiplicação

Multiplicação sem reagrupamento

Veja a blusa e o vestido da vitrine. Beatriz e Tânia pretendem comprar a blusa e querem saber o preço total que terão de pagar por ela.

Veja como as duas calcularam o resultado de 4 × 22 e complete. Beatriz fez o cálculo mentalmente.

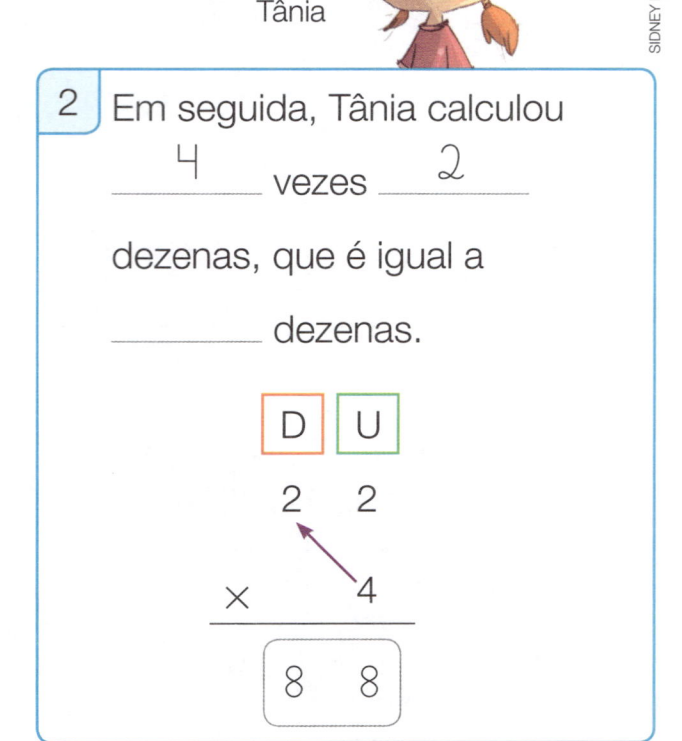

Beatriz

4 vezes 20 é igual a 20 mais 20 mais 20 mais 20, que é igual a _____.

4 vezes 2 é igual a _____. 80 mais 8 é igual a _____. Ou seja: 4 × 22 = _____.

Tânia calculou com o algoritmo usual.

Tânia

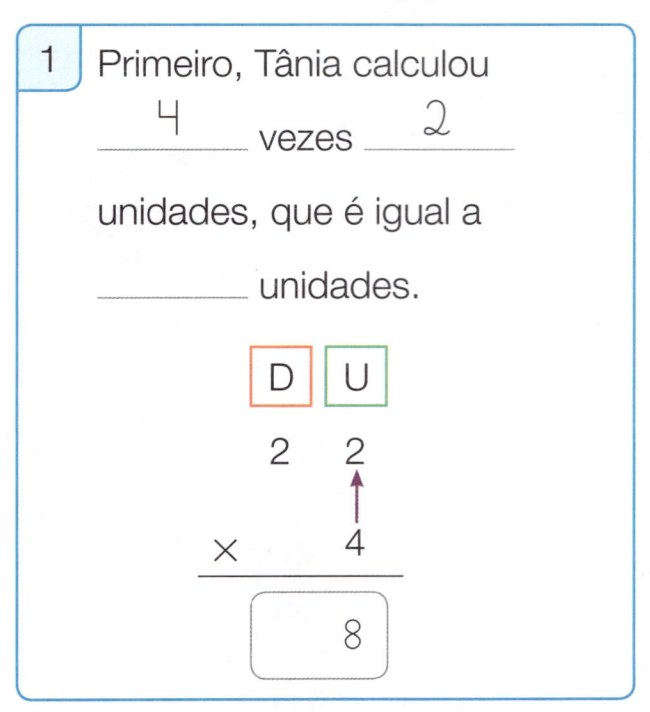

1 Primeiro, Tânia calculou

____4____ vezes ____2____

unidades, que é igual a

_____ unidades.

D	U
2	2
×	4
	8

2 Em seguida, Tânia calculou

____4____ vezes ____2____

dezenas, que é igual a

_____ dezenas.

D	U
2	2
×	4
8	8

O preço total que elas terão de pagar pela blusa é _____ reais.

• Qual é o preço total do vestido? _____

duzentos e dezoito

Atividades

1 Dênis vende salgados. Por semana, ele recebe 221 reais.
Com base nessa informação, faça o que se pede.

a) Estime quanto Dênis ganha em 4 semanas de trabalho.

_____

b) Calcule quanto Dênis ganha em 4 semanas de trabalho.

Dênis ganha _____ reais em 4 semanas de trabalho.

2 Heitor comprou 3 dúzias de ovos. Quantos ovos ele comprou?

Heitor comprou _____ ovos.

3 Calcule.

a) 2×43

b) 4×220

c) 8×101

duzentos e dezenove **219**

4 Nice e duas amigas foram ao cinema. Observe a imagem e calcule quanto elas pagaram, ao todo, pelos ingressos.

Elas pagaram _____ reais, ao todo, pelos ingressos.

5 Calcule.

a) 4 × 21

D	U
2	1
×	4

b) 3 × 321

C	D	U
3	2	1
	×	3

c) 2 × 432

C	D	U
4	3	2
	×	2

6 Samuel comprou 12 pares de meias. Quantos reais ele pagou, ao todo, pelas meias?

Promoção
4 pares de meias
por 22 reais

Ele pagou _____ reais, ao todo, pelas meias.

7 Resolva as multiplicações que estão no adesivo 1 da Ficha 35.

220 duzentos e vinte

Multiplicação com reagrupamento

Veja as duas maneiras que Felipe usou para calcular o triplo de 25 reais e complete as lacunas.

Cálculo por decomposição

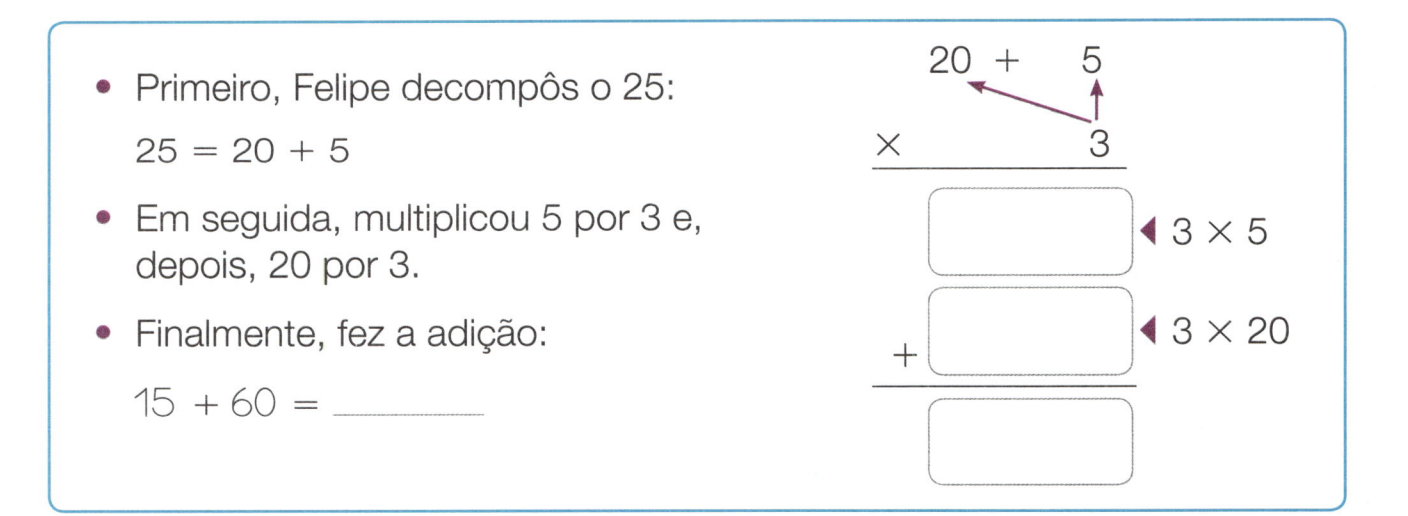

- Primeiro, Felipe decompôs o 25:

  25 = 20 + 5

- Em seguida, multiplicou 5 por 3 e, depois, 20 por 3.

- Finalmente, fez a adição:

  15 + 60 = _____

Cálculo com o algoritmo usual

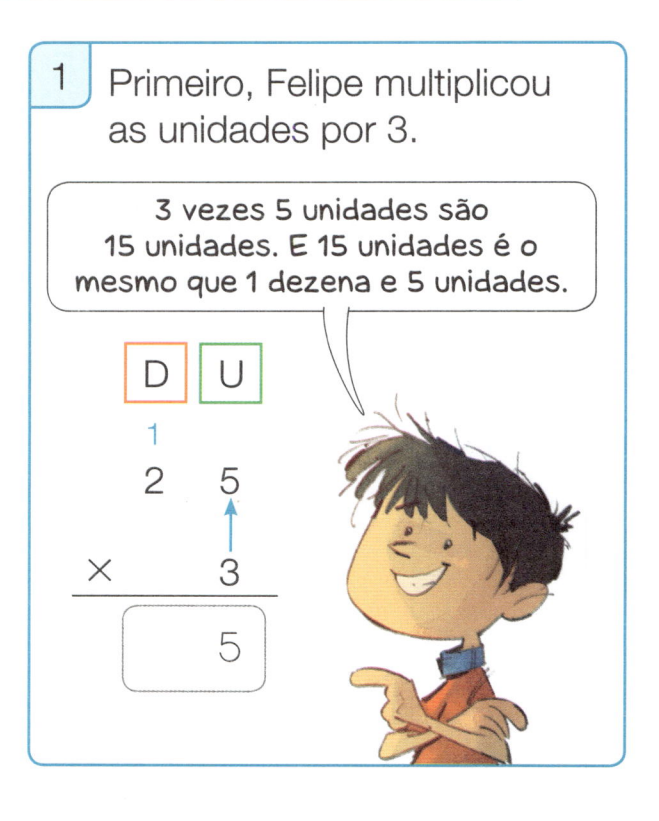

1 Primeiro, Felipe multiplicou as unidades por 3.

3 vezes 5 unidades são 15 unidades. E 15 unidades é o mesmo que 1 dezena e 5 unidades.

2 Depois, multiplicou as dezenas por 3.

3 vezes 2 dezenas são 6 dezenas. 6 dezenas mais 1 dezena é igual a 7 dezenas.

Portanto, o triplo de 25 reais é _____ reais.

duzentos e vinte e um **221**

Atividades

1 Observe a promoção desta loja.

Agora, calcule quanto custa cada jogo da promoção efetuando a multiplicação das maneiras indicadas a seguir.

Cálculo por decomposição	Cálculo com o algoritmo usual

Cada jogo da promoção custa _____ reais.

2 Roberto comprou 5 dúzias de ovos para usar na confeitaria dele. Quantos ovos Roberto comprou?

Roberto comprou _____ ovos.

3 Há quantos lápis de cor em 4 caixas iguais a esta?

24
lápis de cor

Há _____ lápis de cor em 4 caixas iguais a esta.

4 Tales tem 16 anos, e a idade de sua avó é quatro vezes a sua. Qual é a idade da avó de Tales?

A avó de Tales tem _____ anos.

5 Na casa de Alcides, há 3 estantes com 48 livros em cada uma. No total, quantos livros Alcides tem nas 3 estantes?

No total, Alcides tem _____ livros nas 3 estantes.

6 Sheila vende salgados artesanais. Nas últimas duas semanas, ela vendeu 6 pacotes com 12 rissoles cada um. Quantos rissoles Sheila vendeu nessas duas semanas?

Sheila vendeu _____ rissoles.

7 Heitor é pintor e fez 9 reproduções da obra ilustrada a seguir, em que há apenas figuras geométricas planas. Quantas figuras geométricas planas há, ao todo, nas 9 reproduções?

Há, ao todo, _____ figuras geométricas.

8 Resolva as multiplicações que estão no adesivo 2 da Ficha 35.

9 Veja como Cláudio calculou o resultado de 9 × 17 com uma calculadora que estava com a tecla `9` quebrada.

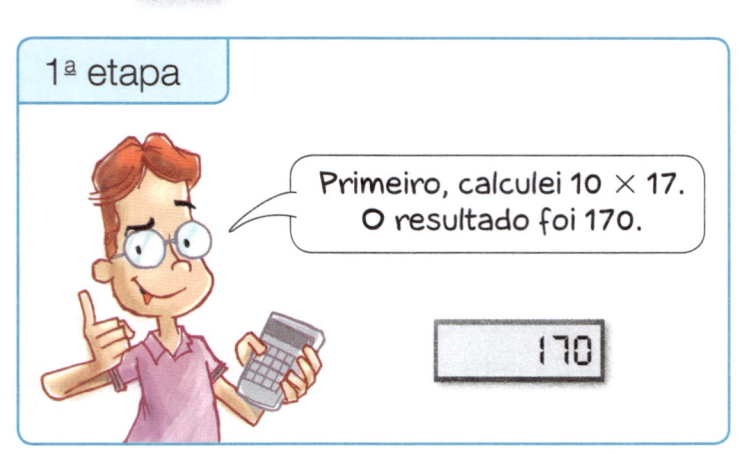

1ª etapa

Primeiro, calculei 10 × 17. O resultado foi 170.

`170`

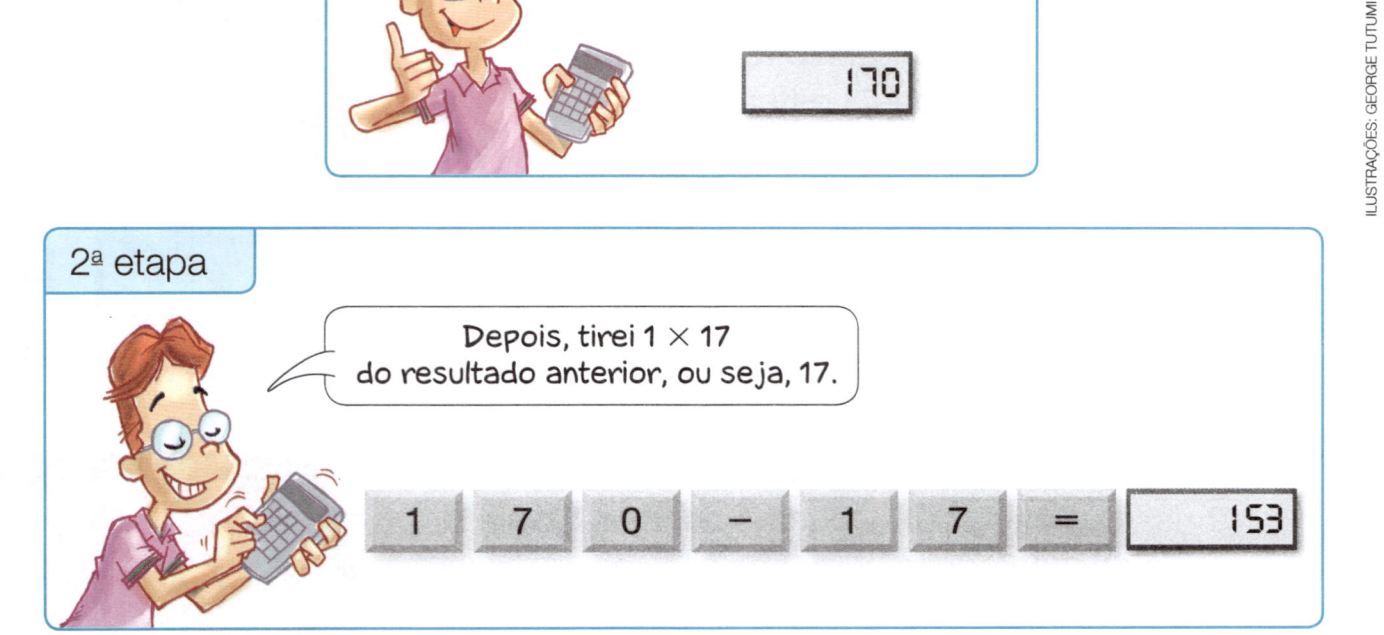

2ª etapa

Depois, tirei 1 × 17 do resultado anterior, ou seja, 17.

`1` `7` `0` `–` `1` `7` `=` `153`

• Agora, imagine que sua calculadora esteja com a tecla `5` quebrada. Desenhe as teclas para:

a) calcular 5 × 36 usando as teclas `×` e `+` ;

b) calcular 5 × 83 usando as teclas `×` e `–` .

10 Observe a estimativa que João fez para descobrir quanto é 3 × 29.

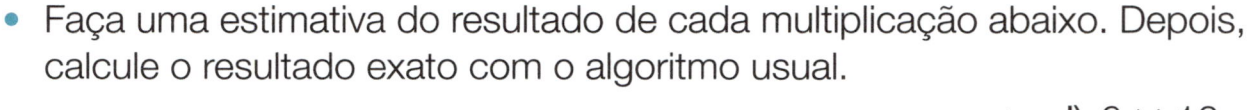

> 29 é próximo de 30.
> Então, 3 vezes 29 é próximo de 3 vezes 30.
> 3 vezes 30 é igual a 90. Então, 3 vezes 29
> é próximo de 90.

SIDNEY MEIRELES

• Faça uma estimativa do resultado de cada multiplicação abaixo. Depois, calcule o resultado exato com o algoritmo usual.

a) 5 × 18   b) 4 × 27   c) 3 × 23   d) 6 × 16

11 Observe o gráfico que mostra os pontos feitos por Raquel no campeonato de basquete em 2018.

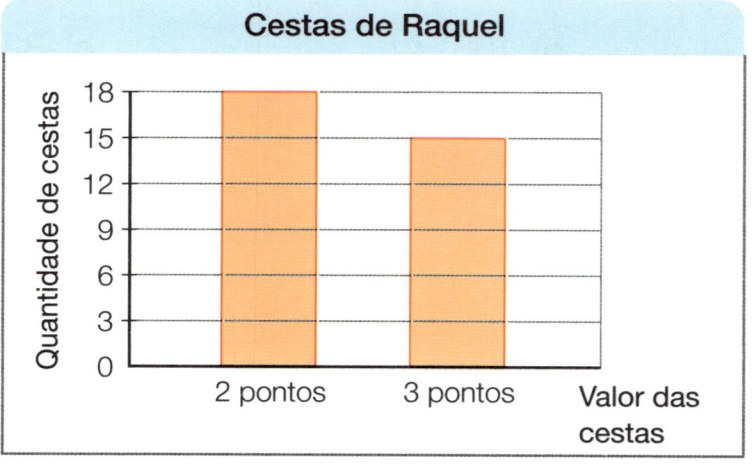

Cestas de Raquel

Fonte: Dados fornecidos pela jogadora (dez. 2018).

ADILSON SECCO

• Quantos pontos Raquel fez nesse campeonato? _____

duzentos e vinte e cinco **225**

1 Há uma mancha de tinta escondendo alguns dos azulejos que cobrem a parede. Quantos azulejos foram usados para cobrir a parede?

Foram usados _____ azulejos para cobrir a parede.

2 Estêvão comprou um sofá e vai pagá-lo em 7 parcelas de 105 reais. Quanto Estêvão pagará, em reais, pelo sofá?

Estêvão pagará _____ reais pelo sofá.

3 Calcule o resultado das multiplicações.

a) 26×6

b) 108×5

c) 329×2

4 Resolva os problemas propostos nos adesivos 3 a 7 da Ficha 35.

TEMA 2 — Divisão

Repartir igualmente

- Renato tem 24 figos para distribuir igualmente entre 4 caixas. Com quantos figos cada caixa ficará?

Ele pode distribuir 1 a 1 os figos em cada uma das caixas.

Divisão ▶ 24 ÷ _____ = _____

Cada caixa ficará com _____ figos.

- Adriana também tem 24 figos, mas ela vai distribuí-los igualmente em 3 caixas.

a) Distribua 1 a 1 esses figos em 3 caixas. Represente com um desenho.

b) Quantos figos ficarão em cada caixa? _____

c) Represente com uma divisão. _____

duzentos e vinte e sete 227

Atividades

1 Forme grupos de acordo com a divisão indicada em cada caso e complete.

a) Em 4 partes iguais.

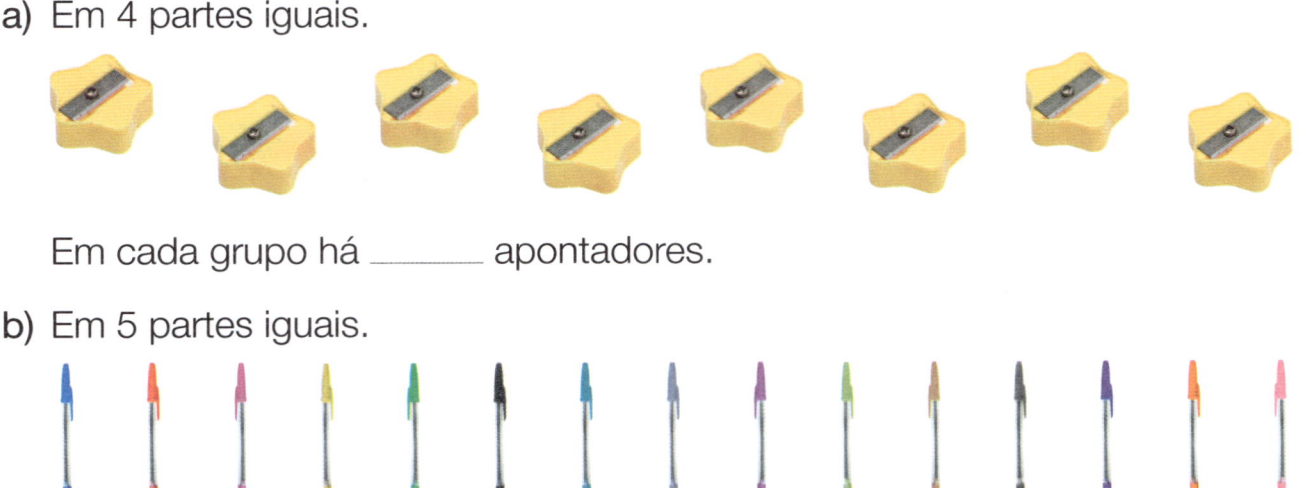

Em cada grupo há _____ apontadores.

b) Em 5 partes iguais.

Em cada grupo há _____ canetas.

2 Resolva os problemas escrevendo uma divisão que represente cada situação.

a) Se repartirmos igualmente 12 balas entre 3 crianças, quantas balas cada criança receberá?

Cada criança receberá _____ balas.

b) Se repartirmos igualmente 18 flores em 2 vasos, com quantas flores cada vaso ficará?

Cada vaso ficará com _____ flores.

3 Dois amigos foram a uma lanchonete e gastaram, ao todo, a quantia representada ao lado. A conta foi repartida igualmente entre eles. Quantos reais cada um pagou?

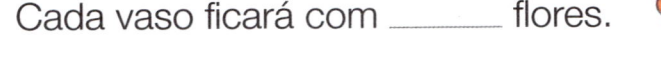

228 duzentos e vinte e oito

4 Desenhe 3 sacolas e 9 bolinhas igualmente repartidas entre elas.

- Agora, faça o que se pede.

  a) Escreva uma multiplicação que represente, nessa situação,

  o total de bolinhas nas sacolas. _____

  b) Escreva uma divisão que represente, nessa situação,

  a quantidade de bolinhas em cada sacola. _____

 5 Pinte de acordo com o que se pede em cada caso.

a) A figura ao lado deve ser dividida em 3 partes de mesmo tamanho.
Pinte cada uma dessas partes com uma cor diferente.

b) A figura ao lado deve ser dividida em 4 partes de mesmo tamanho.
Pinte cada uma dessas partes com uma cor diferente.

6 Talita tem 18 livros para repartir igualmente em 3 prateleiras de uma estante. Cada prateleira ficará com quantos livros?

Cada prateleira ficará com _____ livros.

duzentos e vinte e nove **229**

7 Quatro amigos foram a uma lanchonete e gastaram, ao todo, a quantia representada ao lado. Sabendo que a conta foi repartida igualmente entre eles, responda às questões.

a) Quantos reais cada um pagou?

_____

b) Escreva uma divisão que corresponda a essa situação.

_____ ÷ _____ = _____

8 Observe a tirinha e, depois, responda às questões.

TURMA DA MÔNICA/Mauricio de Sousa

QUATRO SORVETES!

a) Como deveria ser a divisão para que todas as crianças recebessem a mesma quantidade de sorvete?

_____

b) Você acha justa a divisão apresentada na tirinha? Por quê?

9 Invente um problema que envolva os textos dos quadros abaixo e que possa ser resolvido com uma operação de divisão.
Depois, peça a um colega que o resolva.

7 dúzias de rosas

igualmente

4 vasos

Quantas vezes cabe

Melissa vai decorar um caderno com 39 adesivos. Em cada página, ela vai colar 3 adesivos. Quantas páginas Melissa vai conseguir decorar?

Agora, que eu formei grupos de 3 adesivos, vou contá-los.

A quantidade 3 cabe _____ vezes na quantidade 39.

Divisão ▶ 39 ÷ _____ = _____

Melissa vai conseguir decorar _____ páginas.

Atividades

1 Luciana tem uma coleção com 15 borrachas e quer colocá-las em saquinhos com 3 borrachas cada um.

a) De quantos saquinhos Luciana vai precisar?

_____

b) E se fossem saquinhos com 4 borrachas?

_____

2 Marque com um **X** apenas a afirmação verdadeira.

☐ Em 28 unidades cabem 7 grupos de 4 unidades.

☐ Em 56 unidades cabem 9 grupos de 7 unidades.

3 Quantos grupos de 6 pessoas podemos formar com 34 pessoas? Sobrarão pessoas? Se sobrarem, quantas?

_____

duzentos e trinta e um

4 Heloísa comprou 20 laranjas para fazer bolos. Para cada receita, são necessárias 5 laranjas.

• Agora, responda.

a) Quantos bolos Heloísa poderá fazer com essas 20 laranjas?

_____

b) Escreva a divisão que representa, nessa situação, o número de bolos que poderão ser feitos.

_____

5 Luciana tem 15 botões para pregar nas camisas. Ela precisa pregar 5 botões em cada camisa. Complete a ilustração desenhando as camisas e os botões que faltam.

• Agora, responda às questões.

a) Quantos grupos de 5 botões é possível fazer com 15 botões? _____

b) Quantas camisas foram necessárias? _____

6 Resolva os problemas propostos nos adesivos 1, 2 e 3 da Ficha 36.

232 duzentos e trinta e dois

Divisão exata e divisão não exata

Leia o diálogo entre as crianças e responda às questões.

Eu tinha 8 camisetas para embalar. Formei 2 grupos, e não sobraram camisetas. A divisão de 8 por 2 é **exata**, porque o resto é zero.

Eu tinha 9 camisetas para embalar. Formei 2 grupos, e sobrou 1 camiseta. A divisão de 9 por 2 é **não exata**, porque o resto é diferente de zero.

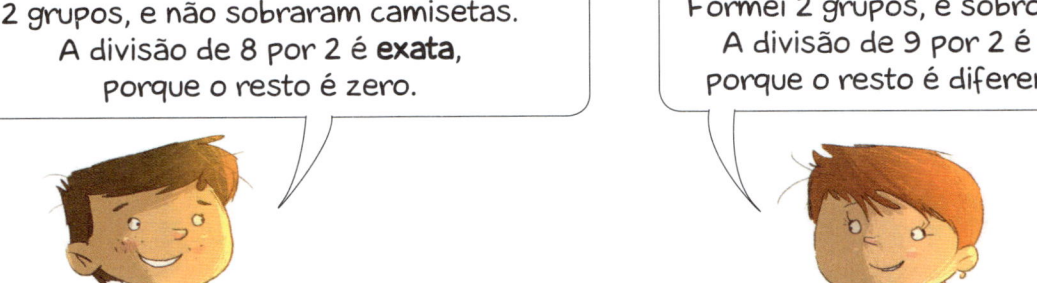

SIDNEY MEIRELES

a) A divisão de 18 por 3 é exata? _____

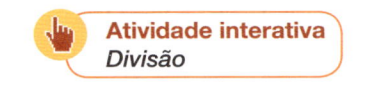

Atividade interativa
Divisão

b) A divisão de 31 por 6 é exata? _____

Atividades

1 **Uma partida de basquete é disputada por times com 5 jogadores cada.**

O professor Paulo vai formar times de basquete masculino e feminino com os alunos inscritos.

a) Quantos times masculinos podem ser formados com 20 alunos? Sobram jogadores? Quantos?

_____

b) Quantos times femininos podem ser formados com 23 alunas? Sobram jogadoras? Quantas?

_____

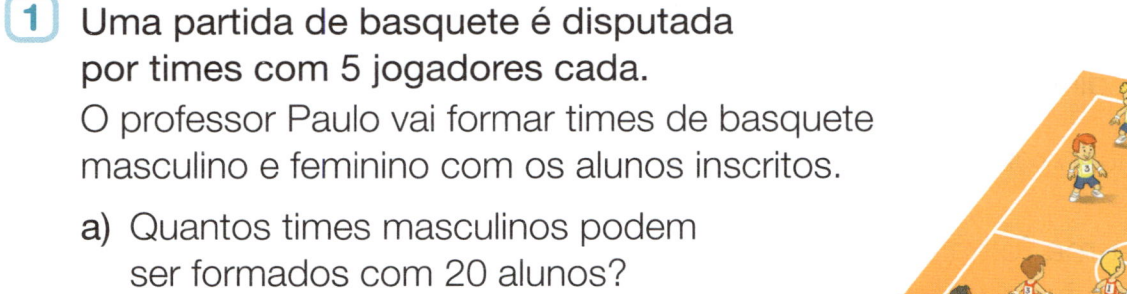

ENÁGIO COELHO

duzentos e trinta e três **233**

2 Desenhe os peixinhos nos aquários, de acordo com o que a menina está dizendo, e, depois, faça o que se pede.

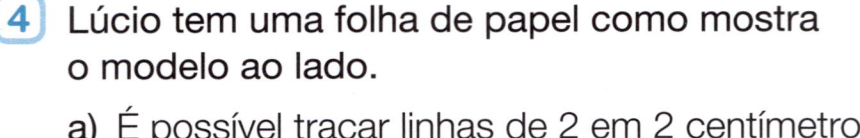

> Tenho 12 peixinhos para distribuir igualmente entre 3 aquários.

> Quantos peixinhos ficarão em cada aquário?

a) Em cada aquário, ficarão _____ peixinhos.

Divisão ▶ __12__ ÷ __3__ = _____

b) Essa divisão é exata ou não exata? _____

3 Tiago gasta 4 reais de passagem de ônibus no trajeto de ida e volta do trabalho.

Complete a tabela que Tiago fez e, depois, responda às questões.

Gastos com transporte

Quantidade de trajetos feitos	1	2	3	4	5	6
Quantia gasta (em reais)	4					

Fonte: Dados fornecidos por Tiago (jan. 2018).

a) Quantos desses trajetos inteiros Tiago poderá fazer com 26 reais?

Sobrará dinheiro? Quanto? _____

b) Que divisão representa essa situação? _____

4 Lúcio tem uma folha de papel como mostra o modelo ao lado.

a) É possível traçar linhas de 2 em 2 centímetros do início ao fim da folha? _____

b) E de 4 em 4 centímetros? _____

5 Resolva os problemas propostos nos adesivos 4 a 7 da Ficha 36.

30 centímetros

 **234** duzentos e trinta e quatro

Divisão por estimativas

Veja dois cálculos diferentes para encontrar, por estimativas, o resultado da divisão de 96 por 6 e complete-os.

Cálculo de Ricardo

Quantos **6** cabem em **96**?
Estimei que coubessem **10**.

$$\underline{\quad 10 \quad} \times \underline{\quad 6 \quad} = \underline{\qquad}$$

Mas ainda faltam 36
para dividir por 6.

$$\begin{array}{r|l} 9\ 6 & 6 \\ -6\ 0 & \overline{\ 10} \\ \hline 3\ 6 & \end{array}$$

Quantos **6** cabem em **36**?
Com certeza **6**, pois:

$$\underline{\quad 6 \quad} \times \underline{\quad 6 \quad} = \underline{\qquad}$$

O quociente da divisão é a
soma dos quocientes parciais.

$$\underline{\quad 10 \quad} + \underline{\quad 6 \quad} = \underline{\qquad}$$

$$\begin{array}{r|l} 9\ 6 & 6 \\ -6\ 0 & \ 10 \\ \hline 3\ 6 & +\ \ 6 \\ -3\ 6 & \overline{\ 16} \\ \hline 0 & \end{array}$$

Cálculo de Rosa

Quantos **6** cabem em **96**?
Estimei que coubessem **12**.

$$\underline{\quad 12 \quad} \times \underline{\quad 6 \quad} = \underline{\qquad}$$

Mas ainda faltam 24
para dividir por 6.

$$\begin{array}{r|l} 9\ 6 & 6 \\ -7\ 2 & \overline{\ 12} \\ \hline 2\ 4 & \end{array}$$

Quantos **6** cabem em **24**?
Com certeza **4**, pois:

$$\underline{\quad 4 \quad} \times \underline{\quad 6 \quad} = \underline{\qquad}$$

Então, o quociente dessa
divisão é:

$$\underline{\quad 12 \quad} + \underline{\quad 4 \quad} = \underline{\qquad}.$$

$$\begin{array}{r|l} 9\ 6 & 6 \\ -7\ 2 & \ 12 \\ \hline 2\ 4 & +\ \ 4 \\ -2\ 4 & \overline{\ 16} \\ \hline 0 & \end{array}$$

Portanto, os dois cálculos resultaram em _____.

duzentos e trinta e cinco

Atividades

1 Samuel quer comprar a impressora mostrada na imagem ao lado, pagando-a em 4 parcelas iguais. O valor de cada parcela será maior ou menor que 100 reais? _____

PROMOÇÃO 412 REAIS

2 Leia como Sérgio distribuiu 92 mangas em 4 caixas e responda.

Coloquei 20 mangas em cada caixa. Com isso, já consegui distribuir 80 mangas, pois 4 × 20 = 80. Mas ainda faltam 12 mangas. Eu sei que 4 × 3 = 12, então eu posso colocar mais 3 mangas em cada caixa.

- Qual é a divisão que pode representar a distribuição feita por Sérgio?

_____

3 Faça estimativas e encontre o resultado de cada divisão.

a) 76 ÷ 4 = _____

b) 93 ÷ 3 = _____

c) 85 ÷ 5 = _____

- Compare suas estimativas com as de um colega.

Seu colega chegou ao mesmo resultado que você? Pergunte **como** ele fez.

ILUSTRAÇÕES: ALBERTO DE STEFANO

Reprodução proibida. Art. 184 do Código Penal e Lei 9.610 de 19 de fevereiro de 1998.

Algoritmo usual da divisão

Vou fazer a divisão de 56 por 4 e representá-la na chave.

- Rita tem 56 pingentes e quer fazer colares com 4 pingentes em cada um. Quantos colares Rita poderá fazer?

Veja como podemos efetuar essa divisão com o algoritmo usual.

Dividimos 5 dezenas por 4, obtemos 1 dezena e resta 1 dezena.	1 dezena e 6 unidades formam 16 unidades.	Dividimos 16 unidades por 4, obtemos 4 unidades e o resto é zero.
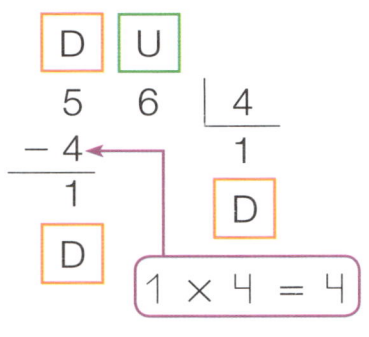		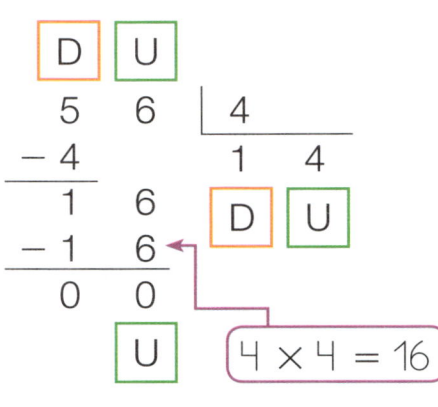

Rita poderá fazer _____ colares.

- E se a quantidade de pingentes fosse 6, quantos colares poderiam ser feitos? Sobrariam pingentes? Quantos?

Não é possível dividir 5 dezenas por 6. Mas 5 dezenas e 6 unidades formam 56 unidades, e então divido 56 por 6.

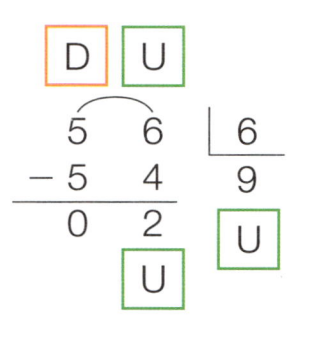

Poderiam ser feitos _____ colares,

e sobrariam _____ pingentes.

duzentos e trinta e sete **237**

Termos da divisão

Considere a divisão sugerida por Rita para saber quantos colares com 6 pingentes poderiam ser feitos com 56 pingentes para observar os termos da divisão.

Observe cada termo da divisão.

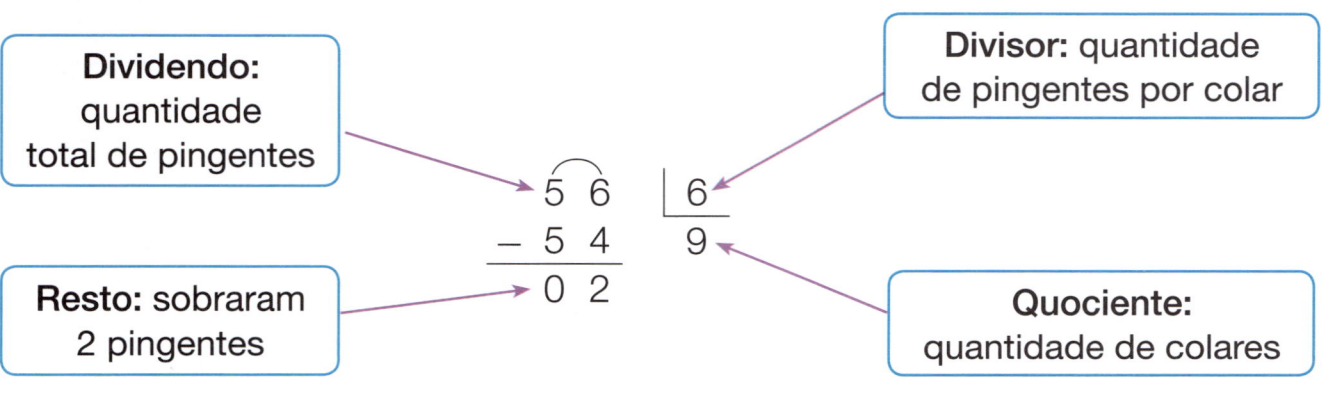

Dividendo: quantidade total de pingentes

Divisor: quantidade de pingentes por colar

Resto: sobraram 2 pingentes

Quociente: quantidade de colares

$$
\begin{array}{r|l}
5\ 6 & 6 \\
-\ 5\ 4 & 9 \\
\hline
0\ 2 &
\end{array}
$$

Agora, identifique os termos da divisão $56 \div 4 = 14$.

Dividendo ▸ _____

Quociente ▸ _____

Divisor ▸ _____

Resto ▸ _____

Atividades

1 Calcule cada divisão representada na chave e, depois, responda à questão.

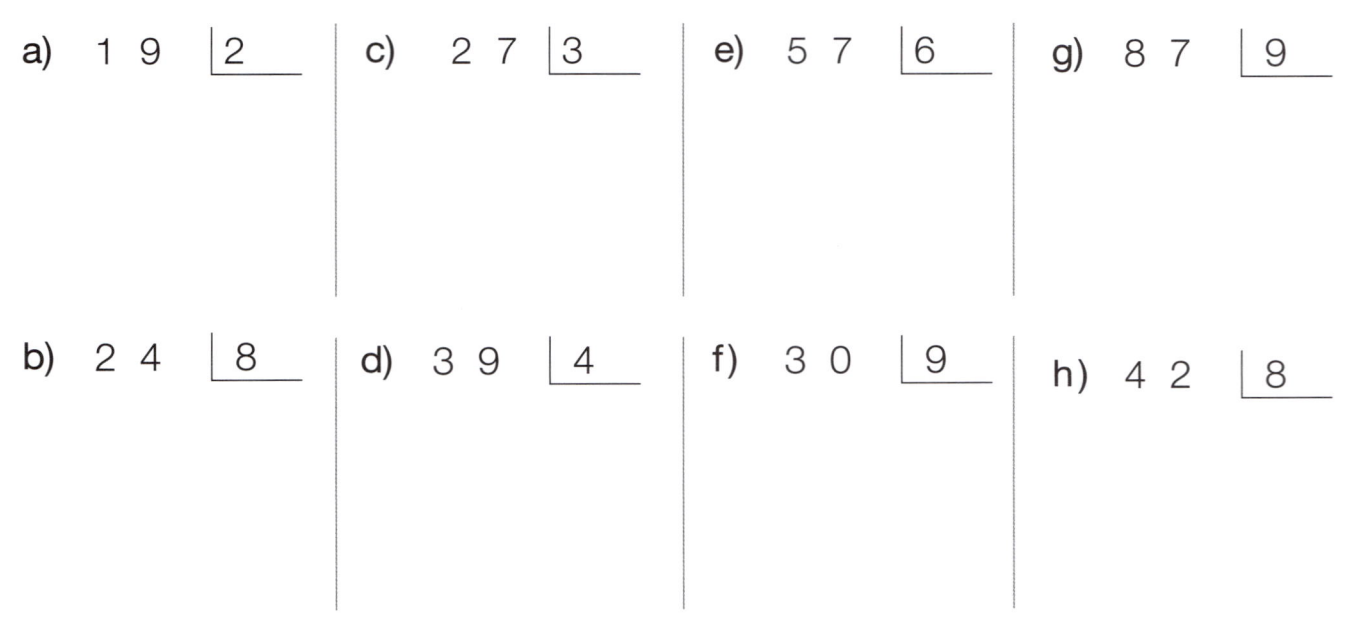

a) 1 9 | 2

b) 2 4 | 8

c) 2 7 | 3

d) 3 9 | 4

e) 5 7 | 6

f) 3 0 | 9

g) 8 7 | 9

h) 4 2 | 8

- Das divisões acima, quais têm resto igual a 3? Explique a um colega como você pensou para responder a essa questão.

2 Observe o quadro e complete-o.

Como lemos	Como representamos na chave	Como usamos a calculadora
28 dividido por 7 é igual a 4.		☐ ☐ ÷ ☐ = [＿＿＿]
	$\dfrac{48 \lfloor \underline{6}}{\begin{array}{r} -48 \\ \hline 0 \end{array}}\,8$	☐ ☐ ÷ ☐ = [＿＿＿]
		6 4 ÷ 8 = [＿＿＿ 8]

3 Calcule mentalmente e complete.

a)   16 ÷ 2

Dividendo ___16___

Divisor _____

Quociente _____

Resto _____

b)   25 ÷ 4

Dividendo _____

Divisor _____

Quociente _____

Resto _____

c)   23 ÷ 5

Dividendo _____

Divisor _____

Quociente _____

Resto _____

4 Jairo tinha 30 reais quando foi à quermesse. Lá, ele comprou tíquetes para algumas barracas e guardou o troco de 6 reais. Quantos tíquetes Jairo comprou?

Preço do tíquete 3 reais

Jairo comprou _____ tíquetes.

duzentos e trinta e nove **239**

Dividindo centenas

- Veja a divisão de 256 por 2 pelo algoritmo usual e complete.

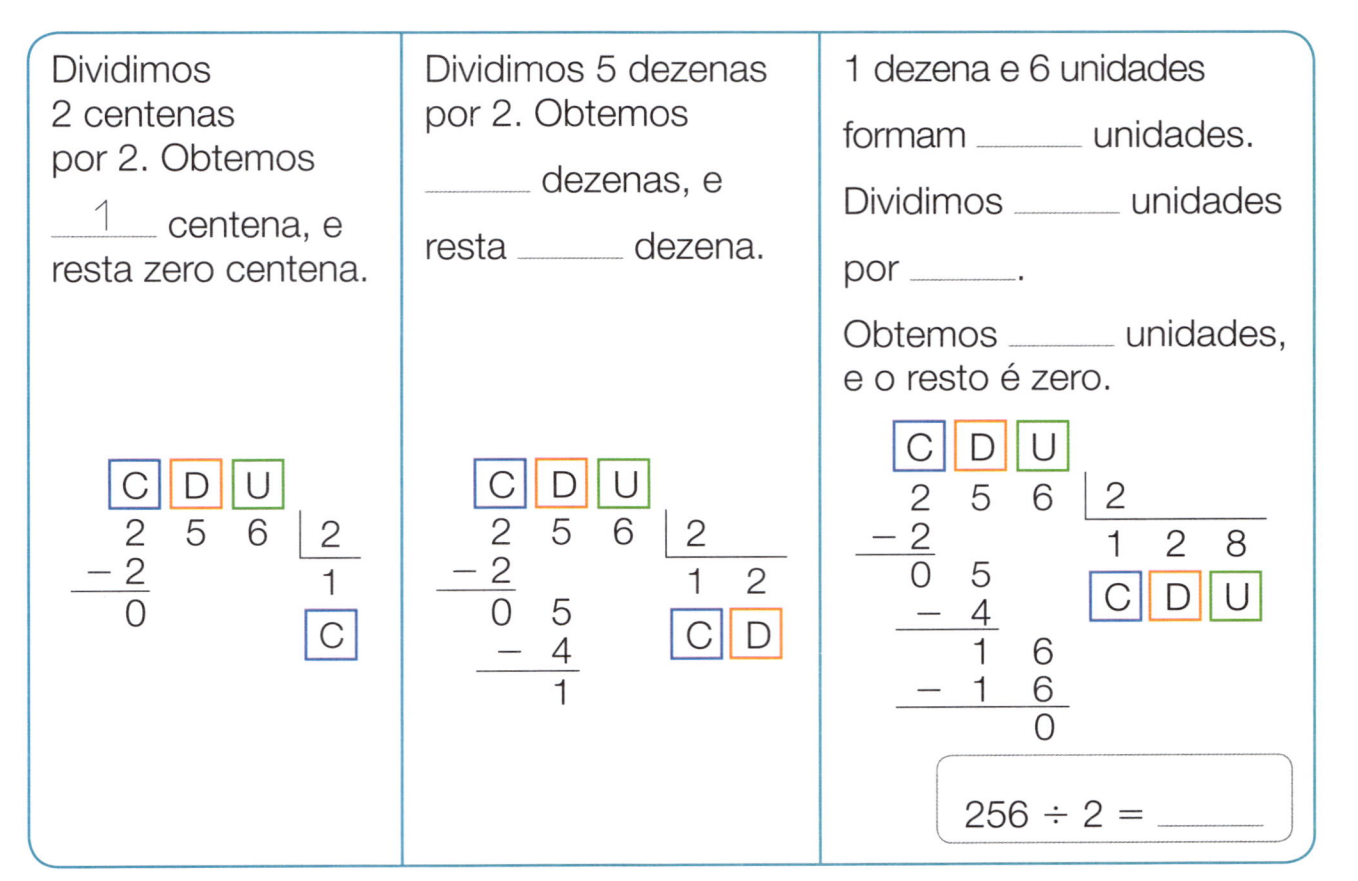

Dividimos
2 centenas
por 2. Obtemos
___1___ centena, e
resta zero centena.

Dividimos 5 dezenas
por 2. Obtemos
_____ dezenas, e
resta _____ dezena.

1 dezena e 6 unidades
formam _____ unidades.
Dividimos _____ unidades
por _____.
Obtemos _____ unidades,
e o resto é zero.

256 ÷ 2 = _____

- Agora, veja a divisão de 135 por 5 pelo algoritmo usual e complete.

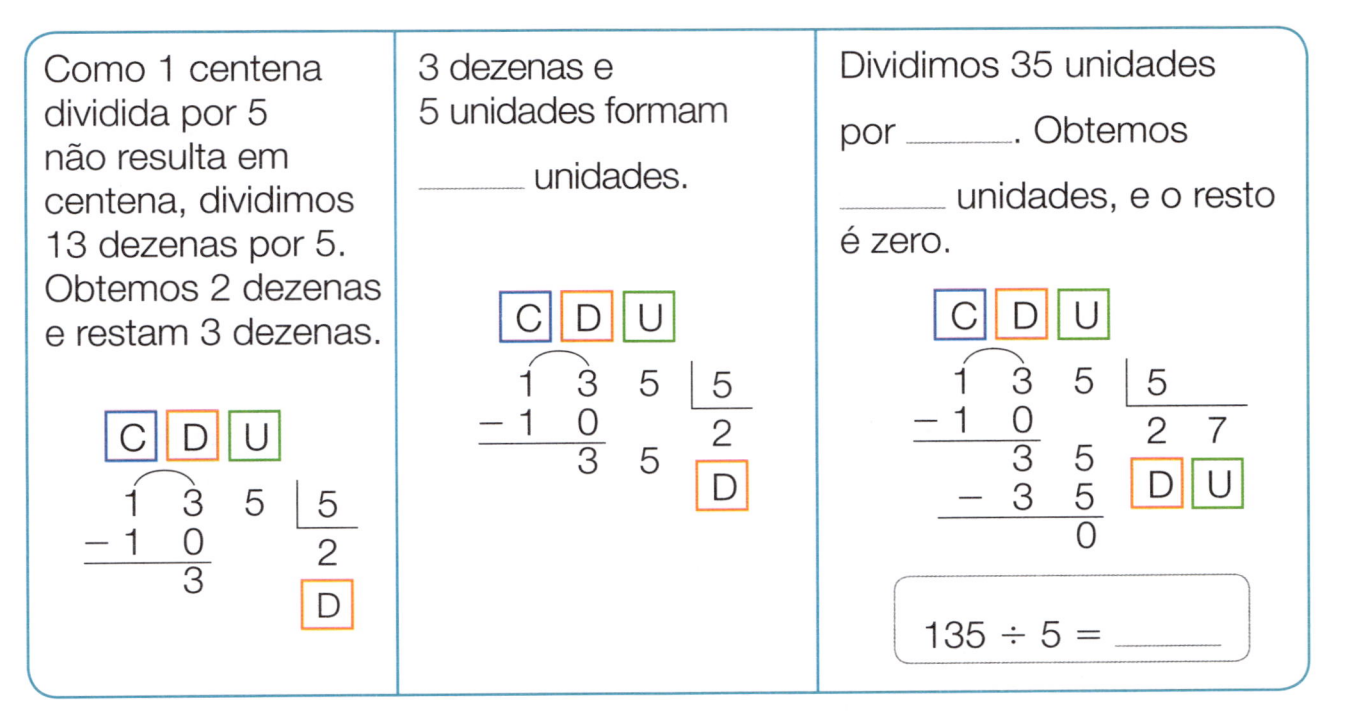

Como 1 centena
dividida por 5
não resulta em
centena, dividimos
13 dezenas por 5.
Obtemos 2 dezenas
e restam 3 dezenas.

3 dezenas e
5 unidades formam
_____ unidades.

Dividimos 35 unidades
por _____. Obtemos
_____ unidades, e o resto
é zero.

135 ÷ 5 = _____

Atividades

1 Veja como Mariana e Marcelo calcularam corretamente 464 ÷ 4.

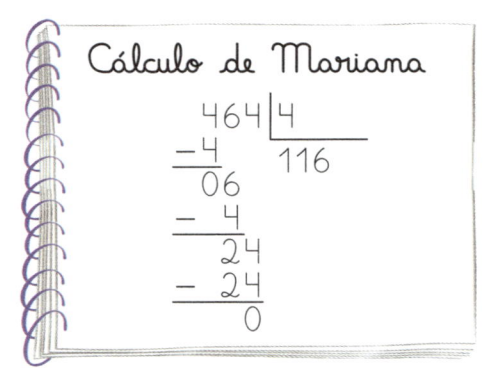

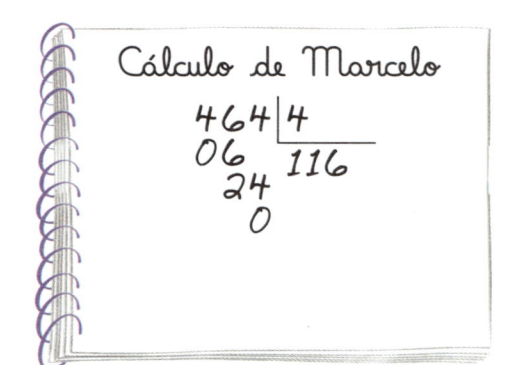

- O que há de diferente entre esses cálculos?

2 Calcule o quociente e o resto de cada divisão.

a) 272 ÷ 2

b) 724 ÷ 4

c) 250 ÷ 3

d) 455 ÷ 4

3 Descubra o **erro** na divisão e faça o cálculo correto.

Cálculo correto

4 Realize as atividades propostas nos adesivos 1 a 5 da Ficha 37.

duzentos e quarenta e um **241**

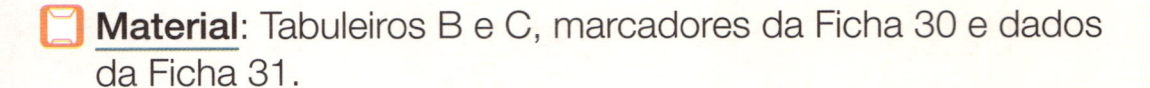

Vamos jogar?

PARA JOGAR
MUITAS VEZES

Cubra as cobras

📄 **Material**: Tabuleiros B e C, marcadores da Ficha 30 e dados da Ficha 31.

👥 **Jogadores**: 2 ou 4.

Regras:

🐍 Cada jogador ou dupla joga com um tabuleiro e 18 marcadores.

🐍 Os jogadores (ou as duplas) decidem quem começará a partida.

🐍 Cada jogador (ou a dupla), na sua vez, lança os dados.

🐍 Todos os jogadores adicionam os pontos obtidos no lançamento dos dados e procuram, cada um em seu tabuleiro, uma divisão, nas cobras verdes, que tenha como quociente esse valor. Essa divisão pode ou não ser exata.

🐍 Se a divisão escolhida for exata, o jogador (ou a dupla) coloca um marcador sobre ela. Se a divisão escolhida for não exata, além de colocar um marcador sobre ela (na cobra verde), o jogador (ou a dupla) deve colocar outro marcador no resto dessa divisão (na cobra vermelha).

🐍 Em cada lançamento dos dados, havendo uma divisão (exata ou não exata), os jogadores (ou as duplas) devem colocar os marcadores em seus tabuleiros.

🐍 Caso um jogador (ou a dupla) não coloque nenhum marcador, seu adversário poderá verificar se realmente não há nenhuma divisão no tabuleiro. Se houver, o adversário terá o direito de colocar um de seus marcadores em qualquer um dos restos da cobra vermelha do outro jogador (ou dupla).

🐍 O jogador (ou a dupla) que completar primeiro uma de suas cobras verdes vence o jogo. E se completar primeiro a cobra vermelha perde o jogo.

🐍 Em caso de empate, vencerá o jogador (ou a dupla) que tiver mais fichas colocadas em todas as cobras verdes.

ENÁGIO COELHO

Reprodução proibida. Art. 184 do Código Penal e Lei 9.610 de 19 de fevereiro de 1998.

Depois de jogar

1 Marque com um **X** a resposta correta.

a) O que a soma dos pontos dos dados representa?

☐ Dividendo.   ☐ Divisor.   ☐ Quociente.   ☐ Resto.

b) O que representam os números que aparecem na cobra vermelha?

☐ Dividendo.   ☐ Divisor.   ☐ Quociente.   ☐ Resto.

2 Davi e Aline estão jogando. Observe como está o tabuleiro de Aline.

a) Davi lançou os dados e obteve a soma 2. Quais são as possíveis divisões que Aline pode marcar nas cobras verdes?

_____

b) Se Aline colocou um marcador sobre a divisão 18 ÷ 9, na jogada seguinte qual é a soma que não pode aparecer nos dados para que Aline não

perca o jogo? _____

duzentos e quarenta e três **243**

Metade e terço

- Ronaldo vai dividir igualmente 126 figurinhas com o irmão dele. Quantas figurinhas cada um vai receber?
Para saber quantas figurinhas cada um vai receber, podemos dividir __126__ por __2__.

  Podemos dizer que o resultado _____ é a **metade** de __126__ e que __126__ é o **dobro** de _____.

- Marli vai distribuir igualmente 369 figurinhas entre seus 3 sobrinhos. Com quantas figurinhas cada um vai ficar?

  Marli dividiu __369__ por __3__ para saber quantas figurinhas cada sobrinho receberá. Podemos dizer que o resultado _____ é um **terço** de __369__ e que __369__ é o **triplo** de _____.

> Para calcular **metade** de uma quantidade, basta dividi-la por **2**.
> Para calcular **um terço** de uma quantidade, basta dividi-la por **3**.

Atividades

1. Renata pagou em uma compra de supermercado a metade da quantia mostrada abaixo. Quantos reais custou essa compra?

Essa compra custou _____ reais.

2. Um terço das 315 pessoas que foram ao cinema ontem era de adultos. Quantos adultos foram ao cinema ontem?

Ontem foram ao cinema _____ adultos.

244 duzentos e quarenta e quatro

3 Pinte, com a mesma cor, cada número e sua metade correspondente.

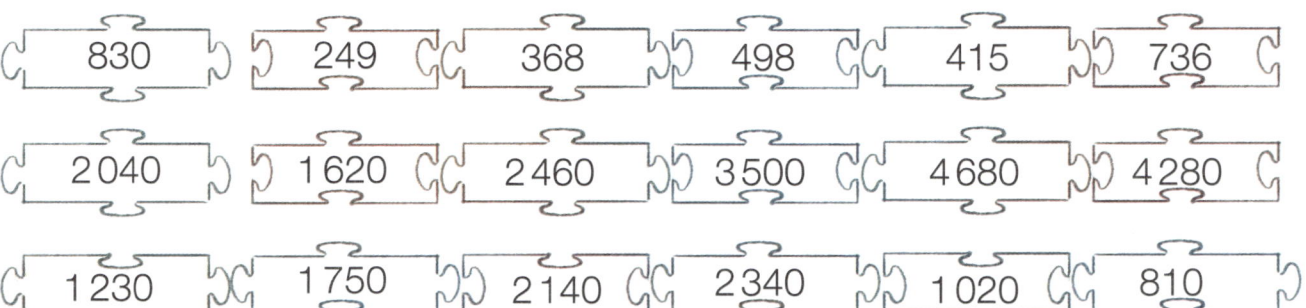

| 830 | 249 | 368 | 498 | 415 | 736 |

| 2 040 | 1 620 | 2 460 | 3 500 | 4 680 | 4 280 |

| 1 230 | 1 750 | 2 140 | 2 340 | 1 020 | 810 |

4 Leia e descubra quantos reais cada amigo de Ana tem.

Eu tenho 30 reais.

Eu tenho a metade do que Lúcia tem.

Eu tenho um terço do que Ana tem.

Ana

Marcelo

Lúcia

Marcelo tem _____ reais e Lúcia tem _____ reais.

5 A altura de Alice é igual à terça parte da altura do pai dela. Sabendo disso, descubra e marque com **X** a altura de Alice e do pai dela.

Altura de Alice (em centímetro).

☐ 62

☐ 53

☐ 92

Altura do pai de Alice (em centímetro).

☐ 179

☐ 186

☐ 184

6 Resolva as atividades propostas nos adesivos 6 a 8 da Ficha 37.

duzentos e quarenta e cinco **245**

Quarta parte, quinta parte e décima parte

Observe as figuras e complete as lacunas.

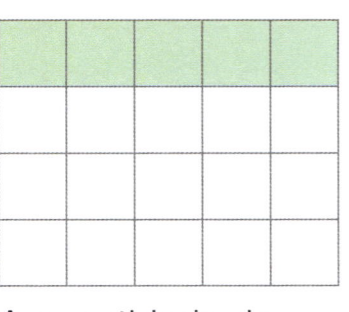 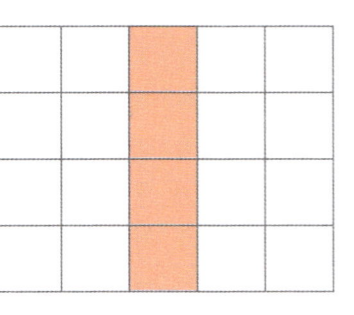 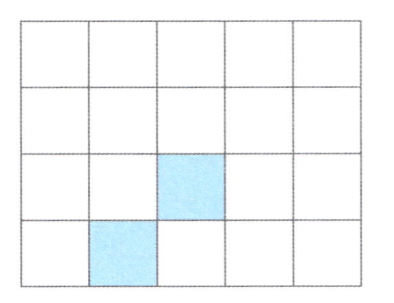

A quantidade de quadrinhos pintados representa a **quarta parte** do total de quadrinhos.	A quantidade de quadrinhos pintados representa a **quinta parte** do total de quadrinhos.	A quantidade de quadrinhos pintados representa a **décima parte** do total de quadrinhos.
$20 \div 4 =$ _____	$20 \div 5 =$ _____	$20 \div 10 =$ _____
A quarta parte de 20 é _____.	A quinta parte de 20 é _____.	A décima parte de 20 é _____.

Atividades

1 Artur tinha 12 figurinhas para colar em um álbum. Quantas figurinhas ele já colou nestas páginas?

Artur colou a **quarta parte** da quantidade de figurinhas que possui.

$$12 \div 4 =$$ _____

A quarta parte de 12 é _____.

Artur já colou _____ figurinhas nessas páginas.

2 Calcule.

a) a quinta parte de 50 ▶ _____

b) a quarta parte de 60 ▶ _____

c) a décima parte de 140 ▶ _____

d) a terça parte de 60 ▶ _____

e) a metade de 220 ▶ _____

f) a terça parte de 90 ▶ _____

3 A professora Tatiana vai distribuir 100 retalhos de tecido para 4 grupos de alunos realizar um trabalho, da seguinte maneira:

- O primeiro grupo receberá a quarta parte do total de retalhos.

- O segundo grupo receberá a quinta parte do total de retalhos.

- O terceiro grupo receberá a décima parte do total de retalhos.

- O quarto grupo receberá o restante dos retalhos.

Qual grupo receberá a maior quantidade de retalhos?

O _____ grupo receberá a maior quantidade de retalhos.

4 O gráfico a seguir mostra a quantidade de aparelhos eletrônicos comprados por uma rede de lojas. Sabendo que esses aparelhos devem ser distribuídos igualmente entre 4 lojas, responda às questões.

a) Quantas TVs cada loja receberá?

_____

b) Quantos computadores cada loja receberá?

_____

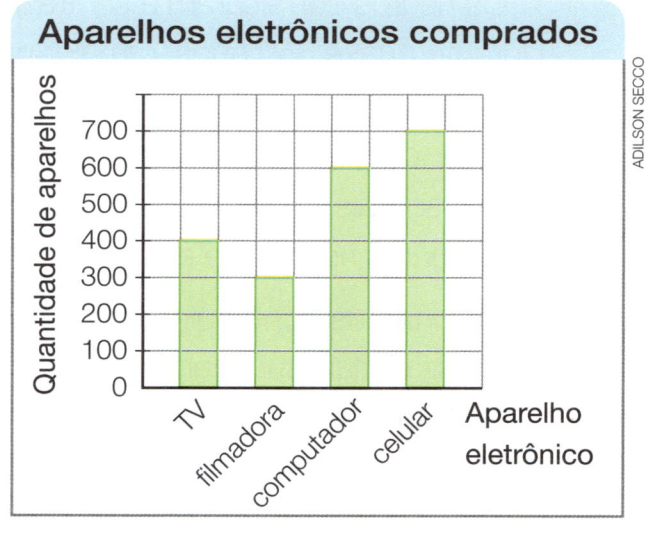

Aparelhos eletrônicos comprados

Fonte: Rede de lojas (dez. 2017).

5 Nícolas resolveu as duas divisões a seguir usando uma calculadora.

$120 \div 2 = 60$

$120 \div 4 = 30$

Como você pode explicar o fato de o resultado da segunda divisão ser a metade do primeiro, e não o dobro, já que 4 é o dobro de 2?

duzentos e quarenta e sete **247**

Matemática em textos

Leia

Dia da Consciência Negra

Capoeira, de Janete Ferreira Rodrigues dos Santos. 2012, óleo sobre tela, 90 cm × 60 cm.

Grupo Samba de Roda do Quilombo, em Laranjeiras, em Sergipe, 2013.

Os negros começaram a ser trazidos da África para o Brasil por volta de 1550. Durante quase 350 anos, a maior parte do trabalho no Brasil foi realizada por africanos escravizados.

Hoje, os negros e os pardos representam mais da metade da população de nosso país, e sua influência está presente na música, na dança, na língua, na culinária, no folclore etc.

Com tantas contribuições para a cultura do país, os negros passaram a valorizar mais sua identidade. Para preservar essa história tão importante, atualmente se comemora, em alguns municípios do Brasil, no dia 20 de novembro, o Dia da Consciência Negra. A data foi escolhida, pois, no mesmo dia, em 1695, ocorreu a morte de Zumbi, o mais imaportante líder do quilombo dos Palmares. Em seu auge, com uma população de até 30 mil pessoas reunidas em terras do atual estado de Alagoas, o quilombo dos Palmares foi a mais forte e duradoura comunidade de escravos fugidos da América. Nos quilombos, eles resistiam ao escravismo e lutavam pela liberdade. Palmares durou cerca de 100 anos.

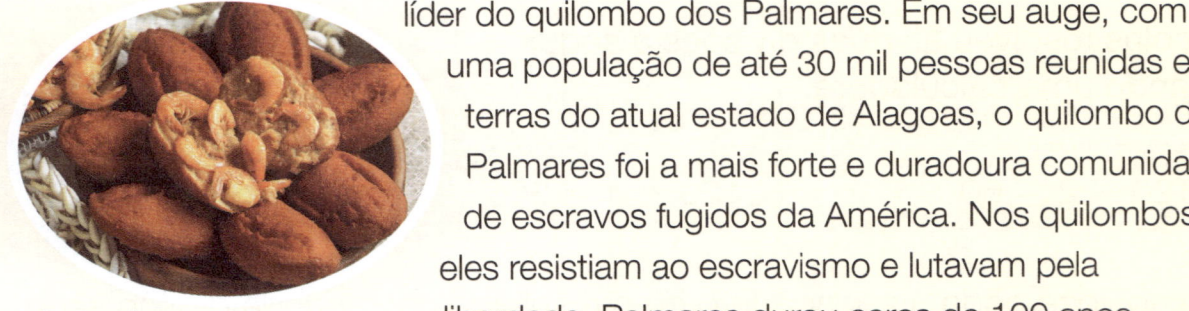

Acarajé.

Responda

1 Quantos anos, aproximadamente, durou o quilombo dos Palmares?

_____

2 Em que data é comemorado o Dia da Consciência Negra?

_____

3 Cite algumas contribuições que os negros trouxeram para a cultura

do Brasil. _____

_____

4 Marque com um **X** a frase correta, de acordo com o texto.

☐ De cada 100 brasileiros, quase 50 são negros ou pardos.

☐ De cada 100 brasileiros, menos de 20 são negros ou pardos.

☐ De cada 100 brasileiros, mais de 50 são negros ou pardos.

Analise

 Em sua opinião, qual é a mensagem transmitida na frase da foto ao lado?

Jogadores do Brasil e da Colômbia, antes do jogo pela Copa do Mundo, em Fortaleza/CE, em 2014.

Aplique

 1 No dia 13 de maio de 1888, a escravidão foi abolida no Brasil. Contudo, até hoje os negros estão sujeitos ao que chamamos de discriminação racial. O que você pensa sobre isso?

2 Converse com seus colegas e diga se você já se sentiu discriminado em alguma situação ou presenciou algum fato que envolvesse discriminação.

duzentos e quarenta e nove **249**

Compreender informações

Resolver problemas com base em gráficos e tabelas

1 Olga irá reformar sua casa e quer revestir parte da parede de alguns cômodos com pastilhas.

Ela foi a algumas lojas de material de construção e pesquisou os preços de placas de pastilhas de 3 tipos de material. Observe a tabela com os melhores preços que ela encontrou para cada tipo de material.

Os preços que Olga pesquisou são para placas de pastilhas de 30 cm por 30 cm, ou seja, peças quadradas.

Preço das placas de pastilhas

Material	Preço
Vidro	20 reais
Mármore	41 reais
Porcelana	49 reais

Fonte: Lojas de material de construção (jan. 2018).

Observe o gráfico ao lado, que mostra a quantidade de placas que Olga usará em cada cômodo.

a) Olga quer usar pastilhas de mármore para revestir parte do escritório, mas o orçamento para esse cômodo é de 1 000 reais.
Ela conseguirá usar o tipo de material que deseja? Por quê?

_____

_____

_____

_____

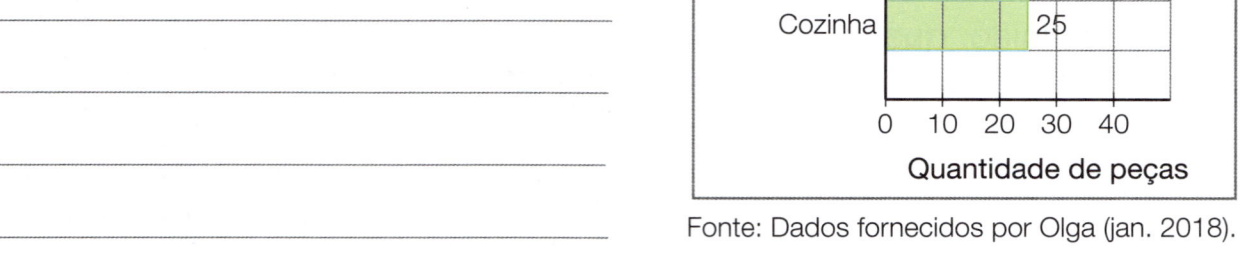

Placas por cômodo

Fonte: Dados fornecidos por Olga (jan. 2018).

b) Para a cozinha, o orçamento de Olga é de 1 500 reais.

Qual é o tipo de material que ela pode escolher? _____

_____

c) Qual é o orçamento que Olga precisa ter para todos os cômodos, se quiser usar apenas pastilhas de porcelana?

_____

250 duzentos e cinquenta

2 Josefa e Ícaro estão jogando uma partida de Pega Palitos.
Nesse jogo há 25 varetas coloridas, sendo que os palitos amarelos valem
5 pontos, os verdes 10 pontos, os azuis 35 pontos, os vermelhos 50 pontos
e o único preto, 100 pontos. A partida possui 3 rodadas.

Veja as tabelas que mostram a quantidade de palitos de cada cor que cada
jogador pegou em duas rodadas.

Quantidade de palitos de Josefa

Rodada / Cor	Primeira	Segunda
Amarela	6	4
Verde	10	8
Azul	5	3
Vermelha	4	4
Preta	1	0

Fonte: Josefa.

Quantidade de palitos de Ícaro

Rodada / Cor	Primeira	Segunda
Amarela	6	8
Verde	2	4
Azul	3	5
Vermelha	4	4
Preta	0	1

Fonte: Ícaro.

a) Qual é o total de pontos obtidos por Josefa nas duas rodadas?

E o total de pontos de Ícaro? _____

b) Complete o gráfico abaixo.

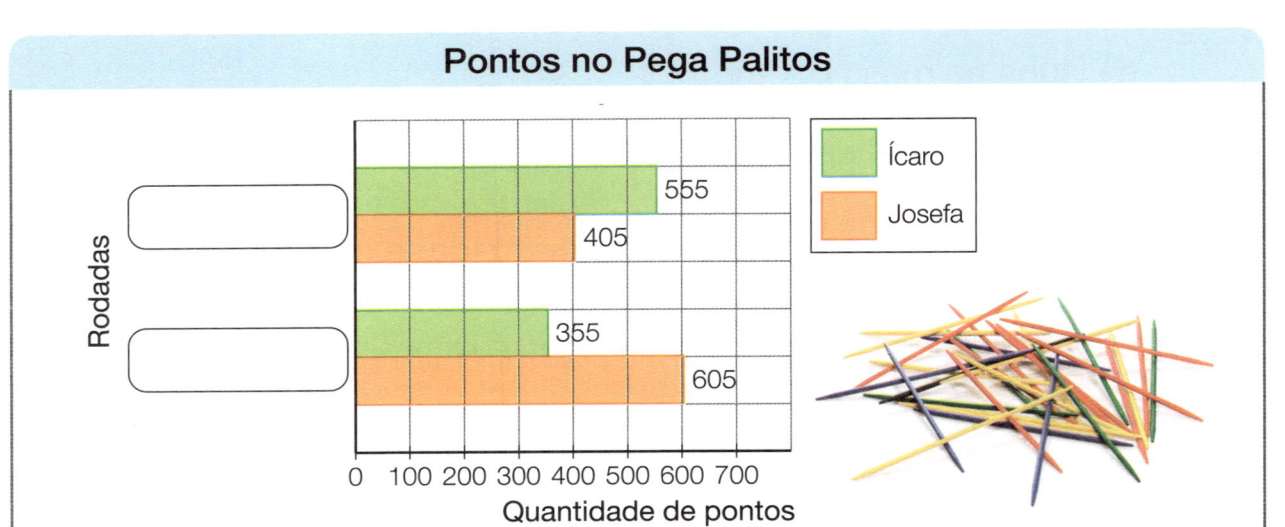

Fonte: Dados obtidos no jogo.

c) Ícaro precisa fazer, no mínimo, quantos pontos a mais que Josefa

para totalizar mais pontos nessa partida? _____

duzentos e cinquenta e um **251**

Pratique mais

1 Calcule o quociente e o resto de cada divisão. Depois, contorne a divisão exata.

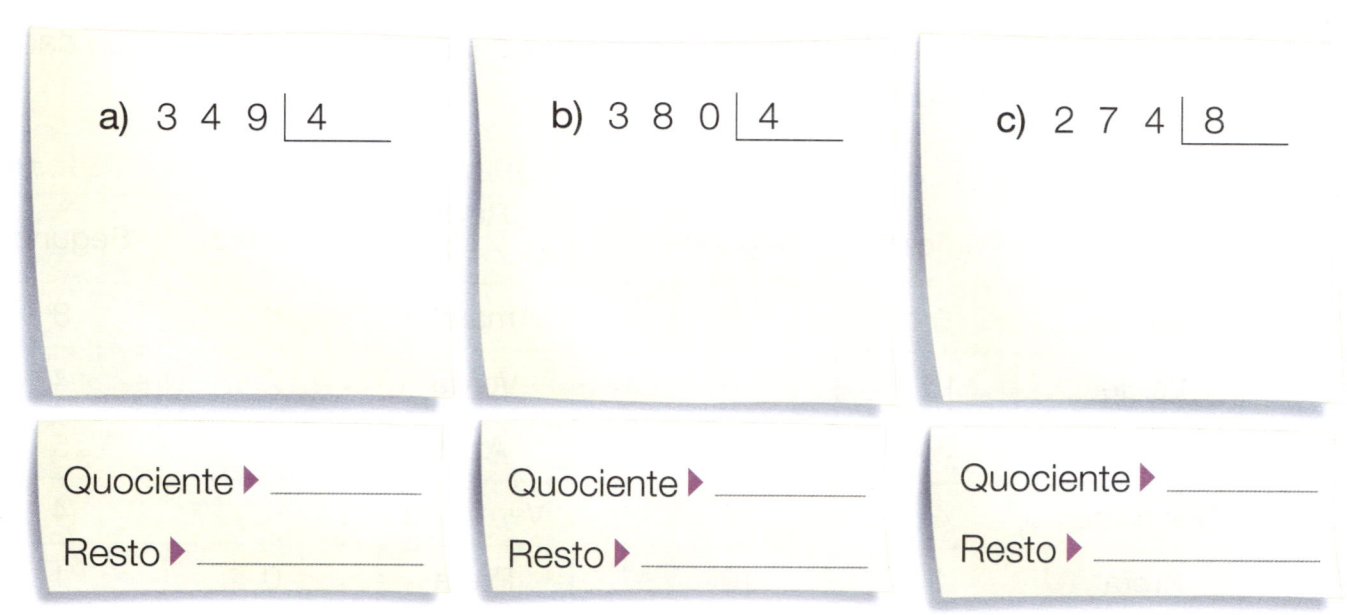

a) 3 4 9 | 4

Quociente ▶ _____

Resto ▶ _____

b) 3 8 0 | 4

Quociente ▶ _____

Resto ▶ _____

c) 2 7 4 | 8

Quociente ▶ _____

Resto ▶ _____

2 Calcule mentalmente e responda.

Dezenove pessoas estão em uma lagoa. Lá, há diversos caiaques que transportam duas pessoas de cada vez.

a) Quantos caiaques são necessários para que todos possam passear na lagoa ao mesmo tempo? _____

b) Esse número de pessoas é par ou ímpar? _____

3 Leia as dicas para calcular e descobrir a idade de Ana, Ciro e Cláudia.

> **Dicas**
> - A idade de Ana é o dobro de 21 anos.
> - Ciro tem um terço da idade de Ana.
> - Cláudia tem a metade da idade de Ciro.

Ana tem _____ anos, Ciro tem _____ anos e Cláudia tem _____ anos.

252 duzentos e cinquenta e dois

Cálculo mental

1 Complete cada faixa de acordo com as dicas.

Dicas

- Os números de uma mesma faixa são iguais.
- A soma dos números de uma faixa é sempre igual a 12.

	12	
6		6
	4	
3		

Multiplicação

▶ $1 \times 12 = 12$

▶ $2 \times 6 = 12$

▶ _____

▶ _____

▶ _____

Divisão

$12 \div 1 = 12$

$12 \div 2 = 6$

_____

_____

$12 \div 6 = 2$

- Agora, escreva ao lado de cada faixa a multiplicação e a divisão correspondentes.

2 Helena fez a divisão $48 \div 3$ pensando assim:

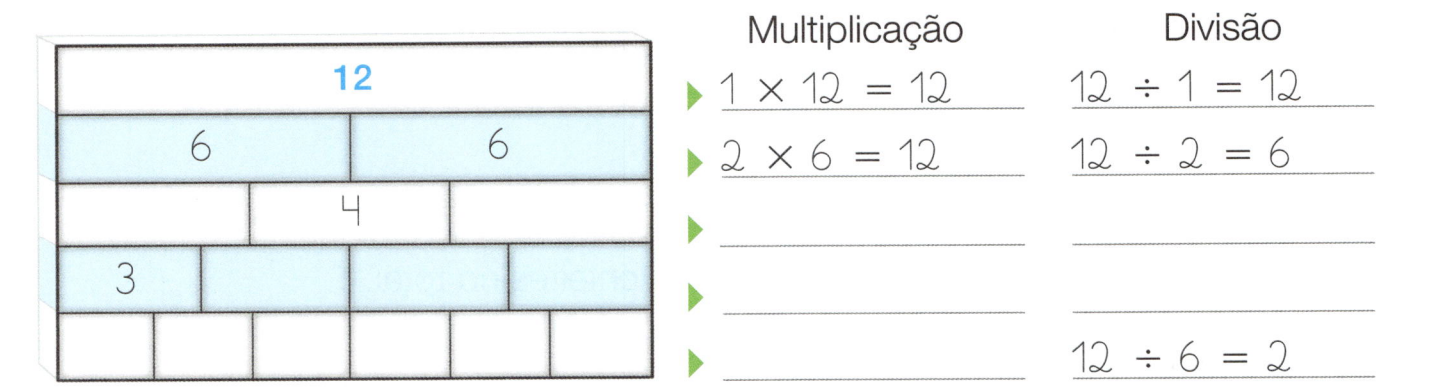

Sei que 48 é o mesmo que 30 mais 18.

48
30   18

Então, dividi 30 por 3 e 18 por 3. No final, adicionei os resultados.

$30 \div 3 = 10$
$18 \div 3 = 6$
$48 \div 3 = 10 + 6 = 16$

- Agora, é sua vez! Faça as divisões como Helena.

a) $52 \div 4$

52 < 40 / _____

$40 \div \underline{\quad} = \underline{\quad}$

$\underline{\quad} \div \underline{\quad} = \underline{\quad}$

$52 \div 4 = \underline{\quad} + \underline{\quad} = \underline{\quad}$

b) $75 \div 5$

75 < _____ / 25

$\underline{\quad} \div \underline{\quad} = \underline{\quad}$

$\underline{\quad} \div \underline{\quad} = \underline{\quad}$

$75 \div 5 = \underline{\quad} + \underline{\quad} = \underline{\quad}$

duzentos e cinquenta e três

O que você aprendeu

1 Larissa comprará caixas de enfeites como a mostrada abaixo. Se ela comprar 2 caixas, quantos enfeites Larissa terá no total? E se ela comprar 3 caixas?

24 ENFEITES

Se Larissa comprar 2 caixas, ela terá _____ enfeites no total.

Se comprar 3 caixas, ela terá _____ enfeites no total.

2 Calcule.

a) 17×4

b) 107×7

c) 170×3

3 Observe e complete.

a) 4×13

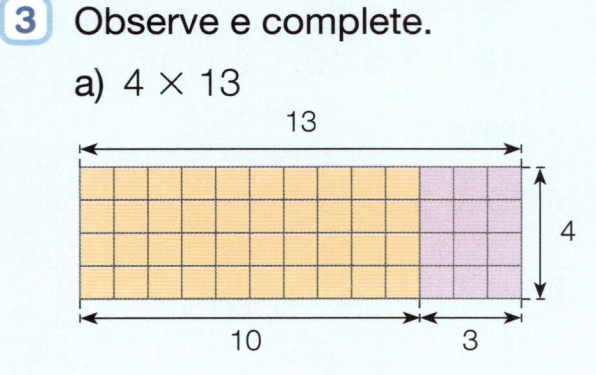

$\underline{\ 4\ } \times \underline{\ 10\ } + \underline{\ 4\ } \times \underline{\ 3\ }$

_____ + _____ = _____

b) 3×16

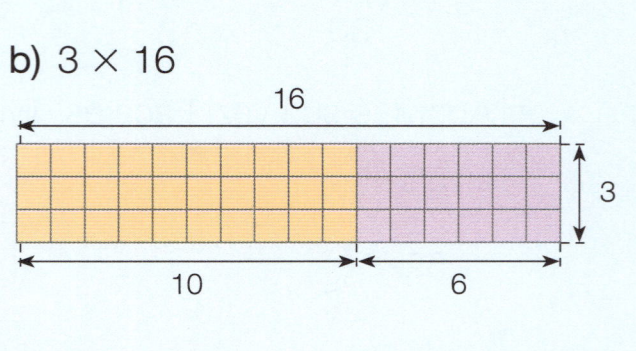

_____ × _____ + _____ × _____

_____ + _____ = _____

4 Em uma caixa cabem 6 canetas. Quantas caixas completas podem ser formadas com cada quantidade de caneta abaixo?

a) 78 canetas

b) 349 canetas

c) 654 canetas

Podem ser formadas
_____ caixas.

Podem ser formadas
_____ caixas.

Podem ser formadas
_____ caixas.

5 Viviane foi ao supermercado e gastou 282 reais. Ela esperava gastar a metade do que gastou. Quantos reais Viviane esperava gastar? _____

Atividade interativa
Qual é o meu lugar?

Quebra-cuca

Lorenzo comprou uma bicicleta e pagou em 3 prestações iguais. O total pago pela bicicleta foi um valor entre 400 e 500 reais. Leia as frases e descubra quem é Lorenzo.

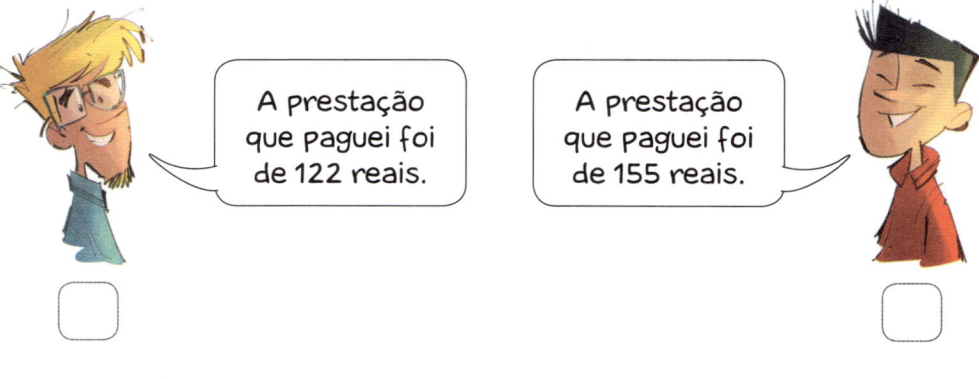

A prestação que paguei foi de 122 reais.

A prestação que paguei foi de 155 reais.

• Conte como você descobriu quem é Lorenzo.

duzentos e cinquenta e cinco